北京市哲学社会科学北京产业安全与发展研究基

U0634312

Research on China's Infrastructure FCP,
OFDI and Industrial Safety Effects under

"THE BELT AND ROAD INITIATIVE"

"一带一路"下中国基础设施

对外承包工程、直接投资与产业安全效应研究

卜　伟　袁嘉琪　等著

中国财经出版传媒集团

经济科学出版社
Economic Science Press

图书在版编目（CIP）数据

"一带一路"下中国基础设施对外承包工程、直接投资与
产业安全效应研究/卜伟等著.—北京：经济科学出版社，
2020.3
ISBN 978 - 7 - 5218 - 1403 - 3

Ⅰ.①—···　Ⅱ.①卜···　Ⅲ.①基础设施建设 - 对外承包 -
国际承包工程 - 研究 - 中国②对外投资 - 直接投资 - 研究 -
中国③产业 - 安全 - 研究 - 中国　Ⅳ.①F299.24②F832.6
③F269.2

中国版本图书馆 CIP 数据核字（2020）第 047217 号

责任编辑：杨　洋
责任校对：杨　海
责任印制：李　鹏　范　艳

"一带一路"下中国基础设施对外承包工程、
直接投资与产业安全效应研究
卜　伟　袁嘉琪　等著
经济科学出版社出版、发行　新华书店经销
社址：北京市海淀区阜成路甲 28 号　邮编：100142
总编部电话：010 - 88191217　发行部电话：010 - 88191522
网址：www. esp. com. cn
电子邮箱：esp@ esp. com. cn
天猫网店：经济科学出版社旗舰店
网址：http: // jjkxcbs. tmall. com
北京季蜂印刷有限公司印装
710 × 1000　16 开　16.25 印张　230000 字
2020 年 7 月第 1 版　2020 年 7 月第 1 次印刷
ISBN 978 - 7 - 5218 - 1403 - 3　定价：68.00 元
（图书出现印装问题，本社负责调换。电话：010 - 88191510）
（版权所有　侵权必究　打击盗版　举报热线：010 - 88191661
QQ：2242791300　营销中心电话：010 - 88191537
电子邮箱：dbts@ esp. com. cn）

中央高校基本科研业务费专项资金资助（2017JBZ005）

前 言/Preface

　　"一带一路"倡议的提出和实施，推动了我国对外承包工程（foreign contracted projects，FCP）和对外直接投资（outward foreign direct Investment，OFDI）的发展。党的十九大提出，要"以'一带一路'建设为重点，坚持引进来和走出去并重"。可以预见，我国的 FCP 和 OFDI 还将继续快速发展。FCP 影响母国的宏观经济、OFDI、进出口、技术进步、产业结构升级、产业发展、企业发展及就业，OFDI 影响母国的宏观经济、国际贸易、国内投资、国际收支、就业、逆向知识溢出、企业发展及产业发展等方面。由 FCP 和 OFDI 对母国的上述影响及产业安全定义，可以推出，FCP 和 OFDI 会对产业安全有重要影响。

　　我国的产业安全研究始于 20 世纪 90 年代，伴随着我国"复关"和加入世界贸易组织（WTO）谈判，逐渐发展起来。考虑到基础设施互联互通是"一带一路"建设的优先领域，研究"一带一路"下基础设施 FCP、OFDI 和产业安全的关系能够在完善产业升级理论的同时为相关决策提供参考，具有一定的理论和现实意义。本书评价了我国基础设施产业安全状况，并利用产业安全指数进一步研究了基础设施 OFDI 对产业安全的影响，以及 FCP 对产业安全的直接影响和 OFDI 的间接影响。

　　（1）在已有关于产业安全评价指标体系文献的基础上，考虑到基础设施产业特点以及数据可得性，对其指标的选择和计算方法进行改进，利用主成分分析法计算了我国 2003～2017 年的基础设施产业安全指数。研究发现，总体而言，这一时期我国的基础设施产业安全呈现先增后降的倒U形趋势。

（2）利用面板回归和案例分析法研究我国基础设施 FCP 对 OFDI 的影响。结果表明，我国基础设施 FCP 能够显著促进 OFDI 的发展，外商直接投资与进口贸易也会通过技术溢出效应、竞争效应促进我国企业 OFDI 的开展，但行业发展水平对我国 OFDI 表现出显著的负向影响。

（3）利用面板回归和格兰杰（Granger）因果检验研究我国基础设施 OFDI 对基础设施产业安全的影响。结果表明，OFDI 对产业安全的促进作用大于对产业安全的削弱作用，基础设施 OFDI 会在一定程度上促进产业安全。由于技术溢出效应的存在，OFDI 可以在一定程度上促进国内产业升级；以消化过剩产能为主的 OFDI 可以改善基础设施产业规模空心化状况，且不会造成产业效率空心化。

（4）利用面板回归研究 FCP 对产业安全的直接和间接效应。一方面，FCP 通过化解过剩产能促进产业升级，增强产业竞争力进而提升产业安全水平。另一方面，基础设施 FCP 能够显著促进 OFDI 发展，进而通过 OFDI 产生产业关联效应与产业转移效应，以及通过 OFDI 能够借鉴学习国外的先进技术、加强企业自主创新能力、提高产业竞争力，提升我国基础设施产业安全水平。

由于基础设施 FCP 和 OFDI 的数据可获得性的影响以及 2012 年国民经济行业分类的变化，本研究结果的可比性有所降低，但总体来看，研究年份的结果与现实吻合度较高，研究的可信度也较高。

本书涉及大量文献搜集、数据搜集与整理和分析工作，是团队共同研究的成果。团队成员除卜伟与袁嘉琪外，罗云云、王雨婷、王子威、王雨薇、魏丽、卫姿汀、谢瑢、杨丹蕾、张微等也参加了研究工作和书稿的撰写。

作　者
2020 年 1 月 20 日于红果园

目 录 / Contents

第一章 导　　论

随着"一带一路"倡议的提出，我国的对外开放程度逐渐提高，对外承包工程（foreign contracted projects，FCP）和对外直接投资（outward foreign direct investment，OFDI）的规模也日趋扩大，探究其影响十分必要。目前有关 FCP 和 OFDI 的研究主要涉及其对母国的影响，并未涉及产业安全。考虑到基础设施互联互通是"一带一路"建设的优先领域，研究"一带一路"下基础设施 FCP、OFDI 和产业安全的关系能够在完善产业升级理论的同时为相关决策提供参考，具有一定的理论和现实意义。

第一节　研究问题、目标与意义

一、研究问题

"一带一路"（the Belt and Road，B&R）是"丝绸之路经济带"和"21 世纪海上丝绸之路"的简称，2013 年 9 月和 10 月国家主席习近平提出建设"新丝绸之路经济带"和"21 世纪海上丝绸之路"的合作倡议。2015 年 3 月 28 日由国家发展改革委员会、外交部、商务部联合发布了《推动共建丝绸之路经济带和 21 世纪海上丝绸之路的愿景与行动》，对"一带一路"做了详尽的阐述。党的十九大提出，要"以'一带一路'建设为重点，坚持引进来和走出去并重"，并基于此提出"一带一路"倡议，该倡议旨在依靠中国与其他国家的双多边机制和区域合作平台，扩大我国对外开放程度，促进我国经济增长。依据 2015 年 3 月 28 日国家发展和改革委员会、外交部和商务部联合发布的《推动共建丝绸之路经济带和21 世纪海上丝绸之路的愿景与行动》共建原则，"'一带一路'相关的国家基于但不限于古代丝绸之路的范围，各国和国际、地区组织均可参与，让共建成果惠及更广泛的区域"。① 所以，这里的"一带一路"取其广义范围，包括愿意参与其中的任何国家和地区。

"一带一路"倡议的提出和实施对我国 FCP 和 OFDI 都产生了一定的推动作用。从图 1-1 可以看出，FCP 一直以来都呈现出稳步增长的趋势，2006 年增长率突增是由于 2005 年 FCP 总量较小，虽然小基数下的增长率很高，但增量却不大。"一带一路"倡议提出以来，2016 年 FCP 的增长率存在一个比较明显的增幅，随后恢复之前的稳定水平。在 FCP 增长的同时，OFDI 规模也迅速增大。从表 1-1 可以看出，相较于 2012 年，2013 年 OFDI 增长了 200 多亿美元，2014 年则非常接近我国利用外商直接投资（inward foreign direct Investment，IFDI），至 2015 年 OFDI 大于 IFDI 金额②。为了更清楚地展示我国 OFDI 的发展，将表 1-1 制成折线图，如图1-2 所示。基础设施互联互通是"一带一路"倡议的重点，是"一带一路"建设的优先领域。自"一带一路"倡议提出以来，我国基础设施 FCP 和 OFDI（包括制造业领域和运营领域，详细阐述见第三章第一节）都取得了较为迅速的发展。因此，在"一带一路"建设过程中，FCP 和 OFDI 的影响不容忽视。

---

① 国家发展和改革委员会，外交部，商务部. 推动共建丝绸之路经济带和21 世纪海上丝绸之路的愿景与行动. 2015-3：3.
② 这里的 OFDI 数据不包含对外金融类直接投资数据。根据《2016 年度中国对外直接投资公报》，2015 年和 2016 年中国的 OFDI 分别是 1456.7 亿美元和 1961.5 亿美元（含金融类和非金融类），两年均超过同期的 IFDI 数据。

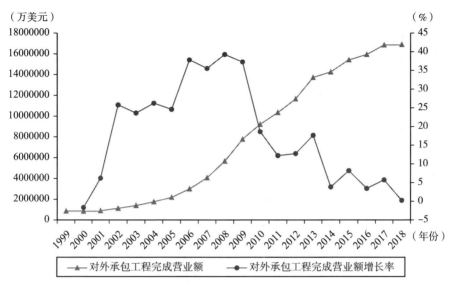

图 1-1　1999～2018 年中国的 FCP 完成营业额数据

资料来源：国家统计局。

表 1-1　　　　　　　1979～2017 年中国 IFDI 和 OFDI 数据　　　　单位：亿美元

年份	IFDI	OFDI	年份	IFDI	OFDI	年份	IFDI	OFDI
1979	0.00	—	1992	110.08	40.00	2005	724.06	122.61
1980	0.57	—	1993	275.15	44.00	2006	727.15	176.34
1981	2.65	—	1994	337.67	20.00	2007	835.21	265.06
1982	4.30	0.44	1995	375.21	20.00	2008	1083.12	559.07
1983	9.16	0.93	1996	417.26	21.14	2009	950.00	565.29
1984	14.19	1.34	1997	452.57	25.62	2010	1147.34	688.11
1985	19.56	6.29	1998	454.63	26.34	2011	1239.85	746.54
1986	22.44	4.50	1999	403.19	17.74	2012	1210.80	878.04
1987	23.14	6.45	2000	407.15	9.16	2013	1239.11	1078.44
1988	31.94	8.50	2001	468.78	68.85	2014	1285.00	1231.20
1989	33.93	7.80	2002	527.43	25.18	2015	1356.10	1456.67
1990	34.87	8.30	2003	535.05	28.55	2016	1337.10	1961.49
1991	43.66	9.13	2004	606.30	54.98	2017	1363.20	1246.30

注：（1）1979 年 IFDI 实际数据为 0.0008 亿美元；（2）1979～1981 年的 OFDI 数据没有统计数据；（3）数据为非金融类对外直接投资。

资料来源：UNCTAD 数据库。

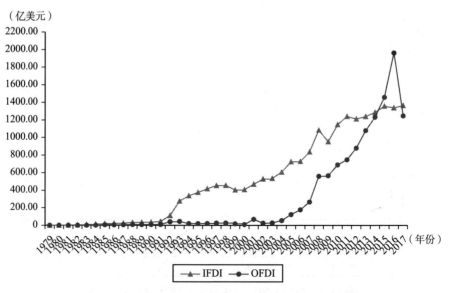

图 1 − 2　中国 1979 ~ 2017 年的 IFDI 和 OFDI 发展情况

资料来源：UNCTAD 数据库。

　　例如，基础设施互联互通是"一带一路"建设的优先领域。在尊重相关国家主权和安全关切的基础上，沿线国家宜加强基础设施建设规划、技术标准体系的对接，共同推进国际骨干通道建设，逐步形成连接亚洲各区域以及亚欧非之间的基础设施网络。强化基础设施绿色低碳化建设和运营管理，在建设中充分考虑气候变化的影响。

　　抓住交通基础设施的关键通道、关键节点和重点工程，优先打通缺失路段，畅通瓶颈路段，配套完善道路安全防护设施和交通管理设施设备，提升道路通达水平。推进建立统一的全程运输协调机制，促进国际通关、换装、多式联运有机衔接，逐步形成兼容规范的运输规则，实现国际运输便利化。推动口岸基础设施建设，畅通陆水联运通道，推进港口合作建设，增加海上航线和班次，加强海上物流信息化合作。拓展建立民航全面合作的平台和机制，加快提升航空基础设施水平。

　　加强能源基础设施互联互通合作，共同维护输油、输气管道等运输通道安全，推进跨境电力与输电通道建设，积极开展区域电网升级改造合作。

共同推进跨境光缆等通信干线网络建设，提高国际通信互联互通水平，畅通信息丝绸之路。加快推进双边跨境光缆等建设，规划建设洲际海底光缆项目，完善空中（卫星）信息通道，扩大信息交流与合作。

资料来源：国家发展改革委、外交部、商务部 2015 年 3 月 28 日联合发布的《推动共建丝绸之路经济带和 21 世纪海上丝绸之路的愿景与行动》第四条"合作重点"。

但目前有关 FCP 和 OFDI 的研究，主要涉及 FCP 和 OFDI 对母国的影响（见第二章文献综述），有关 FCP 和 OFDI 对产业安全的影响并未涉及。我国的产业安全研究始于 20 世纪 90 年代，伴随着我国"复关"和加入世界贸易组织（WTO）谈判，逐渐发展起来。起初，由于 FCP 和 OFDI 规模不大，未考虑其对产业安全的影响。随着 FCP 完成营业额和 OFDI 实际金额的逐渐增加，我国 FCP 完成营业额和 OFDI 实际金额逐渐处于一个较高水平，大规模的 FCP 和 OFDI 是否会对产业安全产生影响值得关注。同时，FCP 可以通过带动出口以及升级业务模式等方式影响 OFDI（蔡阔等，2013）。根据 FCP 和 OFDI 对母国的影响以及产业安全的定义，可以推论，FCP 会对产业安全有直接或通过 OFDI 有间接的影响。

本书在已有文献的基础上，研究我国基础设施 FCP 对 OFDI 的影响、基础设施产业安全状况以及 FCP 和 OFDI 对基础设施产业安全的影响。

二、研究目标

本书的总体目标是评价我国基础设施产业安全状况以及 FCP、OFDI 对产业安全的影响。它通过以下具体目标来实现：（1）确定我国基础设施产业安全状况；（2）确定基础设施 FCP 对 OFDI 的影响；（3）确定我国基础设施 OFDI 对基础设施产业安全总体及具体指标的影响；（4）确定我国基础设施 FCP 对产业安全的直接影响，以及通过 OFDI 对产业安全的间接影响。

三、研究意义

研究基础设施 OFDI 对产业安全的影响，且基于 FCP 对 OFDI 具有显著的促进作用，将 OFDI 引入 FCP 的产业安全效应中，分别从 FCP 对产业安全的直接影响和通过 OFDI 间接影响的角度研究其产业安全效应，能够拓展产业安全相关研究的广度与深度，丰富了产业安全理论。同时，基础设施作为"一带一路"倡议优先建设的领域，研究"一带一路"倡议下我国基础设施 FCP 和 OFDI 的产业安全效应，可以为相关决策提供参考，有重要的现实意义。

另外，本书强调了产业安全中"重要产业"的重要性，并对"重要产业"的具体界定提出了依据，这对产业安全理论研究和实务工作都有参考意义；提出了依据产业特征和指标进行的产业分类，这样有助于对具体产业的产业安全进行简化的评价，增加了产业安全评价的可操作性，使产业安全评价结果更容易为产业实务界人士接受；以出口依存度和国际市场份额为例，深入细致地分析了矛盾指标的选择，能够为后续研究中指标的取舍提供借鉴。

第二节　研究方法与研究思路

一、研究方法

为实现研究目标，本书主要采用描述分析法、案例分析法、面板回归法、主成分分析法和格兰杰因果分析法进行研究。

1. 描述分析法

本书采用历史数据从投资、研发、出口以及利用外商直接投资等方面来描述我国基础设施国内部分现状，从基础设施 OFDI 规模方面描述 OFDI 现状，从 FCP 完成营业额描述基础设施 FCP 现状。

2. 案例分析法

在 OFDI 现状的风险部分，为了更加具体直观地分析各种风险，本书利用四个中国企业对外直接投资的实际案例来展现企业所面临的政治风险、经济风险、社会风险和法律风险，给出了相应的对策建议，为企业规避风险提供帮助。在 FCP 部分，为了具体分析企业遇到的挑战，本书利用企业在沿线国家对外承包工程的三个成功案例来表明企业可能遇到的问题和解决方案，为其他企业提供参考。在基础设施 FCP 对 OFDI 影响部分，为了更加直观地说明 FCP 对 OFDI 的影响路径，本书利用企业在土耳其承包工程项目案例来具体说明基础设施 FCP 如何带动我国 OFDI 的发展，验证理论分析部分基础设施 FCP 对 OFDI 的影响机制。

3. 面板回归法

本书在分析 FCP 对 OFDI 的影响及 FCP、OFDI 分别对产业安全的影响时，由于研究年份较短，数据量较少，为保留更多的数据信息，增加模型回归结果的可靠程度，选择面板回归法进行研究。为进一步保证结果的可靠性，确定面板数据后，进行异方差、自相关检验，判断模型变量是否存在异方差、自相关，进而决定对面板数据是使用最小二乘法还是加权最小二乘法等进行回归。依据回归结果可以判定 FCP 对 OFDI，FCP、OFDI 分别对产业安全的具体影响。

4. 主成分分析法

本书针对基础设施产业构建其产业安全评价体系，由于所构建的评价体系中指标数量较多，且研究年份较短，因此选择主成分分析法对基础设施产业安全进行综合评价。为保证各指标之间相互独立，在综合评价前首先对同一个二级指标内的三级指标进行相关性研究，删去相关性高的指标，然后求因子得分。同时，为了保证分析过程中成分的可命名性以及可解释性,对成分矩阵采用最大方差法进行旋转。最后依据各成分的得分和其旋转后的方差贡献率计算最终的产业安全评价值。

5. 格兰杰因果分析法

本书首先计算了 OFDI 与产业安全各指标之间的相关系数,并对其进行假设检验,然后在统计的相关基础上使用格兰杰因果检验对其进行验证,从而确定 OFDI 与产业安全各个指标的因果关系。

二、研究思路

本书首先分析在"一带一路"倡议背景下我国基础设施国内发展现状和 OFDI 现状,分析产业安全评价中常用的指标赋权方法和评价模型以及产业安全研究中需要注意的"重要产业"、产业分类和指标选择,在此基础上建立了基础设施产业安全评价指标体系并计算了基础设施产业安全指数。接下来分析了基础设施 FCP 对 OFDI 的影响,并基于前文计算的指数分析我国基础设施 OFDI 的产业安全效应和基础设施 FCP 的产业安全效应。这些内容之间的关系如图 1 - 3 所示。

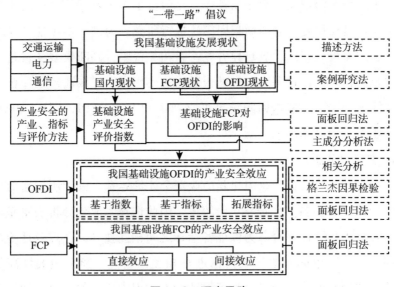

图 1 - 3 研究思路

第三节 创 新 点

一、从基础设施 FCP 和 OFDI 视角研究产业安全效应

改革开放以来，我国的对外贸易以利用外资为主，因此这一时期的产业安全研究主要关注于进口、出口和 IFDI 对产业安全的影响。2004 年以来，FCP 和 OFDI 都取得了快速增长，但产业安全研究仍然未被涉及，相较于 FCP 和 OFDI 对我国其他方面影响的丰富研究成果，存在滞后与不足。有研究表明 FCP 会对 OFDI 产生显著影响，因此，研究 FCP 的产业安全效应有必要将 OFDI 也纳入其中。同时，基础设施互联互通是"一带一路"倡议的重点，是"一带一路"建设的优先领域。因此，本书研究我国基础设施 FCP 的产业安全效应，包括 FCP 对产业安全的直接影响和 FCP 通过 OFDI 对产业安全的间接影响，丰富了产业安全理论，对关心该问题的政府相关部门和相关实业界也有重要的参考价值。

二、解决了出口依存度和国际市场份额指标选择问题

结合经济体的经济规模和产业规模，详细分析了传统上产业安全中出口依存度和国际市场占有率（份额）两个看似矛盾指标的关系，为二者的取舍提供了理论支持。相较于景玉琴（2006）和杨国亮（2010）因为二者反映的产业安全存在矛盾而放弃出口依存度，谭飞燕等（2016）、朱建民和魏大鹏（2013）、谭蓉娟和翟青（2011）、李向东和岳良运（2010）、何维达和何昌（2002）同时选择这两个指标，是一个改进，为进一步完善产业安全评价指标提供了参考。就本书而言，基础设施（交通运输、电力和通信）制造业产品出口仍然不是高端产品，故本书选择出口依存度指标。这为后续的产业安全评价指标选择提供了参考。

三、提供了界定"重要产业"的依据

本书在杨公朴等（2000）、张碧琼（2003）、何维达和宋胜洲（2003）强调产业安全定义中"重要产业"的基础上，提出了依据 UNCTAD 在其出版物《2009 年国际投资协议中的国家安全保护》中提出的战略性产业、《关于推进国有资本调整和国有企业重组的指导意见》中的国有经济和中央企业必须控制的具体行业和领域、《重点产业调整和振兴规划工作方案》规定的我国需要重点调整和振兴的十大产业、《外商投资产业指导目录》（2017 年修订）中限制和禁止外商投资的产业等确定我国的"重要产业"。这对于防止滥用"产业安全"概念有重要的参考作用。

第四节　结构安排与主要内容

本书共九章，除第一章外，其余章的结构安排与主要内容如下。

第二章是文献综述。从基础设施、FCP 对母国的影响、OFDI 对母国的影响、产业安全影响因素与评价体系等方面进行了综述。对以上文献进行研究，发现已有研究在以下方面有所欠缺：（1）缺乏对基础设施产业安全评价的研究。现有研究多关注海洋产业、制造业、零售流通产业、物流产业安全等，极少关注基础设施产业。随着"一带一路"倡议的不断推进并且把互联互通作为优先建设领域，基础设施将大力发展，面临更激烈的国际竞争，可能对产业安全构成挑战。因此，构建基础设施的产业安全评价体系并对其进行评价甚为必要。（2）已有研究聚焦于国家层面 FCP 对 OFDI 的影响，缺乏具体产业层面的研究。由于基础设施产业的 FCP 和 OFDI 分别占全国 FCP 和 OFDI 的比例相差较大，上述国家层面的关系是否适用于基础设施产业还有待验证。（3）已有研究主要关注于 OFDI 对母国的影响，有关 OFDI 的产业安全效应尚未涉及。（4）考虑到 FCP 能带动

OFDI 的发展，进而改变母国 OFDI 的规模和结构，因此，FCP 可能通过 OFDI 间接对基础设施产业安全产生影响，而这一机理尚未被证实。

第三章是"一带一路"下中国基础设施现状。（1）根据基础设施的定义，本书的基础设施范围确定为交通运输、电力和通信三大领域，其制造业部分包括铁路、船舶、航空航天和其他运输设备制造业加汽车制造业，电气机械和器材制造业，计算机、通信和其他电子设备制造业四个大类产业，并分析了其产业特征；（2）从投资、研发、出口以及利用外资方面对基础设施国内现状进行分析；（3）从相关政策和规模方面描述"一带一路"下中国基础设施 FCP 现状；（4）从相关政策、OFDI 模式与动机、OFDI 规模与风险四个方面阐述"一带一路"下中国基础设施 OFDI 现状。

第四章是产业安全的重要产业、指标与评价方法。产业安全评价需要对各个指标进行赋权，并将赋权后的指标通过一定的数学方法组合为最终的综合评价值，因此指标赋权方法和评价模型十分重要。这一部分首先分析了产业安全研究中常用的指标赋权方法和评价模型的优缺点，为后文的方法选择提供基础；其次对产业安全评价中的产业与指标进行分析；最后对产业安全评价指标中重复指标的简化和矛盾指标的取舍进行说明，为构建基础设施产业安全评价指标体系提供基础。

第五章是基础设施产业安全指数。在借鉴李孟刚（2015）提出的产业安全评价指标体系的基础上，依据基础设施产业特征和指标体系设立原则，对基础设施产业安全评价指标进行筛选，构建适用于基础设施的产业安全评价指标体系。随后就各指标对产业安全的影响进行分析以及其具体算法进行描述，采用主成分分析法计算基础设施产业安全评价值。结果显示，基础设施产业安全状况呈倒"U"形。可能的解释是 2008 年底应对次贷危机的"四万亿计划"在 2009 年逐步实施，2010 年政策效果达到最大化，基础设施在这一时期也得到了发展。但 2012 年起中国进入经济新常态，基础设施发展也趋于缓慢，所以产业安全指数降低。另一个原因是基础设施"走出去"的不确定性。

第六章是中国基础设施 FCP 对 OFDI 的影响。从定性与定量两个角度，并结合理论分析与实证分析，探究基础设施 FCP 对 OFDI 的影响。运用案例分析法与面板回归法，在理论基础上，通过对中电投电力工程有限公司在土耳其承包的大型火电项目——阿特拉斯项目案例的分析，发现基础设施 FCP 对 OFDI 具有显著的促进作用。为进一步验证该作用，并确定基础设施 FCP 对 OFDI 的具体影响程度，采用面板回归法进行实证分析，发现基础设施 FCP 确实能够显著促进中国 OFDI 的发展。

第七章是中国基础设施 OFDI 对产业安全的影响。首先，从理论上分析了中国基础设施 OFDI 产业安全效应的影响机制。其次，运用相关系数检验、格兰杰因果检验及面板最小二乘回归等方法，研究了基础设施 OF-DI 对产业安全整体及构成产业安全评价体系的各个指标的影响。研究发现，基础设施 OFDI 会在一定程度上促进产业安全。最后，分析了"一带一路"下中国基础设施 OFDI 对产业升级和产业空心化这两个拓展效应的影响。结果表明，基础设施 OFDI 能够促进基础设施产业结构的优化升级，实现产业发展，但是基于基础设施产业的特殊性，并不会使母国出现产业空心化的状况。

第八章是中国基础设施 FCP 对产业安全的影响。从理论与实证两方面入手，探究基础设施 FCP 对中国产业安全的影响。之后为进一步验证基础设施 FCP 对产业安全的作用，确定基础设施 FCP 对产业安全的影响路径以及影响程度，采用面板回归法进行实证分析。结果表明，基础设施 FCP 不仅能够直接提升中国产业安全效应，还可以通过促进中国 OFDI 的发展，间接提升中国产业安全效应。

第九章是结论。我国 2003～2017 年的基础设施产业安全呈现出先增后降的倒"U"形趋势；我国基础设施 FCP 能够显著促进 OFDI 的发展，外商直接投资与进口贸易也会通过技术溢出效应、竞争效应促进我国企业 OFDI 的开展；OFDI 对产业安全的促进作用大于对产业安全的削弱作用；FCP 通过化解过剩产能促进产业升级，增强产业竞争力进而提升产业安全水平，并能够促进 OFDI 发展，进而通过 OFDI 产生产业关联效应与产业转移效应。

第二章 文 献 综 述

随着"一带一路"倡议的推进，为了转移过剩产能、释放生产要素，中国基础设施产业"走出去"将迎来大发展。结合本书的研究问题，本章从基础设施、FCP、OFDI 对母国的影响、产业安全影响因素与评价体系四个方面对以往研究进行梳理。

第一节 基础设施对产业的影响

基础设施的改善与优化是产业发展的前提条件与根本保障。此外，基础设施自身的产业行为和国际竞争力水平同样关乎国家经济命脉。因此，本节从基础设施与产业发展、基础设施与产业行为和基础设施产业国际竞争力三个方面对基础设施相关研究进行梳理。

一、基础设施与产业发展

（一）基础设施与产业增长

基础设施与制造业增长。基础设施尤其是交通基础设施的建设可以降低区域内和区域间的运输成本，促进区域间产品和生产要素的流动，进而促进区域制造业增长（王刚和龚六堂，2013）。具体到不同制造业，基础设施产生的影响会有所不同。王刚和龚六堂（2013）采用投入产出模型发现高速铁路的建设投资对非金属矿采选业、非金属矿物制品业、金属矿采选业、金属冶炼及压延加工业等具有较大的完全经济拉动效应；对铁路建筑业、交通运输设备制造业、通用专用设备制造业等则具有较大的直接经济拉动效应。不同类型的基础设施建设对制造业的影响也会有所不同。徐翌和欧国立（2016）发现铁路与水运基础设施有利于促进区域具有比较优势制造业的人均产出提高，公路基础设施则有利于促进区域非比较优势制造业的发展。此外，也有研究发现交通基础设施可能会不利于制造业增长。周文通等（2017）认为本地轨道交通设施对周边区域制造业发展的影响显著为负，即轨道交通设施所在区域及其周边区域不适合发展制造业。

基础设施与服务业增长。当一个区域被高等级交通网络覆盖后，农业部门会因面向市场的生产增加而增加与之相关的服务业需求，工业部门会因就业机会增加而增加对消费类产品和服务的需求，从而促进服务业增长（张彬斌和陆万军，2016）。邓明（2014）提供了交通设施有利于服务业发展的另一个证据，即地级城市人均道路面积增加能够显著提高城市第三产业就业密度。张彬斌和陆万军（2016）运用双重差分模型进一步发现，交通基础设施对服务业就业整体上具有显著的提升效应，且这种效应在城市明显高于农村地区。此外，也有研究发现交通基础设施对服务业增长的影响是非线性的：李如友和黄常州（2015）通过门槛回归模型，发现中国交通基础设施对区域旅游增长的作用存在双重门槛，且仅当交通基础设施水平处于低层次时，其对旅游业发展才具有显著的促进作用。

（二）基础设施与产业效率

基础设施与制造业效率。国内外研究发现，基础设施能够显著降低生产成本，提高制造业效率（Hulten et al.，2006；Sharma & Sehgal，2010；施洁和史学贵，2013）。具体到交通基础设施，由于其属于网络基础设施，所以研究它对产业效率的影响时不得不考虑溢出效应。张志和周浩

（2012）、施洁和史学贵（2013）使用空间计量模型检验了这种溢出效应，发现交通基础设施对第二产业的空间溢出效应较大，且基于产业结构的空间溢出大于基于市场规模的空间溢出。

基础设施与服务业效率。高翔等（2015）以服务业企业为基本分析单元，将企业所在区域是否具有高速公路过境视为企业对高速公路的获得性，建立回归模型考察了高速公路对服务业企业劳动生产率的影响，发现需求来自本地之外的可贸易服务业从通达性的改善中显著受益，并且这种受益因城市规模的不同而具有差异。

二、基础设施与产业行为

（一）基础设施与产业集聚

基础设施对产业集聚有显著的积极影响（梁超，2013）。信息的传输对产业集聚的形成具有重要意义（Meliciani & Savona，2015），而基础设施能够提高信息传输的时效性，尤其是发达的交通基础设施能够改变经济活动的水平和空间分布，带来大量的劳动人口，进而作用于产业集聚（Holl，2004；Chatman & Noland，2014）。周海波等（2017）运用新经济地理学的研究方法，构建了交通基础设施对产业布局的空间溢出模型，发现区域内交通基础设施的发展有利于促进产业在当地的集聚。具体到不同的产业，基础设施对集聚的影响机制有所不同。

对制造业集聚的影响。一方面，为了节省运输成本，密集使用工业中间投入品的产业倾向于在交通基础设施较好的省份组织生产活动；另一方面，规模报酬递增行业倾向于在市场容量较大、交通基础设施较好的地区生产。因此，交通基础设施水平的提高可以促进制造业集聚（凌晨等，2013）。

对服务业集聚的影响。一方面，完善的基础设施能够扩大城市服务业的发展空间，增强区域间的经济联系，进而增强城市群服务业外向经济和规模经济效应;另一方面,基础设施网络促进了劳动力流动,不仅有利于提高劳动力供给和需求的匹配概率,而且加快了知识外溢的速度(陈建军和郑广建,2014)。邓涛涛等(2017)通过构建双重差分模型并引入经济地理学中的引力模型,量化了高铁引致的"时空收敛"效应,发现高速铁路对服务业集聚呈现出明显的促进作用,且这种促进作用有逐渐增强的趋势。此外,孙晓华等(2017)发现对于不同基础设施水平的地区而言,服务业集聚的有效范围会有所不同:在交通基础设施发达的省份,省级服务业集聚能够强化城市服务业集聚效应的发挥;在交通基础设施水平较低的省份,服务业集聚的有效范围仅局限在城市层面。周文通等(2017)发现基础设施对不同服务业的集聚具有不同的影响:生产性服务业企业倾向于布局在拥有轨道交通设施的街道、乡、镇,而公共性服务业企业和生活性服务业企业的空间布局则更倾向于本地化。

(二)基础设施与产业出口

基础设施水平的提高可以显著促进产业出口。在企业层面上,盛丹等(2011)采用赫克曼(Heckman)两阶段选择模型发现基础设施能够影响企业的出口决策,使更多的企业选择出口。同时对于出口企业而言,基础设施的改善能够增加它们的出口数量。在省域层面上,汪来喜(2015)认为从总体来看基础设施建设能够有效促进地区出口优势的发挥。具体到不同类型的基础设施和不同地区,喻春娇和唐威(2013)发现公路基础设施对东、中部地区出口贡献率的影响为正,铁路交通基础设施对西部地区出口贡献率的影响为正,而以交换机容量为代表的通信基础设施对中国东、中、西部三个地区的影响均显著为正。

此外,基础设施还可以影响出口产品的技术复杂度。王永进等(2010)运用工具变量两阶段最小二乘法,发现以公路与通信为代表的基础设施稳健地提高了各国的出口技术复杂度。

随着互联网时代的到来,宽带基础设施在促进产业出口过程中的作用日益显著。宽带基础设施对产业出口的促进作用可从供给与需求两个角度来分析：从供给的角度来看，宽带的大量应用使不同国别的经营主体能够快速传递工作成果，大幅节省交易成本、提高生产效率，极大提升了文化产品的出口实力；从需求的角度来看，宽带的应用可以降低文化产品的信息不对称，同时也使得互联网成为文化产品的重要销售渠道，从而促进文化产品贸易发展（邵军和吴晓怡，2013）。

（三）基础设施与产能疏解

基础设施水平的提高有利于中国产能疏解。以钢铁行业为例，完善的基础设施，海陆贯通、内外联动的交通体系是促进钢铁业贸易、投资大规模顺利开展的前提保障。在"一带一路"倡议实施、各国合作加强的背景下，通过鼓励沿线国家与中国开展基础设施投资合作，加强道路交通、港口等基础设施建设等措施，促进中国与"一带一路"沿线国家钢铁贸易发展，有利于疏解钢铁业过剩产能（赵明亮和杨蕙馨，2015）。

三、基础设施与产业国际竞争力

基础设施水平的提高可以提升产业国际竞争力，基础设施的落后可能会限制产业国际竞争力的提升，如铁路瓶颈有可能会降低中国东北大豆的国际竞争力（刘志雄，2008）。以服务业为例，姚海棠和方晓丽（2013）以净出口显示性比较优势指数建立计量模型，发现通信基础设施对服务贸易竞争力的提升有显著影响。具体到旅游业，研究发现交通和通信基础设施是旅游国际竞争力评价指标体系中需要重点关注的因素（刘名俭和邹丽君，2011；叶莉和陈修谦，2013）。

关于基础设施产业安全的研究大多围绕其产业国际竞争力进行，基础设施产业国际竞争力又可以细分为高铁产业国际竞争力、电力产业国际竞争力和通信产业国际竞争力三个方面。

高铁产业国际竞争力。对高铁行业主要设备制造方和供应商的国际竞争力进行研究，有助于中国高端装备产能出口外销，具有重要的现实与战略意义。刘云等（2016）结合高铁行业特点，从市场、产品、技术、资本、管理、信息和企业文化等多方面设计相应的指标评价体系，发现中国高铁竞争力在最近几年急速上升，已经位居行业龙头，特别是在一体化服务、成本优势和技术实力上优势明显，但是在管理效率、盈利能力、国际化程度和企业成熟度方面，与国际先进水平还有一段差距。

电力产业国际竞争力。电力设备行业竞争力的提升应该将重点放在攻克涉及核心技术、关键零部件的研发与生产上，只有掌握核心技术和关键零部件的生产，在国际市场上才不会受制于人，才能在竞争中掌握主动权。王卿祎和周大鹏（2010）在显性比较优势指数的基础上，借鉴管理学的隐性知识理论，通过案例分析论证了隐性知识在电力产业出口竞争力中的重要作用。

通信产业国际竞争力。通信产业国际竞争力的提升同样应以技术水平为核心，单纯使用以贸易规模为基础的竞争力评价指标，会高估以偏低技术含量产品为主的特定国家某产业国际竞争力，并低估以高技术含量产品为主的特定国家某产业国际竞争力。陈立敏和侯再平（2012）利用显示性技术附加值方法计算了包括中国在内的六个国家和地区的产业技术高度水平，发现中国电子通信设备产业的国际竞争力并没有贸易规模类指标所显示的那么理想，而且该产业长期处于进口高技术含量产品、出口低技术含量产品的"技术逆差"状态，国际竞争力仍与美国、日本等国存在较大差距。

第二节　FCP 对母国的影响

对外工程承包企业作为中国企业"走出去"的主力军之一，在宏观经济效应、对外开放效应、产业效应和企业效应等方面发挥着重要的作用。自"走出去"战略实施以来，中国对外承包工程企业海外业务发展迅猛，行业规模持续扩大，行业领域不断拓展，企业实力不断提升，竞争优势逐步提高，取得了令人瞩目的成绩（杨天福，2015）。

一、宏观经济效应

（一）经济增长效应

在经济增长方面，对外承包工程为国家取得了显著的经济效益（何京，2000）。对外承包工程业务是改革开放后发展起来的一项新兴事业，对中国发展对外经济合作关系起到了重要的作用。开展对外承包工程有利于带动货物、设备、技术和劳务出口，从而使中国可以充分利用国内外两种资源、两个市场，有利于提高中国的竞争力，对中国经济发展产生了较大的带动作用。同时，对外承包工程也推动了中国与广大发展中国家的经济合作，有利于促进国内产业结构调整和升级，提高国民经济运行质量及企业竞争力，培育中国的跨国公司，从而增强中国的综合国力（郑超，2004；杨忻等，2005）。清华大学专家组的研究成果显示，中国对外承包工程营业额每增加1亿美元，当年GDP就增长4.92亿美元，即对外承包工程对国民经济增长有1∶4以上的拉动力（贾琳，2008）。季凯文等（2017）以长江经济带为例，研究了开放型经济对区域经济增长的影响，他们发现对外承包工程对区域经济增长存在显著的正向溢出效应。张旭华（2012）应用协整分析和误差修正模型，以福建为例，对福建企业对外承包工程与经济增长效应进行实证检验，结果发现福建企业的对外承包工程规模和地区生产总值之间存在着长期的协整关系，表明两者之间具有稳定的经济联系。此外，广大发展中国家自然资源丰富，但是由于技术和资金等原因，资源难以得到有效开发，经济发展缓慢，基础设施建设落后。而中国在工程承包、资源领域拥有一整套成熟技术和设备，通过对外承包工程，不仅可以帮助广大发展中国家实施基础设施建设，还可以换取国内短缺的资源，实现中国资源的多样化，促进国民经济实现可持续发展（郑超，2004）。

在外交实力方面，对外承包工程可以促进中国与东道国之间的相互了解与合作，增强中国的外交实力。中国对外承包工程业务遍及世界 160 多个国家和地区，搞好境外工程服务有助于国家整体外交并树立中国的良好形象，可视之为"工程外交"（贾琳，2008）。此外，通过资金扶持的方式输出技术和智力，花费不多就可以成为新形势下对外援助的一种特殊方式，强化了中国在东道国的影响，形成与发展中国家在紧缺物资和战略性资源开发方面的一揽子合作，如把粮食生产、经济作物作为农业合作重点，帮助发展中国家解决现实问题。这是中国对发展中国家开展软实力、巧实力外交的具体体现（胡海林，2013）。同时，中国企业在国外开展承包工程业务能够帮助东道国打好发展经济的基础，也为各国的经济发展做出了一定的贡献。尤其是对发展中国家，中国企业不仅带去了适应他们发展水平的设备、技术和管理经验，而且由于中国企业一般都遵循"薄利"的原则，使这些国家能够少花钱，多办事，在一定程度上打破了西方企业的垄断，提高了这些发展中国家的国际地位。这既是对外经济活动，又是人民外交活动（马萱峰，2001）。因此，作为国际经济合作的重要方式之一，对外承包工程对促进与发展中国和其他国家之间的友好政治及经济合作关系做出了重要贡献（何京，2000）。

另外，在国际收支方面，对外承包工程的发展，为国家创造了大量的外汇，促进了国际收支的平衡（何京，2000；金茂，2000；张旭华，2012）。

（二）就业效应

对外承包工程的发展为中国充分利用两种资源、两个市场，发挥中国的比较优势，实现资源特别是人力资源的有效配置发挥了重要作用，有利于中国经济结构的调整，开辟了新的就业渠道，在一定程度上缓解了国内的就业压力。伴随着对外经济贸易企业的发展，一大批懂技术、会营销、善管理的外向型人才成长起来了（何京，2000）。同时，对外承包工程带动了工程项下的对外劳务合作，为国内创造了大量境外就业的机会（邢厚媛，2011）。外派劳务是对外承包工程业务下的一个有机组成部分，随着承包工程业务规模不断扩大，工程项下外派劳务也不断增多。2005 年底，对外承包工程项下外派人员超过 18 万人，劳务人员结构也由 20 世纪 80 年代的中低档建筑工人为主发展到高中低档劳务兼备、高中档劳务日益增加的格局。对外承包工程可带动工程技术人员、专家、咨询人员等高级劳务人员的出口，是劳务合作的高级形式，可取得较高的经济效益。所以，中国的对外承包工程业务大幅增加了就业岗位，有力地缓解了国内的就业压力（马萱峰，2001）。在境外磨炼的劳务人员素质大为提高，还可带领身边的人创业致富，这对促进经济发展与社会稳定、加快社会主义新农村建设有着积极而深远的影响。甚至可以说，劳务出口的社会效益和间接效益比起其直接经济效益意义更重大（贾琳，2008）。

二、对外开放效应

（一）对外直接投资效应

对外承包工程对中国对外直接投资具有显著的促进作用。在发展中国家，中国对外直接投资显著受到对外承包工程的驱动；而在发达国家，对外承包工程的发展并未带动中国对外投资的增长。具体来看，对外承包工程企业主要通过带动出口、"工程换资源"以及升级业务模式等方式带动母国的对外投资（蔡阔等，2013）。

（二）国际贸易效应

对外承包工程作为一种国家能力，在加强国际经济联系、提高企业国际竞争力以及扩大出口等方面都发挥了非常重要的作用，对外承包工程与出口贸易的互动发展对中国"走出去"参与国际竞争与合作具有重要意义。

对外承包工程为扩大出口做出了重要贡献。作为货物贸易、技术贸易和服务贸易的综合载体，对外承包工程包含着货物、资金、技术、劳务等多种因素的运行，大的总承包项目和交钥匙工程带动了大型国产机电成套设备及相关技术、劳务的出口（邢厚媛，1996；何京，2000）。平均来说，完成 1 美元的对外承包工程，能带动国内 0.37 美元的货物出口，尤其是电子通信类项目和制造及加工类项目对货物出口的带动作用很大（许晓娟和张芳，2013）。对外承包工程的开展逐步改变了传统商品出口贸易单一的方式，已成为实现出口方式多样化的一个重要方面。近年来，随着对外承包的大型工程增多，对外承包工程已成为中国向某些国家和地区出口新的增长点（何京，2000）。吕荣杰等（2018）进一步探析对外承包工程对货物出口、服务出口和技术出口等三大出口贸易方式的影响，发现对外承包工程带动了服务出口，但对服务出口的带动效应相对较小；对外承包工程对货物出口产生了替代效应，但替代效应很有限，对外承包工程对货物出口具有一定的带动作用，同时又加速了东道国外商直接投资和本土化发展，造成对货物出口的替代，这种替代作用大于带动作用；对外承包工程对技术出口产生了替代效应，这种替代效应最为明显，对外承包工程自身具备技术，加上劳务属地化和技术模仿，强化了替代效应。

首先，在工业出口方面，马库森（Markusen，1995）认为，一方面，企业在海外投资承建工程会从母国进口必要的机械设备和相应的技术，国内企业可以通过工程承包公司在海外承建工程带动企业商品的出口。另一方面，对外承包工程企业通过建设东道国的资源开发工程，使这些国家有了资源开发能力，提高了经济发展水平和国民支付能力，进而增加国外产品的进口（McCawley，2006）。其次，对外承包工程企业在国外承建当地的工程完善了东道国的交通基础设施，可以大大降低贸易运输成本。保尔盖茨等（Bougheasa et al.，1999）也认为交通基础设施的完善可以大大减少企业参与国际贸易的运输成本，从而增加企业出口。最后，对外承包工程通过逆向技术溢出影响国内企业的生产率水平，增加企业的出口。先进技术可以通过人员往来、技术交流等渠道溢出（Rodriguez，1996），对外承包工程公司的海外分支机构可以通过吸纳东道国的人才等研发要素获得最新的技术，然后通过企业内部渠道将其所掌握的研发成果、信息技术逆向转移至母国的其他企业，即通过逆向技术溢出提高了母国公司的生产率，从而促进企业出口。

从企业微观视角来看，覃伟芳和陈红蕾（2018）把对外承包工程对母国贸易的影响概括为引致需求贸易效应、贸易成本克服效应以及技术溢出效应，实证分析了中国对外承包工程对国内工业企业出口扩张的影响。研究结果显示：中国对外承包工程的营业额每增长1%，国内工业企业的出口增长约为0.08%。进一步分析发现，对外承包工程对企业所有制、出口目的国的发展水平、行业与工程承包业关联度的影响也不一样。具体而言，国有企业的引致需求贸易效应更大，而民营企业的成本克服效应和逆向技术溢出的贸易效应更大；对企业出口到发展中国家的影响更大，引致需求贸易和成本克服效应在发展中国家更为明显，而发达国家的逆向技术溢出更为明显；对上游关联程度高的行业企业出口扩张影响更大。张旭华（2012）认为对外承包工程既产生了贸易创造效应又产生了贸易替代效应。他以福建省对外承包企业为研究对象，发现对外承包工程具有明显的带动建材、水泥、机械、玻璃等产品出口的贸易创造效应。其贸易创造效应既来源于对外政策的导向型激励效应，又来源于对外承包工程带动的产业链联动效应。然而，在对"净出口"的带动效应上，福建省企业对外承包工程的贡献则较为明显，表明对外承包工程的贸易创造效应超过了贸易替代效应。

三、产业效应

（一）转移产能过剩效应

对外承包工程有利于发挥母国与发展中国家的经济阶段性互补优势，既可以转移母国的过剩产能又能促进东道国的产业结构升级。周学仁和张越（2015）发现在中国经济增速向下调整的背景下，产能过剩问题更加突出，通过对外承包工程及其所带动的设备出口、劳务输出和对外直接投资，可以实现产能向国外转移，从而可起到缓解国内产能过剩的作用。目前，发展中国家普遍希望发展基础设施、农业和基础制造业等对本国经济发展具有"造血"功能的领域。对外承包工程企业通过设计规划咨询、合作投资引导带动国内相关企业境外设厂，既实现钢铁、水泥、平板玻璃、纺织、建材等国内过剩产能转移，又为发展中国家工业化和产业升级提供了基础（胡海林，2013）。曾剑宇等（2017）也发现中国对外承包工程能够显著地促进东道国产业结构升级，且东道国与中国双边制度距离会削弱这一促进效应。具体而言，中国对外承包工程只能促进比中国制度质量低的国家产业结构升级，对比中国制度质量高的国家则缺乏影响。学者进一步发现如果东道国与中国双边关系越好，中国对外承包工程对其产业结构升级的促进作用越为显著。

（二）产业结构升级效应

对外承包工程能够带动国民经济相关部门的发展，促进高新技术产业的进步。对外承包工程业务发展到今天，在国外承揽实施的项目已不仅仅限于初期的土建工程，而且已经几乎涉及国民经济发展的各个行业。可以说，对外承包工程事业的发展和中国国民经济各部门的不断进步是互动的，对于中国高新技术产业的发展具有很大的意义。承揽高技术含量、高附加值行业的工程项目能够取得较好的经济收益，也有利于推动中国的技术进步（马萱峰，2001）。国内企业利用比较成熟的技术、设备开展对外承包工程业务能够有效转移中国的富余或优势生产能力，在全球范围内重新进行资源的合理配置，是继续使这些资产发挥作用、促进国内结构调整，改善国内企业困境的重要途径之一（马萱峰，2001）。

此外，改革开放以来，随着生产力的发展，特别是通过引进先进技术和设备，中国的工业技术水平和生产效率有了很大的提高，形成了中国的优势产业，如家电、纺织等。实施对外承包工程有力地推动了中国具有比较优势的企业积极开拓国际市场，为国民经济发展寻找更为广阔的空间，使生产资源在国内外两个市场得到合理配置，促进经济结构的战略性调整，提高经济运行质量（郑超，2004）。

（三）产业关联效应

对外承包工程将促进母国建筑业技术水平和管理能力的提高。中国建筑业在开展对外承包工程中，建筑企业与外国企业互相学习、合作与竞争，这将有效地促进中国建筑企业技术水平、管理能力和经营水平的全方位提升，提高其竞争力和生产效率，进而增加建筑业的产出。同时，这些国际型企业技术水平和管理能力的提高将会产生溢出效应，在其带动下，国内建筑企业的技术水平和经营管理能力也会得到一定程度的提高。整个建筑业技术水平和管理能力的提高将增加建筑业服务的所包含的技术水平，即智力因素，从而在一定程度上促进中国建筑业由粗放型经济增长方式向集约型和智力型经济增长方式的转变（熊华平，2005）。

由于建筑业的产业关联性强，其"派生需求"远远超过建筑业本身的增加值，因而对外承包工程也能够连带推动国内相关产业及至整个国民经济的增长（贾琳，2008）。

除建筑行业，对外承包工程还带动了中国航空、金融、保险、邮电、通信等相关服务行业的发展（何京，2000；金茂，2000）。

四、企业效应

对外承包工程有利于提高企业的竞争力，培育中国的跨国公司，增强中国的综合国力。企业是国民经济的细胞，企业竞争力是国家竞争力的核心与基础。只有推动承包工程企业直接参与国际竞争与合作，开展国际化经营，不断发展和壮大，才能逐步形成中国自己的跨国公司，增强中国企业在国际竞争中的回旋余地（郑超，2004）。对外承包工程通过提高中国企业的管理水平和技术水平，不断与西方发达国家的企业一起投标、参与国际竞争，使中国企业必须加强学习，逐渐成熟起来，提高自身各项能力来与之抗衡。通过与发达国家联合承包或分包项目，中国企业可以获得先进管理经验、提高技术水平和业务能力，为业务的长期发展打下良好的基础（马萱峰，2001）。

第三节　OFDI 对母国的影响

OFDI 对母国会产生较大的影响，主要体现在宏观经济效应、对外开放效应、产业效应和企业效应方面的影响。

一、宏观经济效应

OFDI 对母国的经济有着重要的影响。一方面，OFDI 对母国经济的作用是正向的，可以显著促进母国经济增长；另一方面，OFDI 对母国经济的作用是负向的，会导致国内经济不稳定。

（一）促进经济增长

OFDI 可以促进母国的经济增长。从不同行业来看，影响途径会有所不同：服务业 OFDI 通过产业升级、技术转移、增加就业、扩大出口等方式促进中国的经济增长（陈景华，2009）；租赁、商业服务业和建筑业通过拉动就业带动经济增长；而采矿业和批发零售业则主要作用于中国的经济结构升级（赵雅玲和齐欣，2013）。从不同区域来看，OFDI 的母国经济增长效应在中国东部、中部和西部之间存在差异。中国东部和中部地区 OFDI 和经济增长之间存在长期均衡关系，而西部地区 OFDI 与经济增长之间则并不存在协整关系。另外，东部地区 OFDI 对经济增长的促进效应大于其他地区（冯彩和蔡则祥，2012），而冷艳丽和杜思正（2017）则认为中国中东部地区 OFDI 的经济增长效应小于西部地区。从影响途径来看，有研究认为 OFDI 对经济增长有直接和间接两种影响途径，即 OFDI 在直接促进母国经济增长的同时，又通过逆向技术溢出效应和母国反哺效应间接促进了母国经济增长（肖黎明，2009；姜玉梅和姜亚鹏，2010；潘雄锋等，2016）。

除了促进母国经济增长之外，OFDI 也会同时导致母国经济不稳定。对外投资的流出会加剧母国国内金融的不稳定程度，引致国内实体经济的不稳定，且随着一国金融发展程度的提高，OFDI 对实体经济波动的边际影响会随之上升（李巍，2010）。

（二）就业效应

OFDI 主要通过就业创造和就业替代两方面来影响母国的就业数量。一方面，企业为了开发国内稀缺资源或者为了规避关税壁垒而对外投资时，国外子公司会增加对母国资本设备、中间产品或辅助产品的需求，从而会为母国的就业创造更多的机会（罗丽英和黄娜，2008；蒋冠宏，2016；李磊等，2016）。此外，纳瓦雷蒂等（Navaretti et al.，2006）以苏联东欧国家为研究对象，发现 OFDI 改善了这些国家的宏观经济发展状况，推进了国际经济交流进而增加了更多的就业机会。对于中国来说，这种影响具有行业异质性：OFDI 对于中国第二、第三产业就业人数的影响为正，而对第一产业就业人数的影响为负，因此可以优化中国的产业结构（罗丽英和黄娜，2008）。从不同的投资区域来看，李和胡（Lee & Huh，2009）分别研究了韩国向发达国家（包括美国和欧洲）和发展中国家（包括中国和东盟）的 OFDI 对韩国就业的影响，结果发现对发达国家投资不会影响国内就业，但是对中国投资则会显著降低国内就业水平。而对于中国来说，无论投资的区域是否为发达国家，其对就业的综合影响都是积极的（戴翔，2006）。另一方面，如果母国在资本方面的资源有限，而 OFDI 又没有伴随出口的增加或进口的减少，那么此时 OFDI 将会替代国内的一部分投资或消费，从而在母国产生就业替代效应（蒋冠宏，2016）。库韦斯等（Cuyvers et al.，2005）以欧盟国家母公司在中东欧（CEEC）国家的投资行为为研究对象，发现欧盟国家对 CEEC 的投资对母国的就业产生了替代效应。法尔佐尼和格拉森尼（Falzony & Grasseni, 2005）在研究母公司生产率异质性后发现，小规模企业 OFDI 会对其就业产生负向影响。

综合来看，OFDI 对就业既有创造效应，也有替代效应，总的效应主要取决于二者的比较。刘海云和廖庆梅（2017）发现垂直型 OFDI 对就业存在显著的正向促进作用，水平型 OFDI 则对就业存在显著的替代作用，但总体上来说制造业 OFDI 对国内就业有着正向促进作用。

具体到不同地区，OFDI 对母国就业的影响也有所不同。从不同省份来看，"一线城市"及沿边省份的 OFDI 与就业呈微弱负相关，其余省份为正相关（姜亚鹏和王飞，2012）；从不同经济发展水平地区来看，高收入地区 OFDI 对国内就业产生补充效应，中等收入地区 OFDI 对国内就业具有替代效应，低收入地区 OFDI 对国内就业效应不显著；从不同教育水平地区来看，高教育水平地区 OFDI 对国内的就业表现为补充效应，而中等教育水平和低教育水平地区 OFDI 对国内的就业表现为替代效应（张海波和彭新，2013）。

此外，OFDI 还会造成母国的就业极化现象。李宏兵等（2017）发现 OFDI 对高技术和低技术企业就业水平的影响更为明显，对中等技术企业的提升作用相对较小，即存在"两端高、中间低"的就业极化现象。与外资企业相比，国有企业和民营企业的对外投资加剧了劳动力的低技术"极化"趋势。

二、对外开放效应

（一）国际贸易效应

OFDI 对母国国际贸易的影响主要通过出口和进口两方面来体现。

1. 出口

部分研究认为 OFDI 会导致母国出口增加。一国的 OFDI，会带动投资母公司对海外分支机构或子公司的原材料、中间产品和机器设备的出口增加，还会带来东道国企业对母国其他相关企业产品的需求增加，因此会导致母国的出口增加（张春萍，2012）。张纪凤和黄萍（2013）通过构建引力模型，发现中国 OFDI 对出口贸易存在明显的促进作用。进一步的研究发现，无论是对发达国家的逆向上行投资，还是对发展中国家的顺向下行投资，都具有贸易创造效应（陈立敏等，2010；毛其淋和许家云，2014）。此外，针对其他国家和地区的研究，也证实了上述结论。邹（Chow，2012）和陈等（Chen et al.，2012）运用调整后的引力模型，发现 OFDI 带来了中国台湾地区出口的增加。艾哈迈德等（Ahmad et al.，2016）从互补效应和替代效应两方面对东盟国家 OFDI 对母国出口的影响进行分析，结果发现 OFDI 与出口之间的互补效应要高于替代效应，即 OFDI 能够显著促进母国出口。

然而，也有研究认为 OFDI 会减少母国出口。利普西（Lipsey，2002）以美国为例，发现 OFDI 导致美国整体出口量下降。张春萍（2012）认为跨国公司通过 OFDI 将生产基地转移到国外，在东道国当地生产后就地销售，从而部分或全部替代了原来的母国进口，导致母国出口减少。另外，OFDI 还在东道国产生了技术示范和技术扩散效应，当地企业可以学习或模仿生产该产品，导致从母国进口的该产品数量减少。考虑到不同东道国，胡兵和乔晶（2013）运用动态面板模型系统 GMM 估计，发现中国对发展中国家的 OFDI 显著促进出口贸易，对发达国家则负向影响出口贸易，中国 OFDI 整体上呈现出微弱的贸易替代效应。考虑到 OFDI 的数量和广度，黄凌云等（2014）认为跨国公司 OFDI 数量对本土企业出口具有积极作用，而跨国公司 OFDI 广度则对出口具有消极作用。

2. 进口

项本武（2006）认为母国在进行 OFDI 前，国内企业生产某些产品时需要使用一些进口投入品，当 OFDI 发生后，由于生产基地向国外转移，国内生产将缩减，从而导致进口的投入品也相应减少。他运用引力模型，证实了中国 OFDI 对从东道国的进口具有替代效应。

然而，也有研究认为 OFDI 会增加母国自东道国的进口。跨国公司通过 OFDI 将生产基地转移到国外，在东道国当地生产加工后，其中部分或全部产品会返销母国，由此导致母国的进口增加（项本武，2009）。

（二）国内投资效应

关于 OFDI 对国内投资的影响，当前主要存在促进国内投资的挤入效应和替代国内投资的挤出效应两种不同的观点。

OFDI 的挤入效应。研究认为 OFDI 能够通过产业链互补性（Desai et al.，2005）、生产要素补缺效应、投资收益效应、边际产业转移效应和出口规模效应对国内投资产生促进作用（崔日明等，2011；顾雪松等，2016）。此外，也有研究发现上述作用存在一定的地区异质性，余官胜和杨文（2014）发现金融发展程度越高的地区，OFDI 对投资的促进作用会越大；綦建红和魏建广（2009）认为中国 OFDI 对国内投资的作用大小在东、中、西部地区之间存在明显差异，且对外开放水平是影响这种作用发挥的门限变量。辛晴和邵帅（2012）认为主要是那些以资源、技术寻求为动机的 OFDI 促进了国内投资。

OFDI 的挤出效应。史蒂文斯和利普西（Stevens & Lipsey，2004）认为，OFDI 会通过资本市场和产品市场两个途径对国内投资带来影响。一方面，资本外流会引起国内可贷资金的供给下降，导致国内资本市场的利率上升，对国内投资形成挤出效应（余官胜和杨文，2014）；另一方面，OFDI 是一个生产转移的过程，海外生产的出口替代效应会降低国内投资，但这种作用效果取决于企业 OFDI 的动机类型，以及由此是增加还是减少了国内的生产规模（余官胜和杨文，2014）。此外，项本武（2007）和阿尔萨迪克（Alsadiq，2013）也通过实证研究证实了这种挤出效应的存在。

（三）国际收支效应

研究认为 OFDI 可以通过投资效应、利润汇回效应和贸易效应影响母国国际收支（刘志伟等，2006；付海燕，2014），并通过改变贸易结构改善国际收支（张杰和张坚，2010）。按照周期来说，OFDI 会在初期造成母国国际收支净效应为负的情形，但伴随对外直接投资存量的累积，国际收支净效应会逐步变为正（付海燕，2014）。郑志国和刘明珍（2004）、胡立法和唐海燕（2006）均认为积极加大 OFDI 力度既可以缓解中国经常性项目账户中投资收益项逆差的压力，也可以适当减少资本项目的顺差，以谋求国际收支的平衡，避免国际收支恶化。

三、产业效应

（一）逆向技术溢出效应

OFDI 的逆向技术溢出发生在企业、产业和国家三个层面上。

企业层面的逆向技术溢出主要有以下四种类型：（1）研发费用分摊。通过海外投资，刺激东道国政府或企业分摊部分研发费用，由此使母国企业腾出部分资源用于核心项目的研究与开发（赵伟等，2006）；（2）投资收益效应。海外投资收益增长为企业增加研发投入提供了资金保障（程贵等，2017）；（3）研发资源共享。通过投资或者并购，不但可以获取东道国企业已有的技术和品牌，而且还可以获取其研发资源、生产组织能力和销售渠道等（李国学，2017）。哈塞夫等（Harhoff et al.，2014）发现总部设在美国的德国公司能够通过与在美国的上下游公司进行研究合作，更好地利用东道国的研发资源，从美国的研发（R&D）中获益；（4）研发成果反馈机制。通过海外子公司研发形成的新技术反馈母公司，对投资母国技术产生影响（赵伟等，2006）；（5）外围研发剥离机制。企业通过 OFDI 剥离外围技术研发并配置到海外机构，从而使母公司集中财力于核心 R&D 项目，增强母公司核心技术创新能力（赵伟等，2006）；（6）竞争效应。通过东道国制度环境和竞争提升公司治理和创新能力（李国学，2017）；（7）集聚效应。在 R&D 密集度高的行业中，一旦某技术领先企业及其附属企业在某一地理空间集聚，并形成一定的区位优势，以直接投资的方式可以使该企业快速融入此区位网络，并利用区位优势获得新技术

（茹玉骢，2004）。

产业层面的逆向技术溢出主要有以下四种类型：（1）示范效应。行业内存在少数技术领先的企业，这些企业对行业内其他企业技术研发活动的带动、示范，促使行业内其他企业技术水平提高（王丽和韩玉军，2017）；（2）竞争效应。技术领先企业在行业内的竞争优势较大、产品的市场竞争力较强，使行业内其他企业竞争压力增大，并通过吸收转化和促进研发提高技术水平（王丽和韩玉军，2017）；（3）平台效应。区域内先进的研发设施和有利的研发环境有利于企业研发能力的提高，企业可以从与当地企业、科研机构、劳动力市场、中介服务机构和政府等机构的各种联系与合作中获得先进技术、管理经验和前沿信息（赵佳颖和富元斋，2009）；（4）培训效应或人员流动效应。母国企业技术研发人员在行业内流动，将原公司的技术与管理经验带到新企业，进而促进新企业技术水平的提高，使得逆向技术溢出效应在行业内进行传递（王丽和韩玉军，2017）。

国家层面的逆向技术溢出主要有以下几种类型：（1）垂直溢出效应。母国企业生产技术水平提高后，对中间产品提出了新的生产要求，对上下游关联企业也产生了一定的影响。同时，获得逆向技术溢出的母国企业通过技术交流、技术转让等方式向上下游企业转移先进技术，促进上下游企业生产效率提高（王丽和韩玉军，2017）。（2）创新引致效应。为了满足当地生产和生活需要，对外投资企业不得不根据东道国市场特征和需求差异对企业自有技术或跨国并购所获得技术进行改进或优化，如果东道国需求具有超前性，那么为它服务的母国厂商的研发和创新也就相应走在了世界其他厂商的前面（李国学，2017）；（3）模仿效应。赫泽（Herzer，2011）认为新兴经济体对发达经济体的投资能够得到接触学习和模仿当地企业的机会，而这些当地企业通常拥有更先进的技术知识和管理技术。

（二）产业升级论

中国对外直接投资与国内产业升级之间存在长期稳定的比例关系，对

外直接投资每增加 1 个百分点，能使母国产业结构层次系数提升大约
0.0136 个百分点，对外直接投资对母国产业升级具有促进作用（杨建清
和周志林，2013）。持这种观点的研究认为 OFDI 可以通过边际产业转移
效应、新兴产业促长效应、生产要素补缺效应、产业关联效应和产业竞争
效应促进产业升级，此外，OFDI 对产业升级的作用效果还会受到地区、
动机、行业等异质性的影响。

1. 边际产业转移效应

边际产业转移效应来源于小岛清的边际产业扩张理论：OFDI 应该从
本国已经处于或即将处于比较劣势的产业即边际产业开始，从而可以使国
内的产业结构更加合理。边际产业转移可以带来两个效果：一是释放生产
要素。转移边际产业可以释放出劳动力、资本等生产要素，这些生产要素
会流向具有比较优势的产业和新兴产业，提高这些产业在社会总资产中的
比重，从而促进产业结构的升级（谭延明和陈丽珍，2011；宋维佳和王军
徽，2012）。二是获取投资收益。通过 OFDI 向海外转移尚可利用的传统
产业生产能力，还有可能获取较为可观的海外投资收益，使企业有更多的
资金财力进行技术革新和研发，使母国有充分的价值盈余和物质财富进行
产业政策制定和调整，使母国消费者有足够的能力提高对投资品和消费品
的需求层次，从而形成宏观引导和微观行为的互动，推动产业升级（汪
琦，2004）。

2. 新兴产业促长效应

OFDI 对新兴产业的促长效应主要通过以下渠道实现：一是通过释放
劳动力、资本等生产要素，使这些生产要素更多地流向新兴产业，促进新
兴产业的发展；二是通过逆向技术溢出，使东道国在技术、管理等方面的
经验能够更快捷地被母国企业学习、消化和吸收，进而促进母国技术水平
和管理水平的提升，促进新兴产业的发展；三是通过东道国引进先进的消
费理念和方式，从而刺激母国消费者提高对新产品和高科技产品的需求，
通过强烈的国内有效需求支持新兴产业的发展（汪琦，2004）。

3. 生产要素补缺效应

国家的经济发展和产业升级会受到关键要素（如自然资源、劳动力、

资本等）的制约，当在本国获取这些要素的成本太高或者根本不可能获取，而通过进口贸易又受到国际供求关系和市场价格的影响时，OFDI 就成为获取这些要素的重要途径（汪琦，2004；宋维佳和王军徽，2012）。当以 OFDI 为依托获取必需的要素时，国内经济的发展和产业升级就可以不受这些要素的制约，进而发挥技术、管理知识等软性资源优势，从而促进产业结构向合理化、高级化方向发展，促进产业升级（汪琦，2004）。

4. 产业关联效应

产业关联效应是指 OFDI 对投资国关联产业（如上下游产业）的影响。从前向来看，某产业的 OFDI 增加了对国内上游产业产出的需求，也同时刺激了上游产业技术创新和研发；从后向来看，则会促进配套服务的发展，产生专业化效应（汪琦，2004；赵伟和江东，2010；宋维佳和王军徽，2012；张春萍，2012）。此外，张春萍（2012）认为一国对那些生产链条长、有明显的前后向联系、辐射效应大的产业进行直接投资时，更容易实现产业升级。

5. 产业竞争效应

OFDI 不仅会加剧国内竞争，也会带来国际竞争（赵伟和江东，2010）。宋维佳和王军徽（2012）、张春萍（2012）分析了国内外产业竞争的作用机理，认为在激烈的国际竞争和国内竞争中，行业整体素质得到提高，从而推动本国产业升级。然而，汪琦（2004）则认为 OFDI 会带来重合产业的竞争效应，即东道国借助他国的投资将学到的技术用于自行生产，从而渐渐建立起与投资国相重合的产业，而这些产业将比投资国具备更强的国际竞争力，从而使得投资国该产业在国际市场上的地位受到威胁。

6. OFDI 异质性对产业升级的影响

不同投资区位对产业升级的影响。张远鹏和李玉杰（2014）认为，与产业升级的关联度从大到小依次为亚洲、拉丁美洲、北美洲、欧洲、大洋洲和非洲。谢光亚和杜君君（2015）发现中国对发展中国家的 OFDI 与国内产业结构优化升级的关联度最高，对新兴工业化国家的 OFDI 与国内产业结构优化升级的关联度最低，对发达国家的 OFDI 与国内产业结构优化升级的关联度居中。贾妮莎和申晨（2016）认为投资于发达国家有利于促进制造业产业升级，投资于发展中国家的制造业产业升级效应尚未凸显。在针对"一带一路"投资区位的研究中，杨英和刘彩霞（2015）运用 VAR 模型，发现对"一带一路"沿线国家的直接投资对中国产业升级影响不显著，而姚战琪（2017）则认为中国通过 OFDI 从沿线各国获得的技术溢出对中国产业结构高级化具有负向影响。但从不同区域来看，中西部地区从对"一带一路"沿线 OFDI 获得的逆向技术输出，通过人力资本和国内研发资本存量消化吸收，并对其产业结构高级化具有积极影响。

不同投资动机对产业升级的影响。投资动机可以分为技术寻求型、市场寻求型、资源寻求型和效率寻求型，不同类型的 OFDI 对产业升级都有促进作用（王英和周蕾，2013；马相东，2017），但具体的影响程度不同。首先，技术寻求型 OFDI 的促进作用最为明显（潘素昆和袁然，2014；陈碧琼和刘会，2014）；其次，是资源寻求型（王英和周蕾，2013；潘素昆和袁然，2014）；最后，市场寻求型 OFDI 对国内产业结构调整的影响则较小（陈碧琼和刘会，2014）。又有研究分析了不同动机的 OFDI 对产业升级的作用机理，如潘素昆和袁然（2014）认为市场寻求型 OFDI 通过扩大国际贸易、转移传统产业促进产业升级；资源寻求型 OFDI 能够打破资源短缺对新兴产业发展的限制从而促进产业升级；技术寻求型 OFDI 可以获得先进的技术和充足的研发资金，促进产业升级。而张纪凤和宣昌勇（2015）则认为资源寻求型 OFDI 主要通过重工业化效应，市场寻求型 OFDI 通过规模经济效应，效率寻求型 OFDI 通过边际产业转移效应，而技术寻求型 OFDI 通过逆向技术溢出效应来影响母国的产业升级。高丽峰等（2013）研究了美国对外直接投资与其产业升级的关系。他们发现，市场寻求型对外直接投资通过转移国内过剩产能和改善出口贸易条件，达到产业结构升级的目的。资源获取型对外直接投资仍然是影响国内产业结构调整的重要因素，美国的私营公司通过海外并购等形式获得海外自然资源的掌控权和使用权，缓解了美国相关产业发展的资源瓶颈，并通过资源配置促进其他产业的发展，从而促进美国国内的产业结构优化升级。技术获取型对外投资通过获取东道国的智力资源、研发机构等技术要素来实现产业结构的升级，尽管当前美国技术获取型对外投资部门在对外直接投资总量中所占比例不高，但是无论在数量上还是比例上都是不断增加的，而且技术的反向溢出对调整美国国内产业结构的作用较为明显。

不同投资行业对产业升级的影响。张远鹏和李玉杰（2014）认为与产业升级产生关联的行业依次为信息与计算机业、采矿业、制造业、批发与零售业、建筑业、房地产业、交通运输业和商务服务业。谢光亚和杜君君（2015）支持了上述观点，并认为金融业、制造业和采矿业 OFDI 所产生的产业结构优化升级效应更加明显，而信息传输、软件和信息技术服务业、建筑业、租赁和商务服务业 OFDI 的产业结构优化升级效应不明显。然而，孟萍莉和董相町（2017）却得出了几乎相反的结论，他们认为交通运输、仓储和邮政业、计算机服务和软件业 OFDI 对产业结构升级会产生正向的推动作用，而科学研究、技术服务和地质勘查业、金融业、租赁和商务服务业 OFDI 则对产业结构升级没有显著的促进作用，甚至会抑制产业结构升级。具体到制造业，贾妮莎和申晨（2016）认为中国 OFDI 总体上促进了中高端技术制造业增加值份额的提升，对低端技术企业增加值份额的推动作用并不明显，进而推动了制造业产业升级。贾妮莎和韩永辉（2018）则发现劳动密集型 OFDI 对产业升级的边际促进作用持续增长，资本密集型产业"走出去"所产生的逆向溢出效应还未显现，总体来看中国 OFDI 对产业结构调整有着显著的非线性影响，OFDI 对产业结构的促进弹性呈"J"形。

不同投资水平对产业升级的影响。李逢春（2014）利用 2003~2010 年中国 OFDI 和产业升级的相关省际数据，通过面板回归的方法实证分析了中国 OFDI 的产业升级效应。他认为较高的 OFDI 水平可以较快地促进投资企业所在国家和地区的产业升级。通过加入 OFDI 的节奏和不规则度作为调节变量，发现节奏和不规则度会对产业升级的效果起反向作用。

（三）产业空心论

关于产业空心化，日本学者高野邦彦（1987）给出的定义是，"特定地区为基础的特定产业的衰退，新产业的发展不能弥补旧产业衰退而形成地区经济的极度萎缩"。[①] 中国学者也从不同角度对其含义进行了界定，如"离本土化"与"离制造业"（胡立君等，2013）和狭义上的产业衰退与广义的产业结构空心化（蒋志敏和李孟刚，2006），并认为产业空心化最终造成实体产业尤指制造业在国民经济中的比重明显下降（詹向阳，2012）。

关于 OFDI 对母国产业空心化的影响，学术界有肯定论、否定论和不确定论三种观点。

1. 肯定论

持肯定观点的研究认为 OFDI 会增加母国产业空心化的危险。姜昊求（2016）研究了日本产业空心化的案例，认为导致产业空心化的直接原因在于 OFDI。他将国民生产总值和总就业人数作为衡量产业空心化的指标，认为因为日本的第三产业产值增长缓慢，未能有效弥补第一、第二产业向外转移造成的衰退，也未能吸收剩余劳动力，导致日本国民经济总量的长期负增长和失业人数增加。对中国来说，张敏丽和贾蓓（2014）认为企业海外投资造成大量资本外流，会增加母国产业空心化的危险，部分实证研究证实了上述观点（王荣和王英，2015；王长义，2016）。考虑到行业异质性，刘鹏（2017）认为生产资源寻求型企业特别是劳动密集型企业 OFDI 带来了国内"产业空心化"。

2. 否定论

持否定观点的研究认为 OFDI 并不会造成产业空心化。大量关于国外的研究证实了这种观点，李东阳（2000）根据美国、日本对外投资及产业发展数据，认为 OFDI 存量并不是影响产业规模空心化和效率空心化的最主要因素。鲍德温（Baldwin，2003）研究了加拿大公司与员工的数量，

[①] 高野邦彦. 关于"产业空心化"[J]. 世界经济，1987（2）.

发现总体而言国内公司向国外迁移并未引起产业空心化。张娜和邱奇（2015）通过分析英国、美国、日本、德国的案例，发现 OFDI 并不必然导致产业空心化。对中国来说，马淑琴和张晋（2012）、石柳和张捷（2013）利用国内数据进行实证分析，也否定了 OFDI 与产业空心化之间的必然联系。

3. 不确定论

持不确定观点的研究认为 OFDI 是否会造成产业空心化取决于其他因素的影响。王英（2008）认为表面上的产业空心化是产业结构演进的一般性规律，如果 OFDI 不能够带来技术进步、产业结构优化等整体利益，那么表面上的空心化将会成为真正的空心化。刘海云和喻蕾（2014）认为在不同地区，不同规模的 OFDI 对产业空心化的影响程度有差异。桑百川等（2016）分析了 OFDI 影响国内生产和就业的四种途径，并认为 OF-DI 是否引发产业空心化要看这四种途径作用的综合结果。

四、企业效应

OFDI 会对企业生产效率、创新能力、市场经营等多方面产生影响。

（一）生产率效应

OFDI 的生产率效应随 OFDI 类型、企业技术密集度、企业所有制、投资区域和投资模式的不同而变化。从 OFDI 类型来看，迪瑞弗莱德等（Driffield et al.，2009）以英国为例，发现技术寻求型和效率寻求型的 OFDI 均能促进母国生产率的提升；蒋冠宏等（2013）以中国为例，认为技术研发型 OFDI 可以显著提升企业生产率。从企业技术密集度来看，严兵等（2016）认为低技术密集型企业进行 OFDI 所带来的生产率提升要优于高技术密集型企业；而戴翔（2016）得出的结论则与上述相反。从企业所有制来看，严兵等（2016）认为与民营企业相比，OFDI 所带来的国有企业生产率提升幅度更大；而戴翔（2016）则利用"倾向评分匹配"

与"倍差法"相结合的估计方法，发现 OFDI 对民营企业生产率的提升作用更大，对国有企业生产率的提升效应反而并不明显。从投资区域来看，投资到经济合作与发展组织（OECD）成员的企业生产率获益会高于投资到非 OECD 成员的企业，投资到其他发展中国家的企业生产率获益要高于投资到发达国家的企业（戴翔，2016）。从投资模式来看，绿地投资能显著促进企业生产率提高，而兼并收购则会给母公司带来更大挑战，但对那些能够长期成功应对挑战的母公司来说会带来更大的生产率获益（袁东等，2015）。

（二）创新效应

OFDI 对创新具有促进作用，且主要来自四个方面：海外研发反馈机制、收益反馈机制、子公司本土化反馈机制和对外投资的公共效应（陈菲琼和虞旭丹，2009）。此外，不同类型的 OFDI 对企业创新的影响存在显著差异，非经营型 OFDI 未能有效引致企业进行自主创新，而贸易销售型、研发加工型和多样化型则对企业创新决策产生了显著的促进作用（毛其淋和许家云，2014）。不同类型的企业从 OFDI 中获益的大小也不一样，技术密集型企业 OFDI 的逆向技术溢出效应最强，资源密集型企业其次，劳动密集型企业最弱（叶娇和赵云鹏，2016）。

（三）市场效应

OFDI 的市场效应主要体现在影响产品价格、质量和数量三个方面。在产品价格上，低技术行业的 OFDI 提高了母公司的成本加成率，并通过市场定价渠道影响母公司的经营绩效（邱立成等，2016）。在产品质量上，会随着 OFDI 类型和出口地区的不同产生有差异的影响：技术寻求型 OFDI 能够显著推动中国出口产品质量升级，市场寻求型及效率寻求型不能显著促进中国出口产品质量升级，资源寻求型则反而会显著抑制中国出口产品质量升级（张凌霄和王明益，2016）；OFDI 仅对那些针对发达国家的出口贸易品技术含量具有显著的提升作用，而对发展中国家的出口贸易品则表现出抑制效应（张海波，2014）。在产品数量上，OFDI 所产生的影响因企业的所有制性质而异：OFDI 数量的增加会减少国有企业产品的国内销售，增加私营企业产品的国内销售；而 OFDI 广度的增加则会增加国有企业和私营企业的国内销售，对集体企业没有显著影响（黄凌云等，2014）。

（四）工资效应

OFDI 可以提升母国员工的工资。毛其淋和许家云（2014）利用双重差分模型，发现 OFDI 显著地提高了员工的平均工资水平，并且这种正向的"工资溢出"效应具有持续性而且逐年递增。戚建梅和王明益（2017）认为这种"工资溢出"随 OFDI 的具体变动情况为：对外直接投资 1 年后，OFDI 对中国企业间的工资差距并没有造成影响；对外直接投资 3 年后，工资差距显著扩大；对外直接投资 5 年后，国内工资差距虽仍在扩大，但其扩大速度明显减弱。

第四节　产业安全影响的因素与评价体系

一、产业安全的影响因素

影响产业安全的因素有很多，可以分为内部因素和外部因素。内部因素是指产业所在国内产生的对产业生存和发展造成影响的因素；外部因素是指全球经济一体化和市场开放条件下，来自国外的资本、产品和国际贸易壁垒等因素。

（一）内部因素

1. 国内环境

马建会（2002）分析了加入 WTO 后影响中国产业安全的因素，其中产业金融环境、产业生产要素环境、市场需求环境、市场集中度、产业进入壁垒等属于国内环境因素。李孟刚（2006）在上述研究的基础上又进行了归纳和补充，把环境因素分为生存环境和竞争环境。其中，生存环境包括产业金融环境、产业生产要素环境、产业市场需求环境及产业政策环境等，竞争环境包括市场集中度、行业规模和产业空心化等。良好的市场秩序和有效的市场竞争是影响企业生存与发展的两个重要条件（杨国亮，2010）。随着中国的资源形势越来越严重，有些研究开始关注生态环境因素对产业安全的影响（谭飞燕等，2016）。此外，对于技术含量比较高的产业，知识产权状况、风险投资体系等也是影响产业安全的重要环境因素（曹萍等，2017）。

2. 关键资源

对于大多数企业而言，决定其生存和发展的关键资源主要是核心技术，而对于某些以资源如石油为原材料的企业，这类原材料则类似这种核心技术。在新时期，市场逐渐也成为影响企业生存和发展的重要资源，庞大的市场可以为核心技术的研发提供资金和规模两方面的支持（杨国亮，2010）。

3. 技术创新

刘（Liu，2011）在研究产业安全内涵的时候，尤其强调了知识和科技产业独立性和发展性的重要程度，即当一个国家的产业特别是国内的知识和科技产业能够独立于其他国家发展，同时能够支持国民经济的发展时，国家的产业才处于安全的状态。黄等（Huang et al.，2015）和史欣向等（2015）认为创新是产业竞争优势的重要来源，产业发展依赖技术创新，创新是影响产业安全的主要因素。

4. 产业结构

当一国融入经济全球化的进程时，其产业和产业结构会受全球化进程的影响而面临威胁，产业结构不良和低下必然导致产业处于不安全状态，从而导致国家经济处于不安全状态（何维达等，2007）。

产业升级。产业升级会带来产业竞争力的提升，这样会使产业发展受到的威胁减小，即产业升级会促进产业安全（周灏，2018）。

（二）外部因素

1. 外商直接投资（FDI）

何维达等（2007）认为外商直接投资对中国产业安全的威胁表现在两方面：一是外商通过各种方式来控制国内企业和垄断某些"重要产业"；二是通过品牌控制、技术控制和市场控制影响中国产业安全。此后，多数研究认同了该观点，认为外商凭借资本、管理、技术等方面的优势，对东道国某些"重要产业"进行投资的同时对当地企业产生竞争排斥效应，从而导致这些产业被外资控制，对产业安全带来诸多隐患（陈洪涛和潘素昆，2012；胡晓鹏，2012；李昶等，2015）。然而，也有研究认为 FDI 不一定总对产业安全产生负面影响，相反，FDI 可以通过优化产业结构、提高全要素生产率、促进产业升级等途径促进产业安全发展（方慧等，2012；王晶晶，2014）。因此，庄惠明和郑剑山（2015）认为 FDI 的竞争排斥效应和技术溢出效应并存，其对产业安全的具体影响与引资规模密切相关。具体到外资并购，张新民等（2012）认为外资并购可以通过弥补资金缺口、促进产业升级、改善公司治理水平等途径对产业安全产生正面影响，也可以通过形成垄断、降低中国产业控制力等途径对产业安全产生负面影响。

2. 商品贸易

商品贸易，主要是通过对东道国的商品和服务贸易来抢占东道国的国内市场，兼之以与贸易有关的投资活动，挤压东道国国内产业的市场份额（何维达等，2007）。对于中国的出口贸易来说，外国产品对产业安全的影响主要包括外国产品倾销危及产业安全、外国原料及资源性产品的出口价格垄断危及产业安全两个方面（白澎，2010）。产业对外依存度过高，会影响国内相关产业的安全（董银果，2015）。此外，对于出口贸易来说，中国的对外贸易方式主要是加工贸易，并且在很大程度上依靠廉价劳动力获得比较优势，但是随着中国劳动力成本的逐年提升，已有的加工贸易方式和比较优势面临着前所未有的转型难题，产业安全受到了威胁（张福军，2015）。

3. 国外的产业政策

国外的产业政策主要可以分为发展、科技和贸易三类政策。首先，对于发展政策，发达国家对产业的战略定位或发展目标的改变，如德国的"工业4.0"、美国的"再工业化"、欧盟的"再制造化"使当今世界出现了制造业回流发达国家的态势，这样会影响到相关国家的产业安全。此外，新兴工业经济体的相关政策如降低劳动力成本、降低固定资产成本等也会影响其他国家相关产业的竞争力，进而影响产业安全（陈昊洁和韩丽娜，2017）。其次，对于科技政策，在全球化、信息化背景下，世界各国经济相互依存度加深、竞争加剧，各国可以通过技术投资或限制技术传播来保持技术和经济优势，以维护自身的产业安全（朱建民，2013）。最后，对于贸易政策，国外对华反倾销常常会导致中国的海外市场和利润遭到严重的负向影响，导致中国海外市场萎缩、利润率下降，从而危害产业生存安全（周灏，2018）。

4. 国际投机资本

国际投机资本在全球流动寻找获利空间，它虽然不像直接投资那样会对一国的产业产生直接影响，但其对金融业、相关企业的生产成本甚至股价的波动都会有一定程度的影响，进而影响实体经济和相关产业的安全（谢春凌，2015）。

5. 国际贸易壁垒

随着国际贸易保护主义的加剧，特别是针对或涉及中国产品的反倾销案件日益增多，不仅会影响中国的产品出口，直接造成巨大经济损失，更为严重的是对国内产业乃至整个国民经济造成连锁反应，从而危及产业安全和产业的健康发展（孙瑞华，2005）。此外，其他种类的贸易壁垒如关税壁垒、关税税则分类、配额制度、进出口许可制度、政府采购、自愿出口限制、卫生与动植物检疫措施、贸易救济措施滥用、技术性贸易壁垒和绿色贸易壁垒等，也都会对国际贸易的正常运行构成威胁，进而影响中国的产业安全（白澎，2010）。

近年来，随着"一带一路"倡议逐渐向纵深推进，孙宇（2016）研究了其对中国产业安全的影响。具体来说，影响可以分为正反两个方面：正向影响因素包括国际产能合作、国际能源合作、对外直接投资、区域经济一体化、均衡国土空间开发、国际金融合作和拓展国际市场等；负向影响因素包括区域不稳定因素、区域内外大国牵制和战略挤压、沿线国家较差的盈利环境等。

二、产业安全评价体系

（一）一般产业安全评价体系

鉴于产业安全评价的复杂性与可操作性，目前并没有统一的指标评价体系。现有研究提出了两个有代表性的产业安全衡量标准，分别是"经济安全论坛"提出的制造业安全模型体系和"中国加入WTO后产业安全与政府规制研究"课题组提出的产业安全指标体系。

前者认为，一个完整的制造业安全整体评价模型应该包括制造业行业和产品的现行状态（即显性安全）及制造业领域之外的安全环境（包括国际经济关系、国内科技水平和国内宏观经济条件）这两个部分（经济安全论坛组，2002）。该指标体系借助主观赋权法和层次分析法，将影响产业安全的因素分为内部因素和外部因素，并将所有影响因素放在动态开放的环境中进行研究。虽然这种模型成为后来研究产业安全的主流指导思想，但该模型还是存在部分指标的不可操作性和指标之间的重复现象，从而影响评价结果的科学性（景玉琴，2006）。

后者认为，产业安全评价指标体系由产业国际竞争力评价指标、产业对外依存评价指标和产业控制力评价指标组成（何维达，2002）。在此基础上，何维达（2007）在对加入WTO后中国各产业的安全进行定量的估算研究时，又引入了产业国内环境评价指标，至此形成了四维度的产业安全评价指标体系。此外，白澎（2010）也从产业生存环境、产业国际竞争力、产业对外依存度和产业控制力四个方面构建了产业安全评价体系。

然而，针对产业对外依存评价指标，有些研究则认为应该将其从指标体系中剔除。景玉琴（2006）和杨国亮（2010）认为对外依存度体现一国融入世界经济的程度，其高低并不能直接反映产业安全状况。或者说近年来，由于跨国公司 OFDI 的巨大发展，中国大力推动"引进来"和"走出去"，实际上就是大力加强与世界的联系，提高对外依存度。因此在某些情况下，对外依存度的提高恰恰是该国产业安全度提高的表现。所以，应将产业对外依存评价指标予以剔除。

由于中国经济飞速发展的过程中始终伴有环境污染问题的存在，且现阶段中国已经进入经济转型的新时代。一些研究开始从低碳、健康可持续发展以及经济新常态等视角提出新的产业安全评价体系。

许芳（2007）借鉴生态系统健康理论提出了产业生态系统的概念并构建了产业安全的健康指数和敏感性指标。在她看来，产业生态健康指数可以度量产业生态系统的可持续性并可以用产业生态系统活力、产业生态系统组织指数和产业生态系统弹性指数三者的乘积表示。朱建民和魏大鹏（2013）认为已有的产业安全评价指标体系过分强调产业竞争力，对国际投资过度关注和警惕，未体现产业发展是否具有可持续性及健康发展要求，于是在强调产业发展基础和产业协调力的基础上，运用合项思维方法，首次引入"产业竞争力生成能力"一级指标，并运用熵权法和层次分析法对产业安全指标进行权重设置。史欣向等（2015）在对产业安全的定义进行梳理后发现，产业安全已经从强调"外资威胁"转变为"修炼内功"，从强调"绝对控制"转变为"发展能力"。基于此，他们认为传统的产业安全"四维度"评价体系所体现的"绝对控制权"和"外资威胁论"已不符合时代潮流，当前中国已经进入经济新常态阶段，生存与发展是产业安全的核心，也更能凸显产业安全的本质。因此，他们认为新常态下产业安全评价指标体系应包括市场与创新两项一级指标，市场生存能力、市场发展能力、创新生存能力、创新发展能力 4 项二级指标和 42

项三级指标。谭飞燕等（2016）基于低碳经济视角，在已有研究的基础上，引入产业整体生态环境指标，构建了"五因素模型"评价体系，即产业整体生态环境、产业可持续发展力、产业自身控制力、产业比较竞争力和产业对外依存度，并运用层次分析方法确定各指标权重。

（二）具体产业安全评价体系

不同的产业具有不同的特征，因此对具体产业进行产业安全评价时，大多数研究的做法是借鉴一般产业安全评价体系，并结合具体产业特征选择合适的评价指标，构建该产业的评价体系。接下来以海洋产业、装备制造业、零售流通产业、农业、粮食产业、纺织工业、高新技术产业和物流产业为例，对其产业安全评价体系进行梳理。

1. 海洋产业

朱坚真和刘汉斌（2013）借鉴国内外研究的已有成果，结合海洋经济的特点，将中国海洋产业安全问题集中于外部冲击所可能带来的海洋经济运行的风险、自身经济存在的问题及抵御外部冲击的能力三个方面，并遵循重要性、敏感性和集中性原则设计了中国海洋经济安全的指标体系，包括海洋战略资源利益、产业生产与发展利益、海洋科学技术安全和海洋航道运输安全。孙才志和邹玮（2016）结合环渤海地区实际情况以及当前经济社会发展特点，从经济、资源、环境、社会和智力五个方面构建了海洋产业安全评价指标体系，对环渤海地区海洋产业安全进行综合评价和空间差异分析。

2. 装备制造业

谭蓉娟和翟青（2011）认为产业的自主创新能力可能会影响产业生存以及竞争能力，进而对产业安全产生重要的影响。于是在借鉴何维达等（2007）提出的指标体系基础上加入了产业自主创新能力指标，对珠三角地区装备制造产业安全度进行了测算。朱建民和魏大鹏（2012）认为已有指标体系过分强调产业竞争力，过分关注国际投资，忽略了产业协调对产业安全的影响，也忽略了产业的发展安全。考虑到开放经济的背景并结合既有评价体系的优点，他们提出装备制造业产业安全评价体系应由产业生产力生成能力、产业控制力、产业生态环境和产业竞争力构成，即"四因素模型"。此外，也有研究认为，在分析装备制造产业安全的时候，应该着重从某一两个角度出发。如卜伟等（2011）从产业控制力角度出发，采用外资技术控制率、主要企业受外资控制率、外资股权控制率和外资市场占有率四个指标测度中国装备制造业产业安全度。史晓红和李金霞（2016）从产业控制力和对外依存角度出发，采用外资股权控制率、外资市场占有率、出口依存度和进口依存度四个指标测算了中国分行业装备制造业的产业安全程度，并提出了维护和提升中国装备制造业产业安全的政策和建议。张立超和刘怡君（2016）认为传统的产业安全研究主要围绕关税保护、国民权益和资本控制，强调的是国家利益或民族资本在产业安全中的重要地位，而近年来的产业安全问题应该聚焦于产业发展动力，立足公平竞争环境，提升产业创新层次，优化产业组织结构，实现产业协调发展。因此，该研究从产业物理学角度，提出了包括产业黏度、密度、温度、梯度和速度等的指标体系对中国制造业产业安全态势的总体度量。

3. 零售流通产业

王俊（2006）认为跨国公司的进入会影响中国市场竞争状况，因此在构建零售业产业安全评价体系时，引入了市场结构指标，剔除了产业国内环境和产业对外依存度指标，即从市场结构、产业控制力和产业竞争力三个方面构建零售业产业安全评价指标体系。王水平（2010）认为外资对东道国产业安全施加影响主要是通过产业控制实现的，因此可以从外资市场控制力、外资股权控制力、外资来源国集中程度和外资对主流业态的控制程度四个方面构建零售业控制力，即零售业产业安全评价指标体系。吴英娜和伍雪梅（2011）认为部分研究（如何维达和何昌，2002；孙瑞华，2006）提出的产业安全评价体系主要针对的是制造业，部分指标不太适用于零售业；即使是那些针对零售业的研究（如李飞和汪旭晖，2006；姜红和曾铿，2009），其提出的产业安全评价体系也没有充分考虑政府规制安全、竞争能力安全等因素。因此，在参考零售流通产业特点的基础上，他们选取产业的生存与发展环境、产业国际竞争力和产业控制力这三个一级指标来评价中国改革开放后零售业的产业安全状况。

4. 农业

朱丽萌（2007）依据产业安全的常用指标并结合农业自身特点，选择农业产业国际竞争力指数、粮食自给率、农业产业进口对外依存度和农业产业出口对外依存度四个指标作为衡量农业产业安全评价的指标体系。何维达等（2007）在对加入世界贸易组织后中国农业产业环境的变化进行梳理后，在上述四个指标的基础上又加入了农业产业发展速度这一指标，对中国加入世界贸易组织后农业产业安全进行了估算。董银果等（2015）认为研究农业产业安全问题主要取决于敏感性农产品的安全状态，若能确保敏感性农产品的产业安全，就意味着其他农产品也处于安全状态，即确保整个农业产业安全。于是，他们选取了中国大豆、玉米和棉花的数据，采用贸易竞争力指数、自给率、进口对外依存度和出口对外依存度这四个反映产业国际竞争力的指标来重点探讨入世以来大宗农产品贸易对相关产业安全的影响。宋向党（2016）认为在系统化视角下，农业产业呈现均衡、适应、稳定和流畅四大特征，并从产业均衡度、产业流畅度、产业适应度和产业稳定度四个方面对产业的安全状况进行评估，将其作为产业安全评价体系的一级指标，并以河北省为例对农业产业安全水平进行了综合评价。黎娜等（2017）在参考何维达（2002）、朱建民和魏大鹏（2013）等研究提出的产业安全评价体系的基础上，结合中国农业发展情况，引入 DEA 方法对中国农业产业安全进行了评估，输入指标依次为关税、出口依存度、进口依存度及农业总产量增长率，输出指标为贸易竞争力指数和农业发展速度指数，据此估算中国农业产业安全度。

5. 粮食产业

吕新业等（2006）根据中国实际情况，选取粮食产量、人均粮食消费量、储备率、禽蛋产量、人均禽蛋消费量、禽蛋生产价格指数、水产品产量、人均水产品消费量、水产品价格指数、肉类产量、人均肉类消费量、肉类价格指数、农村人均收入和城镇人均收入作为衡量中国食物安全的指标，并对中国的食物安全进行了总体评价，在此基础上还对中国未来的食物安全状况进行了预测和预警。李冬梅和何维达（2008）通过对粮食产业安全影响因素的系统分析，选择潜在威胁、产业竞争力和宏观保障力三项一级指标对中国的粮食产业安全进行了评价。顾国达和尹靖华（2014）指出"四维度"评价指标模型侧重于单一国家视角的产业安全，未能从国内外比较的角度考虑国际粮食市场和国内粮食市场的联系。因此，该研究基于非传统安全视角，从粮食贸易的安全化、安全性和安全感三个维度构建了评价体系，既考虑了中国整体的粮食主权问题，又从国内外比较的角度分析了国内外粮食市场的联系。

6. 纺织工业

李泳和王爱玲（2006）认为用行业对外依存度测算某一行业的安全存在模糊性。同时，行业的安全性不仅需要从行业的竞争能力、对外依存和外资的控制力上进行静态的衡量，还需要从动态的角度对内外资企业实力和发展潜力进行对比。因此，该研究从综合表现、影响因素、政府规制、内资实力和机遇修正指标这五个方面建立了一整套评价指标体系，并据此对中国纺织产业在内的六个重点产业安全程度进行了实际测度和简要分析。何维达等（2007）利用产业国内环境评价指标、产业国际竞争力评价指标、产业对外依存评价指标和产业控制力评价指标对中国纺织工业的产业安全度进行了估算，并分析了其在"十一五"期间的动态变化趋势。此外，何维达等（2008）还根据纺织工业系统的复杂性特点，从投入产出角度建立了纺织产业安全分析的 DEA 模型，输入指标为外资市场控制率、进口依存度和出口依存度，输出指标为国际竞争力指数和产业发展速度。

7. 高新技术产业

李向东和岳良运（2010）依据产业安全理论的研究成果并结合高新技术产业的知识密集、技术密集、资金密集、风险性大等特点，增加产业自主创新能力评价指标，从产业发展环境、产业自主创新能力、产业对外依存度、产业国际竞争力和产业控制力五个方面建立了高新技术产业安全的评价体系和物元评价模型。曹萍等（2017）认为产业持续发展能力是产业安全的核心和根本，因此从内资企业规模增值率、内资企业效益增值率和动态显性比较优势指数三方面构建了产业安全评价体系。

8. 物流产业

张宝友等（2012）根据 FDI 视角下物流产业风险形成机理以及可能导致的不良后果，从产业控制力风险、产业竞争力风险、产业发展力风险和产业关联效应风险四个方面构建了 FDI 视角下中国物流产业风险计量指标体系，并运用指标量化数据处理、三角模糊数等方法对中国物流产业 FDI 风险进行了评估，并揭示其变化规律。何维达等（2013）认为衡量物流业发展水平应主要从总量和效率两方面来考察。同时，物流产业是一个具有多个输入、多个输出的复杂系统，而数据包络分析法在针对复杂系统问题评价具有很好的效果。因此研究选取资本成本、固定资产投资增长率、劳动力素质、设备升级投入增长率、产业集中度、外资股权控制率作为输入指标，全社会物流量和人均产值作为输出指标，运用 DEA 方法对中国物流产业安全度进行了估算。刘莉雪（2016）认为物流产业安全包括物流产业生存安全、发展安全和战略安全，在考虑数据的可得性、一致性与稳定性之后，最终选取物流服务贸易竞争力指数、物流总费用占 GDP 比重、物流服务满意度和物流企业收入利润率作为评价指标，对中国物流产业安全程度进行了科学评价与监控预警。

第五节　文献评述

本章从基础设施对母国的影响、FCP 对母国的影响、OFDI 对母国的影响、产业安全影响因素与评价体系等方面进行了综述。现有研究分析了基础设施对母国产业发展和国际竞争力的影响，以及 FCP 和 OFDI 在宏观经济增长、就业、技术进步、国际贸易、产业和企业发展等方面对母国产生的重要影响，并且剖析了其中的作用机理。此外，在产业安全方面，已有研究对影响产业安全的内部和外部因素进行了阐述，也有学者构建了一般产业安全评价体系和具体产业安全评价体系。

对以上文献进行研究，发现已有研究在以下方面有所欠缺：（1）缺乏对基础设施产业安全评价的研究。现有研究多关注海洋产业、制造业、零售流通产业、物流产业安全等，极少关注基础设施产业。随着"一带一路"倡议的不断推进，并且把互联互通作为优先建设领域，基础设施将大力发展，面临更激烈的国际竞争，可能对产业安全构成挑战。因此，构建基础设施产业的安全评价体系并对其进行评价甚为必要。（2）已有研究聚焦于国家层面 FCP 对 OFDI 的影响，缺乏具体产业层面的研究。由于基础设施产业的 FCP 和 OFDI 分别占全国 FCP 和 OFDI 的比例相差较大，上述国家层面的关系是否适用于基础设施产业还有待验证。（3）已有研究主要关注于 OFDI 对母国的影响，有关 OFDI 的产业安全效应尚未涉及。（4）考虑到 FCP 能带动 OFDI 的发展，进而改变母国 OFDI 的规模和结构，因此，FCP 可能通过 OFDI 间接对基础设施产业安全产生影响，而这一机理尚未被证实。

综上，本书将基于"一带一路"倡议下的时代背景，结合基础设施产业特征，构建基础设施产业的安全评价体系并进行评价；在此基础上，分别分析 FCP 和 OFDI 对产业安全的影响。这为认识 FCP 和 OFDI 对中国产业发展的影响提供了一个新的视角，丰富了"一带一路"倡议对中国经济影响的研究。

第三章 "一带一路"下中国基础设施现状

本章首先对基础设施的定义、分类与特征进行描述，然后描述基础设施国内现状及"一带一路"下中国基础设施 FCP 和 OFDI 现状，为后文分析和研究奠定基础。

第一节 基础设施的定义、范围与特征

一、基础设施的定义与范围

（1）麦格劳 - 希尔旗下的图书公司在 1982 年出版的《经济百科全书》中，对基础设施的定义为："基础设施是指那些对产出水平或生产效率有直接或间接提高作用的经济项目，主要内容包括交通运输系统、发电设施、通信设施、金融设施、教育和卫生设施，以及一个组织有序的政府和政治体制。"

（2）1994 年，世界银行在 *World Development Report：Infrastructure for Development* 中将基础设施分为经济性基础设施与社会性基础设施。其中，交通运输、邮电通信、能源供给等经济性基础设施作为物质资本，直接参与生产过程，有益于提高社会生产能力进而加快经济增长速度；科教文

卫、环境保护等社会性基础设施水平的提高，有利于形成人力资本、社会资本、文化资本等，是调整和优化经济结构、改善投资环境、推动经济发展的基础。

（3）中华人民共和国国务院在官网发布的《国务院关于推进国际产能和装备制造合作的指导意见》（以下简称《意见》）提到将钢铁、有色、建材、铁路、电力、化工、轻纺、汽车、通信、工程机械、航空航天、船舶和海洋工程等作为重点行业，分类实施，有序推进。

（4）习近平在《决胜全面建成小康社会 夺取新时代中国特色社会主义伟大胜利——在中国共产党第十九次全国代表大会上的报告》关于"贯彻新发展理念，建设现代化经济体系"的论述中指出，要"深化供给侧结构性改革"中指出，要"加强水利、铁路、公路、水运、航空、管道、电网、信息、物流等基础设施网络建设"。

基于以上内容，本书基础设施的范围确定为交通运输、电力[①]和通信[②]三大领域。每一领域都包括制造业、建筑业（建造或安装）、批发和零售业、运营（供应或活动）四部分内容。依据《国民经济行业分类》（GB/T 4754 – 2011），基础设施如表 3 – 1 所示的产业。

表 3 – 1 　　　　　　　　基础设施三大领域涉及内容的比较

基础设施	交通运输	电力	通信
制造	汽车制造业（36）；铁路、船舶、航空航天和其他运输设备制造业（37）：371 铁路运输设备制造，372 城市轨道交通设备制造；铁路、船舶、航空航天等运输设备修理（434）	电气机械和器材制造业（38）：381 电机制造，382 输配电及控制设备制造；383 电线、电缆、光缆及电工器材制造；电气设备修理（435）	计算机、通信和其他电子设备制造业（39）：通信设备制造（392）

---

① 因为无法准确区别"电力"与"电气"，这里通用，只是引用资料里的说法，即资料用"电力"，本书也用"电力"；资料用"电气"，本书也用"电气"。

② 因为无法准确区别"通信"与"电信"，这里通用，只是引用资料里的说法，即资料用"通信"，本书也用"通信"；资料用"电信"，本书也用"电信"。事实上，在"国民经济行业分类（GB/T 4754 – 2011）"里，"6311 固定电信服务"指"从事固定通信业务活动"，看不出二者的区别。

续表

基础设施	交通运输	电力	通信
建筑	铁路、道路、隧道和桥梁工程建筑（481），水利和内河港口工程建筑（482），架线和管道工程建筑（485）	—	—
批发和零售	汽车批发（5172），汽车零配件批发（5173），摩托车及零配件批发（5174）；汽车零售（5261），汽车零配件零售（5262），摩托车及零配件零售（5263）	5176 电气设备批发	5178 通信及广播电视设备批发；5274 通信设备零售（不包括专业通信设备的销售）
运营	交通运输、仓储和邮政业（G）：53 铁路运输业	电力、热力、燃气及水生产和供应业（44）：441 电力生产，442 电力供应	信息传输、软件和信息技术服务业（I）：631 电信

资料来源：根据《国民经济行业分类》（GB/T 4754－2011）整理得到。

由表 3－1 可以看出，"建筑业"不包含电力和通信，批发和零售不包含铁路、船舶、航空航天和其他运输，故三大领域共同涉及的只有制造业和运营两部分。依据《国民经济行业分类》（GB/T 4754－2011），运营部分包括电力、热力、燃气及水生产和供应业（D），交通运输、仓储和邮政业（G），信息传输、软件和信息技术服务业（I）三个门类产业。具体来说，包括 D 门类中的电力生产（441）和电力供应（442），G 门类中的铁路运输业（大类产业 53），I 门类中的电信（631）。

在基础设施中，制造业（C）和运营中的电力、热力、燃气及水生产和供应业（D）属于工业，在各种年鉴中容易获得大类（即二位数）产业的数据；运营中的 G 和 I 门类属于服务业，一般不能获得大类即二位数产业的数据。考虑到数据可获得性，作为国内部分的基础设施产业安全，这里只研究基础设施制造业的产业安全，即交通运输领域的汽车制造业（36），铁路、船舶、航空航天和其他运输设备制造业（37），电力领域的电气机械和器材制造业（38），通信领域的计算机、通信和其他电子设备制造业（39）。本书研究基础设施 FCP[①] 对基础设施制造业和运营的 OFDI 影响，基础设施 FCP、制造业 OFDI 和运营 OFDI 对基础设施制造业产业安全的影响。

这里基础设施包括 FCP、制造业 OFDI、运营 OFDI 和基础设施产业安全四部分。基础设施 FCP，依据《中国对外承包工程发展报告（2006—2017）》，包括交通运输项目、电力工业项目和电子通信项目。

二、基础设施服务业（运营）的特征

1. 基础性

基础设施对于一国的经济发展具有奠基的作用，基础设施的基础性体现在三个方面：一是基础设施部门属于间接性生产部门，基础设施所提供的产品和服务是其他生产部门进行活动的基础条件，其他产业活动如房地产业基本上都会用到电力、交通和通信；二是基础设施所提供的产品和服务是其他部门生产和再生产所必须支付的投入品，构成了其他部分的成本，正如交通基础设施又称为社会先行资本，其提供的服务和产品的变化必然导致其他部分的连锁反应；三是基础设施具有先导性，基础设施是城市存在和发展的基本物质需求，因此基础设施假设应该在时间上有所超前，提前建设以满足未来城市发展需求。此外基础设施建设工程一般建设工期长、投资大，通常都需要超前建设（司增绰，2008）。

2. 公共产品性

公共产品一般要满足两个基本条件：非竞争性和非排他性。基础设施

---

① 根据《对外承包工程管理条例》第一章第二条，对外承包工程是指中国的企业或者其他单位（以下统称单位）承包境外建设工程项目（以下简称工程项目）的活动。在《财经大辞典》里称作"对外工程承包"，也称作"国际工程承包"。依据《经济大辞典》，"国外工程承包"指一国企业或有关单位作为承包人提供资金、技术、劳务、设备、材料、许可证等，为国外的发包人实施工程项目建设，并按照事先商定的价格和支付方式收取费用的一种国际经济合作的方式。通过承包活动，有利于学习国外先进技术和管理经验，带动建筑业和项目工程有关的工业设备和材料出口，促进对外贸易业务发展，增加国家外汇收入。数据一般用年度"完成营业额"。详见于光远主编. 经济大辞典［M］. 上海：上海辞书出版社，1992：1358；《财经大辞典》第 2 版编委会编. 财经大辞典第三卷［M］. 北京：中国财政经济出版社，2013：645。

带有一定程度的公共产品的特性，但基础设施中很少有纯公共产品，一般的基础设施具有"混合公共产品"的特性。例如，电力、通信和铁路等随着使用者增加到一定数量，就会出现拥挤问题。随着基础设施的拥挤问题出现，一是新的消费者难以加入或被排除在外；二是新的消费者加入会产生一定程度的竞争，产生边际成本，边际成本不为零（司增绰，2008）。此时，基础设施提供的产品和服务不再完全具备非竞争性和非排他性两个性质。

3. 自然垄断性

自然垄断指由于生产技术制约使一个厂商供给某种产品的效率最高，而两个或者以上的生产者会导致效率下降，在此条件下产生的垄断即为自然垄断。基础设施的自然垄断性表现在三个方面：一是资产专用性，像管道供水、电网、电信和铁路等公共设施的传输系统是专用的，即它只能传送一种东西。用于传输系统的投资（比如地下水管线或电缆）是最不可能重新修复的，因为它们不像用于交通运输工具的投资，不能移作他用或转移到其他地方，一旦付出投资，这部分成本就"沉淀"了（谭克虎，2005）。二是规模经济性，基础设施服务的自然垄断性还表现在使用统一网络向不同的使用者提供服务比对不同用户分设不同的网络更为经济。例如，居民和商业用户对水、电力和通信服务的要求不同：居民使用时间一般在工作时间之外，而商业用户则在工作时间之内使用，两种服务之间有很强的互补性。在这种情况下，使用同一网络提供服务比用不同网络提供服务成本小、效益高。三是范围经济性，基础设施的范围经济性是指，在一定区域内，基础设施项目群具有范围经济，即基础设施在一定区域内的复合投资效益高于对单项基础设施的无限制投资效益。也就是说，一项基础设施项目要与其他基础设施联合才能实现价值增值（司增绰，2008）。

4. 外部性和公益性

经济外部性主要是指基础设施的配置对地区经济要素的运动与组合产生的影响。一般来讲，物质性基础设施提供的服务很少具有纯公共产品的特征。但是外部性还是存在的，特别是网络型的基础设施外部性十分显著。网络型基础设施指需要通过固定网络来传输服务的基础设施，主要包括电信、电力、铁路、自来水和煤气等（司增绰，2008）。网络基础设施建设具有明显的外部性和公益性，项目的社会效益往往明显优于其经济效益。由于网络的外部效益难以准确计算，使用网络的支付费用与网络上流量的大小、网络经营成本高低关联不密切。也就是说，网络服务定价并不能完全采用市场法则，不能完全通过供求关系来调整网络服务价格，因此投资者很难得到全部投资回报（谭克虎，2005）。

三、基础设施制造业的特征

1. 地区分布差异较大

高水平、较高水平省区市集中在东部沿海地区，低水平省区市在中西部地区集聚的趋势增强，高水平区逐渐向区位条件优越的东部地区，尤其是长三角和珠三角进行集聚。其分布梯度与我国东、中、西三大经济地带大体呈现平行关系，形成"俱乐部趋同"现象（杨清可等，2014）。就聚集程度而言，通信设备和电子设备制造业的技术壁垒相对较低，更容易因为规模经济产生自然集聚，区域集中度较高，同时，良好的地理位置和人文环境是这两个产业发展的重要保证（郭韬和朱建新，2006），较强的集聚力和吸引力使知识技术源更为密集，进一步增强其对外的扩散辐射能力，有利于知识技术转换为生产力（綦良群，2005），聚集程度进一步提高；交通运输设备制造业不容易由于规模经济而产生自然集聚，其布局更多是国家在计划经济时期平衡布点形成的，行业集聚程度相比较而言要低得多（巩前胜和仲伟周，2012）。

2. 战略性

基础设施制造业能够有效服务于国家战略目标，极大地促进经济社会发展、提升综合国力和国家安全保障水平（杜红亮和任昱仰，2012）。因此，基础设施制造业是我国经济和社会发展、经济结构战略性调整的重要力量，是引领经济增长的先导产业和增强国家竞争力的战略性产业（王彬燕等，2017）。基础设施制造业的技术水平不仅决定了其他产业市场竞争力的强弱，而且直接影响着国民经济的运行质量和效益（孙韬等，2011）。根据《"十三五"现代综合交通运输体系发展规划》，交通运输是国民经济中战略性产业，是重要的服务性行业。构建现代综合交通运输体系，是适应把握引领经济发展新常态，推进供给侧结构性改革，推动国家重大战略实施，支撑全面建成小康社会的客观要求；通信设备制造业是七大国家战略性新型产业之一，《"十三五"国家战略性通信产业发展规划》明确提出了网络强国战略；电力设施制造业则与多个国家战略新兴产业紧密相关，如节能环保产业、新能源汽车等。

3. 技术密集

基础设施制造业是知识高度密集的行业，涉及的技术要素较多，产品的价值也较高。如随着远洋集装箱运输的盛行，交通运输业越来越由劳动密集型向资本、技术密集型服务方式转变（帖鹏飞，2014）；通信设备制造业技术淘汰与更新速度快，产业内企业通过 R&D 经费及人员的投入，创造技术价值并保持长久的投入以维持其技术竞争力（解毅，2015）；电力系统设备涉及包括电子、通信、金融、材料、物理等领域的技术，首先注重的是其安全性、稳定性，其次还要考虑技术先进性、高效性等因素，因此电力设备制造业企业具有风险高、市场竞争激烈、产品生命周期短等特质，要求企业选择有效的技术创新策略，通过持续的技术创新才能使企业得到发展（任惠丹，2014）。

4. 资金密集

一是前期投入大。基础设施制造业的进入壁垒较高，前期需要企业投入大量资金用于专项设施建设，投资回收期长，资产专业化程度高，如现代化设计软件及加工设备、特大型高精度数控设备和成套检测设备等。二是研发成本高。基础设施产品具有复杂性，属于复杂产品系统，在研究、开发、研究成果转化等阶段都需要大量的资本支持，这就决定了这个行业需要持续投入大量的资本。三是规模作用明显。基础设施制造业产品生命周期比一般制造业产品生命周期要长，投资回收慢。产品附加值较高的高端设备制造业需要不断创新，还面临着设备更新的巨大压力，更增加了资金投入的需要，加上基础设施制造业基础性和外部性等特征，政府、金融机构以及科技机构均会加强对基础设施制造业的支持力度。因此相对于一般制造业，基础设施制造业具有企业规模大、行业集中度高、国有成分比重大等特点（綦良群等，2014）。具有规模效应的设备制造商通过规模经济效应、学习效应、网络效应等获得足够的资金支持保障，以满足 R&D 投入较高的要求，从而保证一定的技术创新能力，获得更多的产业优势，以便其继续保持行业内的领先优势（解毅，2015）。

第二节　基础设施国内现状

随着基础设施对外投资规模与日俱增，处理好基础设施对外投资与国内基础设施发展的关系变得日益重要。为应对这一变化，应该及时了解国内基础设施发展现状与趋势。由于投资、研发、出口以及利用外资等方面均是基础设施产业发展过程中的重要领域，因此本书从这四个方面对国内基础设施现状进行分析。

一、基础设施国内投资现状

（一）基础设施国内投资规模

完善的基础设施是国家经济发展的重要保障。近年来，在我国经济下行压力持续加大的背景下，基础设施投资再次扮演起经济"稳定器"的关键角色。2013 年，国务院发布的《国务院关于加强城市基础设施建设的意见》提出，"加强城市基础设施建设，有利于推动经济结构调整和发展方式转变"。因此，无论国内外形势如何变化，国内基础设施投资依然保持上升态势，投资规模如表 3 - 2 所示。其中，2000 ~ 2017 年，基础设施国内投资的平均增长速度为 13. 22%，2003 ~ 2011 年的平均增长速度甚至高达 19. 66%。2012 至今，基础设施投资规模速度虽有所放缓，但仍然以 10% 左右的增长速度稳步上升，2016 年首次突破 5 万亿元。

基础设施固定资产在全国固定资产中所占的比重一直较高，在 2000年时甚至接近 1/5。但从 2000 年开始，比重开始逐渐下降，这主要是因为随着我国经济水平的提高，我国对基础设施产业以外领域的投资日益增加。尤其是从 2012 年开始，基础设施固定资产在全国固定资产中所占的比例降至 10% 以下，这也有可能是因为统计口径发生了变化。从 2012 年开始，《中国工业统计年鉴》中"交通运输设备制造业"被拆分成了"汽车制造业"与"铁路、船舶、航空航天和其他运输设备制造业"，本书继续使用（GB/T 4754 - 2011）标准中的"交通运输设备制造业"这一名称，且 2012 年及以后的数据为"汽车制造业"与"铁路、船舶、航空航天和其他运输设备制造业"之和。但是原"交通运输设备制造业"中的铁路、船舶、航空航天等运输设备修理被归为了"其他制造业"，汽车、摩托车以及自行车修理被归为了"机动车、电子产品和日用产品修理业"。因此，这也可能是导致基础设施在全国固定投资中的份额下降的原因之一。

虽然，从 2000 年开始，基础设施固定投资在全国所占份额逐渐减少，但 2012 ~ 2017 年始终保持在 7% ~ 10%。可见，由于基础设施对于经济发展的重要性，基础设施投资始终是我国经济建设与生产投资中的重要领域。2017 年，基础设施固定资产占全国 GDP 的 6. 04%，达到了世界银行在《1994 年世界发展报告》中建议的基础设施投资占 GDP 比重不少于5% 的标准。此外，虽然我国基础设施对外投资规模日益增大，基础设施国内投资占基础设施总投资（包括基础设施国内投资与 OFDI）的比重却始终保持在 85% 左右，具体如表 3 - 2 所示。

表 3 - 2 基础设施国内投资规模

年份	基础设施投资额（亿元）	占全国固定资产比重（%）	占基础设施总投资*比重（%）
2000	6298.43	19.13	—
2001	6876.37	18.48	—
2002	7459.26	17.15	—
2003	8433.82	15.18	—
2004	10774.63	15.29	—
2005	12540.20	14.13	—
2006	14518.88	13.20	84.24
2007	17394.19	12.67	86.96
2008	22083.34	12.78	88.69
2009	24841.79	11.06	85.38
2010	31062.22	12.34	87.04
2011	31946.33	10.26	87.15
2012	35550.92	9.49	88.31
2013	39646.95	8.88	87.90
2014	43837.30	8.56	87.35
2015	46564.03	8.29	85.94
2016	51400.60	8.48	85.65
2017	49809.00	7.77	84.16

注：*指基础设施国内投资与OFDI之和。关于统计口径与行业名称的变化：从2012年开始，《中国工业统计年鉴》中的"交通运输设备制造业"更改为"铁路、船舶、航空航天和其他运输设备制造业"，不再包括"汽车制造业"，本书继续使用"交通运输设备制造业"这一行业名称，2012年及以后的数据使用"铁路、船舶、航空航天和其他运输设备制造业"与"汽车制造业"之和；"电气机械和器材制造业"在2011年及以前为"电气机械及器材制造业"；"计算机、通信和其他电子设备制造业"最早为"电子及通信设备制造业"，在2003年更名为"通信设备、计算机及其他电子设备制造业"，在2012年更改为现在的名称，下同。

资料来源：根据《中国统计年鉴》（2001—2018）中的"全社会固定投资"、《中国对外工程承包发展报告》中基础设施相关领域的"新签合同额"、《中国工业统计年鉴》（2001—2017）中基础设施各个行业的"固定资产合计"和国家统计局公布的分行业"规模以上工业企业固定资产合计"整理计算得到。

（二）基础设施国内投资的行业结构

分行业看，"交通运输设备制造业""电气机械和器材制造业"以及

"计算机、通信和其他电子设备制造业"在 2000～2016 年均呈上升趋势，平均增长速度分别为 14.14%、14.33% 以及 14.78%。其中，"交通运输设备制造业"在 2000～2011 年以 16.01% 的平均速度快速增长；2008～2011 年的平均增长速度甚至高达 24.20%；但在 2012 年可能由于统计口径的变化，其增长速度出现了明显下降，仅为 4.93%。2013～2016 年虽依然呈现稳步增长态势，但增长速度较 2000～2011 年变低，平均增长速度为 10.04%。"电气机械和器材制造业"在 2003～2013 年经历了平均增长速度为 18.18% 的高速增长阶段，且每年增长速度均在 10% 以上，但从 2014 年开始增长幅度变缓，且 2014～2016 年的平均增长速度仅为 6.50%。与"电气机械和器材制造业"一样，"计算机、通信和其他电子设备制造业"在 2014～2016 年也出现了增长放缓的现象，2000～2013 年的平均增长速度为 16.30%，而 2014～2016 年的平均增长速度仅为 8.16%。2017 年"交通运输设备制造业"和"电气机械和器材制造业"甚至是负增长，增长率分别为 -4.21% 和 -5.45%。"计算机、通信和其他电子设备制造业"小幅增长，其增长率仅为 0.30%（见表 3-3）。

从基础设施国内投资的行业结构来看，"交通运输设备制造业"所占比重最大，始终保持在 40% 左右。"电气机械和器材制造业"所占比重最小，始终在 25% 左右。"计算机、通信和其他电子设备制造业"所占的比重则一直保持在 35% 左右。

表 3-3 　　　　　基础设施国内投资的行业结构

年份	JTYS		DQJX		JSJT	
	金额（亿元）	比重（%）	金额（亿元）	比重（%）	金额（亿元）	比重（%）
2000	2817.74	44.74	1564.36	24.84	1916.33	30.43
2001	2988.56	43.46	1650.44	24.00	2237.37	32.54
2002	3135.15	42.03	1720.96	23.07	2603.15	34.90
2003	3520.49	41.74	1901.78	22.55	3011.55	35.71
2004	4241.33	39.36	2309.64	21.44	4223.66	39.20
2005	4916.85	39.21	2720.56	21.69	4902.79	39.10

年份	JTYS		DQJX		JSJT	
	金额（亿元）	比重（%）	金额（亿元）	比重（%）	金额（亿元）	比重（%）
2006	5845.84	40.26	3088.43	21.27	5584.61	38.46
2007	5888.32	40.52	3680.30	21.16	6169.51	38.32
2008	7658.33	41.66	4980.13	22.55	7226.36	35.79
2009	8782.94	43.08	5989.15	24.11	7603.49	32.81
2010	10364.94	40.48	7370.04	23.73	10437.66	35.80
2011	13893.12	43.49	8235.70	25.78	9817.51	30.73
2012	14577.82	41.01	9516.42	26.77	11456.68	32.23
2013	16183.39	40.82	10627.10	26.80	12836.46	32.38
2014	18682.76	42.62	11464.57	26.15	13689.97	31.23
2015	20224.61	43.43	12149.66	26.09	14189.76	30.47
2016	22361.62	43.50	12836.58	24.97	16202.40	31.52
2017	21420.54	43.01	12137.42	24.37	16251.04	32.63

注："JTYS，DQJX，JSJT"分别为"交通运输设备制造业""电气机械和器材制造业""计算机、通信和其他电子设备制造业"的前四个字的首字母，分别代表这三个产业，下同。

资料来源：根据《中国工业统计年鉴》（2001—2018）中基础设施各个行业的"固定资产合计"国家统计局公布的分行业"规模以上工业企业固定资产合计"整理得到。

二、基础设施研发现状

（一）研发投入现状

研发是基础设施供给侧结构性改革的关键环节，基础设施的研发投入规模如表3-4所示。可以看出，无论是"研发经费支出"还是"研发人员"，基础设施产业在整体上均呈现快速增长态势。其中，基础设施研发经费支出的平均增长速度高达20.14%，研发人员的平均增长速度为12.36%。而且在基础设施研发经费的支出上，2000~2017年占全国的比重均在20%以上；在基础设施研发人员的数量上，2000~2017年占全国的份额整体上呈上升趋势，2008~2017年始终保持在20%以上。可见基础设施研发是我国科技研发中的重要领域。

表 3 – 4 基础设施研发投入规模

年份	研发经费支出		研发人员	
	支出（亿元）	占全国比重（%）	人数（万人）	占全国比重（%）
2000	231.26	25.81	22.75	11.12
2001	323.25	31.01	25.30	12.21
2002	374.97	29.12	25.39	11.69
2003	491.41	31.92	28.76	12.76
2004	447.11	22.74	34.22	15.20
2005	521.88	21.30	36.04	14.08
2006	678.28	22.59	41.53	14.84
2007	866.62	23.36	51.77	16.55
2008	1163.66	25.21	71.68	20.87
2009	1285.22	22.15	68.88	21.63
2010	1481.16	20.97	70.91	20.02
2011	1997.26	22.99	92.88	23.12
2012	2340.25	22.72	110.52	23.94
2013	2765.73	23.35	120.73	24.06
2014	3158.81	24.27	130.44	24.38
2015	3649.80	25.76	133.40	24.33
2016	4064.04	25.92	142.44	24.43
2017	4831.32	27.44	152.87	24.60

资料来源：根据《中国科技统计年鉴》（2001—2018）中的全国与基础设施各个行业的经费支出与研发人员相关数据整理得到。其中，全国经费支出数据来源于"全国研究与试验发展（R&D）经费内部支出"；全国研发人员数量来源于"研究与试验发展（R&D）人员"；基础设施经费支出数据来源于"分行业规模以上工业企业科技活动经费内部支出"；基础设施研发人员数据来源于"按行业分规模以上工业企业 R&D 人员"。

分行业看，在研发经费支出上，"交通运输设备制造业""电气机械和器材制造业"以及"计算机、通信和其他电子设备制造业"在近十年间均高速增长，平均增长速度分别为 21.42%、20.51% 以及 19.45%。其中，"计算机、通信和其他电子设备制造业"研发经费支出略高于其他两个产业，可见其在技术研发领域更为突出。此外，"电气机械和器材制造业"的研发经费支出在三个产业中最少。

在研发人员上，"交通运输设备制造业""电气机械和器材制造业"以及"计算机、通信和其他电子设备制造业"在2000~2016年同样增长快速，平均增长速度分别为10.06%、14.56%以及13.77%。但是，"交通运输设备制造业"在2014~2017年增速较之前有所减慢，平均增长速度仅为4.96%。与研发经费支出一样，"计算机、通信和其他电子设备制造业"的研发人员数量在三个产业中最大，"交通运输设备制造业"次之，"电气机械和器材制造业"最小。具体如表3-5所示。

表3-5 分行业研发投入规模

年份	研发经费支出（亿元）			研发人员（万人）		
	JTYS	DQJX	JSJT	JTYS	DQJX	JSJT
2000	65.28	63.07	102.91	9.84	5.03	7.88
2001	97.36	84.02	141.87	10.28	5.54	9.48
2002	120.58	88.96	165.43	10.38	5.85	9.16
2003	142.06	123.09	226.26	11.16	6.81	10.79
2004	127.47	93.43	226.21	11.52	8.18	14.52
2005	144.61	108.15	269.12	13.33	7.43	15.28
2006	195.21	147.18	335.90	14.60	10.05	16.87
2007	279.92	197.18	389.53	16.37	11.99	23.41
2008	372.59	299.39	491.68	21.00	18.20	32.48
2009	400.42	343.44	541.35	19.80	19.47	29.61
2010	484.74	369.32	627.11	21.89	17.63	31.39
2011	624.72	532.00	840.54	28.69	26.57	37.62
2012	750.22	620.25	969.78	33.92	31.09	45.51
2013	898.25	717.18	1150.31	39.07	34.00	47.66
2014	1042.82	830.15	1285.84	42.10	37.79	50.56
2015	1208.50	941.65	1499.65	43.43	38.10	51.87
2016	1354.96	1013.97	1695.12	45.77	40.08	56.59
2017	1590.50	1240.32	2000.51	47.38	42.62	62.86

资料来源：根据《中国科技统计年鉴》（2001—2018）中基础设施各个行业的"分行业规模以上工业企业科技活动经费内部支出"与"按行业分规模以上工业企业R&D人员"整理得到。

（二）研发产出现状

2000～2017 年，基础设施产业无论是从整体上看还是分行业看，新产品销售收入均稳步上升，表明了我国基础设施产业的创新水平不断提高，具体如表 3-6 所示。从 2005 年开始，基础设施新产品销售收入在全国工业企业新产品销售收入中的比重虽然有所下降，但依然保持在 30%以上，可见与研发投入情况一样，基础设施在创新成果方面也是我国科学研究事业的重要领域。此外，"计算机、通信和其他电子设备制造业"的研发产出水平在三个产业中依然是最高的，并且远远高于"电气机械和器材制造业"。

表 3-6 基础设施研发产出现状

年份	基础设施整体（亿元）	销售收入占工业企业比重（%）	JTYS（亿元）	DQJX（亿元）	JSJT（亿元）
2000	4404.00	57.64	1413.78	831.02	2159.20
2001	5412.84	61.55	1865.64	1047.52	2499.69
2002	6605.78	60.95	2428.71	1228.30	2948.78
2003	8728.81	61.92	3532.46	1332.44	3863.91
2004	12402.71	60.74	4474.15	2362.09	5566.46
2005	12921.99	53.62	4577.48	2489.58	5854.93
2006	16810.31	53.82	6776.72	2975.97	7057.62
2007	21327.43	52.05	8666.49	3916.18	8744.76
2008	27882.96	48.89	10598.58	5919.04	11365.34
2009	32874.99	49.93	15006.41	6922.89	10945.69
2010	39115.71	53.68	17116.52	8630.25	13368.94
2011	49312.72	49.03	20087.92	10998.02	18226.78
2012	50255.79	45.47	18992.00	11792.24	19471.54
2013	57864.28	45.04	19840.26	13860.51	24163.52
2014	66784.87	46.74	23862.72	16156.99	26765.16
2015	72721.59	48.21	25561.27	16502.59	30657.73

年份	基础设施整体（亿元）	销售收入占工业企业比重（%）	JTYS（亿元）	DQJX（亿元）	JSJT（亿元）
2016	86169.65	49.35	31921.90	19409.08	34838.67
2017	96012.87	50.12	34851.36	21286.27	39875.23

资料来源：根据《中国科技统计年鉴》（2001—2018）中的全国工业企业与基础设施各个行业的新产品销售收入相关数据整理、计算得到。其中，2000～2007年的全国工业企业数据来源于"主营业务收入（新产品）"，2008年该指标变为"新产品销售收入"，因此2008～2017年的全国工业企业数据来源于"规模以上工业企业新产品销售收入"；基础设施相关行业的新产品销售收入数据来源于"分行业规模以上工业企业基本情况"。

（三）研发效率

在技术突飞猛进的时代，研发效率问题对于产业发展，尤其对于作为经济发展"先行官"的基础设施行业显得格外重要。本书运用数据包络分析法（data envelopment analysis，DEA），将基础设施的科研经费支出与研发人员数量作为投入变量，将新产品销售收入作为产出变量，基于规模报酬不变的CRS模型（constant returns to scale，CRS）计算得到基础设施研发的综合效率（OE），基于规模报酬可变的VRS模型（variable returns to scale，VRS）计算得到基础设施研发的纯技术效率（PTE），由OE除以PTE得到基础设施研发的规模效率（SE）。OE、PTE以及SE均处于0～1，且数值越接近于1，表示基础设施研发的综合效率、纯技术效率以及规模效率越高，计算结果如表3-7所示。可以看出，由于"交通运输设备制造业"的统计口径在2012年发生了变化，相关数据较之前出现明显下降，因此导致整体基础设施产业与"交通运输设备制造业"的研发效率在2012年有所下降。

表3-7　　　　　　　　　基础设施研发效率

年份	综合效率				纯技术效率				规模效率			
	整体	JTYS	DQJX	JSJT	整体	JTYS	DQJX	JSJT	整体	JTYS	DQJX	JSJT
2000	0.51	0.58	0.35	0.56	0.55	1.00	1.00	0.88	0.93	0.58	0.35	0.64
2001	0.45	0.51	0.33	0.47	0.48	0.80	0.95	0.72	0.94	0.64	0.35	0.65

年份	综合效率				纯技术效率				规模效率			
	整体	JTYS	DQJX	JSJT	整体	JTYS	DQJX	JSJT	整体	JTYS	DQJX	JSJT
2002	0.47	0.54	0.37	0.48	0.50	0.76	0.93	0.79	0.94	0.71	0.40	0.60
2003	0.47	0.66	0.29	0.47	0.49	0.82	0.81	0.76	0.96	0.81	0.35	0.62
2004	0.74	0.94	0.67	0.66	0.74	1.00	0.96	0.75	0.99	0.94	0.70	0.88
2005	0.66	0.84	0.61	0.58	0.66	0.90	0.93	0.68	1.00	0.94	0.66	0.86
2006	0.66	0.93	0.54	0.56	0.70	0.96	0.76	0.68	0.95	0.97	0.71	0.82
2007	0.66	0.83	0.53	0.60	0.78	0.86	0.69	0.62	0.84	0.96	0.77	0.97
2008	0.64	0.76	0.53	0.60	0.84	0.77	0.60	0.62	0.77	0.98	0.88	0.99
2009	0.68	1.00	0.54	0.54	0.93	1.00	0.60	0.55	0.73	1.00	0.90	0.98
2010	0.72	1.00	0.64	0.57	1.00	1.00	0.74	0.58	0.72	1.00	0.86	0.99
2011	0.69	0.90	0.55	0.62	1.00	0.99	0.59	0.64	0.69	0.91	0.94	0.97
2012	0.59	0.72	0.51	0.55	0.88	0.76	0.53	0.61	0.67	0.94	0.96	0.91
2013	0.61	0.65	0.53	0.65	0.90	0.69	0.55	0.73	0.68	0.94	0.97	0.89
2014	0.65	0.72	0.55	0.68	0.94	0.80	0.55	0.77	0.69	0.91	0.99	0.88
2015	0.70	0.75	0.55	0.76	0.91	0.81	0.56	0.84	0.76	0.93	0.99	0.90
2016	0.77	0.89	0.62	0.79	1.00	0.99	0.63	0.88	0.77	0.90	0.99	0.89
2017	0.80	0.94	0.64	0.81	1.00	1.00	0.65	0.91	0.80	0.94	0.98	0.89

资料来源：用 DEA-SOLVER Pro5.0 软件计算、整理得到。

为克服统计口径变化带来的影响，将数据样本分为"2000～2011 年"与"2012～2017 年"来分别计算研发效率，计算结果如表 3-8 所示。可以看出，在分时间段计算后，基础设施产业无论是在整体上还是分行业看，研发效率在 2000～2017 年均基本上呈现上升趋势，可见我国基础设施产业研发效率水平随着经济发展与科技进步日益提高。

分行业看，无论是否划分时间段计算，均是"交通运输设备制造业"研发效率最高，甚至其效率值多数为 1，这与我国交通运输设备技术水平不断进步并且某些领域已位居世界前列的现实相契合。"计算机、通信和其他电子设备制造业"的纯技术效率在 2012～2017 年基本保持在 0.8～1，这可能与它的技术密集型特征与日益良好的市场环境相关。此外，"电气机械和器材制造业"的研发综合效率与规模效率在三个行业中是进步最大的。

表3－8   分时间段计算的基础设施研发效率

年份	综合效率				纯技术效率				规模效率			
	整体	JTYS	DQJX	JSJT	整体	JTYS	DQJX	JSJT	整体	JTYS	DQJX	JSJT
2000	0.51	0.58	0.35	0.56	0.55	1.00	1.00	0.88	0.93	0.58	0.35	0.64
2001	0.45	0.51	0.33	0.47	0.48	0.80	0.95	0.72	0.94	0.64	0.35	0.65
2002	0.47	0.54	0.37	0.48	0.50	0.76	0.93	0.79	0.94	0.71	0.40	0.60
2003	0.47	0.66	0.29	0.47	0.49	0.82	0.81	0.76	0.96	0.81	0.35	0.62
2004	0.74	0.94	0.67	0.66	0.74	1.00	0.96	0.75	0.99	0.94	0.70	0.88
2005	0.66	0.84	0.61	0.58	0.66	0.90	0.93	0.68	1.00	0.94	0.66	0.86
2006	0.66	0.93	0.54	0.56	0.70	0.96	0.76	0.68	0.95	0.97	0.71	0.82
2007	0.66	0.83	0.53	0.60	0.78	0.86	0.69	0.62	0.84	0.96	0.77	0.97
2008	0.64	0.76	0.53	0.62	0.84	0.77	0.62	0.62	0.77	0.98	0.88	0.99
2009	0.68	1.00	0.54	0.54	0.93	1.00	0.60	0.55	0.73	1.00	0.90	0.98
2010	0.72	1.00	0.64	0.57	1.00	1.00	0.74	0.58	0.72	1.00	0.86	0.99
2011	0.69	0.90	0.55	0.62	1.00	0.99	0.59	0.65	0.69	0.91	0.94	0.96
2012	0.85	1.00	0.75	0.79	0.97	1.00	1.00	0.80	0.87	1.00	0.75	1.00
2013	0.83	0.88	0.76	0.85	0.96	0.89	0.94	0.86	0.87	0.99	0.81	0.98
2014	0.86	0.93	0.77	0.85	0.98	0.94	0.87	0.87	0.87	0.99	0.89	0.98
2015	0.83	0.89	0.71	0.86	0.93	0.91	0.86	0.86	0.89	0.97	0.82	1.00
2016	0.89	1.00	0.78	0.88	1.00	1.00	0.86	0.89	0.89	1.00	0.92	0.98
2017	0.88	1.00	0.73	0.88	1.00	1.00	0.84	0.91	0.88	1.00	0.86	0.97

资料来源：用 DEA-SOLVER Pro5.0 软件计算、整理得到。

三、基础设施出口现状

（一）基础设施出口规模

基础设施出口是基础设施国际竞争力最直接的表现。从表3－9中可以看出，2000～2017年，我国基础设施出口整体上呈上升趋势，平均增长速度为19.46%，说明我国基础设施产业的国际竞争力自2000年以来日益提高。但是，在2009年出现了明显下降，这主要是因为2008年爆发的全球金融危机导致了我国出口贸易的普遍降低。2010年出现了大幅度回升，但从2011年开始，增长幅度变缓，平均增长速度仅为4.86%。2017年增长速度大幅提升，根据预测数据计算得到的增长率为19.64%。此外，基础设施出口在全国货物出口总额中所占的比重始终在20%以上，2008～2017年甚至始终保持在40%以上，在工业企业出口中所占的比重始终在30%以上，2009～2017年甚至保持在50%以上，可见基础设施是我国出口贸易中的重要领域。

表3-9　　　　　　　　　　　　基础设施出口规模

年份	基础设施（亿元）	占全国货物出口比重（%）	占工业企业出口比重（%）
2000	4458.74	21.61	30.59
2001	5479.16	24.88	33.73
2002	7596.51	28.19	37.88
2003	11146.40	30.72	41.37
2004	18259.22	37.19	45.10
2005	21758.03	34.73	45.57
2006	28931.00	37.28	47.77
2007	35931.08	38.38	48.96
2008	41123.82	40.96	49.85
2009	38066.16	46.41	52.83
2010	48171.78	45.01	53.58
2011	53760.77	43.62	53.97
2012	57956.98	44.80	54.36
2013	60488.61	44.11	53.61
2014	62580.74	43.49	52.85
2015	62376.80	44.19	53.77

年份	基础设施（亿元）	占全国货物出口比重（%）	占工业企业出口比重（%）
2016	63770.59	46.07	54.11
2017	76295.88	49.77	63.52

资料来源：根据《中国统计年鉴》（2001—2018）中"全国货物出口总额"与《中国工业统计年鉴》（2001—2017）中的"工业企业出口交货值"、基础设施产业的"出口交货值"计算、整理得到。由于 2018 年《中国工业统计年鉴》未出版，并且国家统计局也未公布基础设施产业的"出口交货值"。故采用拟合多项式方程的方法对所需 2017 年数据进行预测，预测结果较好，拟合优度值均在 0.98 水平以上。

（二）基础设施出口的行业结构

分行业看，"交通运输设备制造业""电气机械和器材制造业"以及"计算机、通信和其他电子设备制造业"出口在 2000～2008 年均经历了快速发展阶段，平均增长速度分别为 33.55%、28.77% 以及 34.05%。但是，2009 年由于金融危机，三个行业均出现负增长现象。2010 年又出现大幅上升，但 2011～2017 年增速较 2000～2008 年变缓，平均增长速度分别仅为 4.37%、6.07% 以及 7.65%。此外，在基础设施出口中，"计算机、通信和其他电子设备制造业"的份额始终在 60% 以上，"交通运输设备制造业"与"电气机械和器材制造业"的份额比较低，其中"交通运输设备制造业"在 2013～2017 年的份额仅为 10.5% 左右（见表 3–10）。

表 3–10　　　　　　　　　　基础设施出口的行业结构

年份	JTYS		DQJX		JSJT	
	金额（亿元）	比重（%）	金额（亿元）	比重（%）	金额（亿元）	比重（%）
2000	515.77	11.57	953.07	21.38	2989.90	67.06
2001	583.43	10.65	1102.80	20.13	3792.93	69.22
2002	714.62	9.41	1359.52	17.90	5522.37	72.70
2003	935.67	8.39	1949.85	17.49	8260.88	74.11
2004	1352.59	7.41	3154.48	17.28	13752.15	75.32

续表

年份	JTYS		DQJX		JSJT	
	金额（亿元）	比重（%）	金额（亿元）	比重（%）	金额（亿元）	比重（%）
2005	1865.82	8.58	3728.01	17.13	16164.20	74.29
2006	2708.27	9.36	4616.21	15.96	21606.52	74.68
2007	3778.53	10.52	5892.37	16.40	26260.18	73.08
2008	5088.70	12.37	6855.66	16.67	29179.46	70.96
2009	4771.85	12.54	6070.31	15.95	27224.00	71.52
2010	5938.81	12.33	7982.66	16.57	34250.31	71.10
2011	6813.78	12.67	9477.85	17.63	37469.14	69.70
2012	6377.24	11.00	9125.03	15.74	42454.71	73.25
2013	6196.41	10.24	9376.47	15.50	44915.73	74.25
2014	6532.57	10.44	9883.03	15.79	46165.14	73.77
2015	6561.33	10.52	9915.79	15.90	45899.68	73.58
2016	6597.03	10.34	10092.24	15.83	47081.32	73.83
2017	7827.84	10.26	11830.10	15.51	56637.94	74.23

资料来源：根据《中国工业统计年鉴》（2001—2017）中基础设施相关行业的"出口交货值"和利用多项式方程预测的 2017 年基础设施相关行业与规模以上工业企业总体"出口交货值"整理、计算得到。

四、基础设施利用外资现状

（一）基础设施利用外资规模

利用外资虽然有利于产业发展，但也密切关乎产业安全问题。从表 3 – 11 中可以看出，2000～2017 年的基础设施外资规模整体呈现上升趋势，平均增长速度为 13.66%。而且，基础设施外资企业固定资产在全国外资工业企业固定资产中的比重基本上保持在 20% 以上，并且整体上呈上升态势。可见在利用外资方面，基础设施相对其他工业领域更为突出。但值得关注的是，基础设施外资企业固定资产在全国基础设施企业固定资产中的比重较高，始终在 30% 以上，不利于基础设施的产业安全。

表 3 - 11　　　　　　　　　　基础设施外资企业固定资产

年份	基础设施外资企业固定资产（亿元）	占全国基础设施企业固定资产比重（%）	占全国外资工业企业固定资产比重（%）
2000	2411.97	38.29	22.92
2001	2798.07	40.69	23.49
2002	3151.64	42.25	24.40
2003	3939.61	46.71	26.40
2004	5737.32	53.25	27.46
2005	6811.46	54.32	27.73
2006	8257.21	56.87	28.38
2007	10120.93	58.19	28.86
2008	12216.19	55.32	29.23
2009	12378.07	49.83	27.81
2010	15889.97	51.16	30.82
2011	14461.62	45.27	28.23
2012	15380.96	43.26	28.31
2013	17257.30	43.53	29.37
2014	17822.40	40.66	29.38
2015	18336.06	39.38	29.87
2016	20074.58	39.06	32.00
2017	19038.70	38.22	32.92

资料来源：根据《中国工业统计年鉴》（2001—2017）中的"外商及港澳台商投资工业企业固定资产合计"与基础设施相关行业的"固定资产合计""外商及港澳台商投资工业企业固定资产合计"计算、整理得到。2017 年"外商及港澳台商投资工业企业固定资产合计"与基础设施相关行业的"固定资产合计""外商及港澳台商投资工业企业固定资产合计"来源于国家统计局。

（二）基础设施利用外资的行业结构

分行业看，"交通运输设备制造业"在 2000～2016 年逐步上升，平均增长速度为 16.54%。但 2017 年增长速度为 -4.01%，出现负增长情况。"电气机械和器材制造业"在 2000～2013 年同样逐步上升，平均增长速度为 14.19%，但在 2014～2015 年出现了明显下降，2016 年虽有所回升，幅度却很小。在 2017 年再次下降，增长率为 -9.66%。"计算机、通信和其他电子设备制造业"在 2000～2008 年增长迅速，平均增长速度高达 24.64%;但 2009~2017 年呈波动上升,平均增长速度仅为 5.08%。此外,与出口贸易一样,"计算机、通信和其他电子设备制造业"外资企业固定资产所占比重最大,始终保持在 50% 左右,占据了整个基础设施产业的半壁江山。其次是"交通运输设备制造业",所占比重基本保持在 30%~40% 之间,"电气机械和器材制造业"所占比重最小,且远远小于前两者。具体见表 3-12。

表 3-12　　　　　　　　基础设施外资企业固定资产的行业结构

年份	JTYS		DQJX		JSJT	
	金额（亿元）	比重（%）	金额（亿元）	比重（%）	金额（亿元）	比重（%）
2000	775.91	32.17	532.51	22.08	1103.55	45.75
2001	801.95	28.66	590.35	21.10	1405.77	50.24
2002	882.39	28.00	608.20	19.30	1661.05	52.70
2003	1125.10	28.56	715.18	18.15	2099.33	53.29
2004	1570.20	27.37	934.39	16.29	3232.73	56.35
2005	1940.83	28.49	1098.48	16.13	3772.15	55.38
2006	2658.51	32.20	1252.75	15.17	4345.95	52.63
2007	3221.51	31.83	1504.28	14.86	5395.14	53.31
2008	4072.61	33.34	1931.30	15.81	6212.28	50.85
2009	4343.07	35.09	2168.25	17.52	5866.75	47.40
2010	4743.13	29.85	2516.83	15.84	8630.01	54.31
2011	5187.60	35.87	2587.82	17.89	6686.20	46.23
2012	5252.51	34.15	2770.53	18.01	7357.92	47.84
2013	5816.70	33.71	2882.64	16.70	8557.96	49.59
2014	6554.55	36.78	2821.44	15.83	8446.41	47.39
2015	7467.66	40.73	2723.93	14.86	8144.47	44.42
2016	8373.25	41.71	2738.51	13.64	8962.82	44.65
2017	8037.50	42.22	2473.88	12.99	8527.32	44.79

　　资料来源:根据《中国工业统计年鉴》(2001—2017)中基础设施相关行业的"外商及港澳台商投资工业企业固定资产合计"和国家统计局公布的 2017 年基础设施相关行业的"外商及港澳台商投资工业企业固定资产合计"整理、计算得到。

第三节 "一带一路"下中国基础设施 FCP 现状

"一带一路"建设给中国对外承包工程企业带来了巨大的发展机遇，其中基础设施互联互通是"一带一路"建设的优先领域，了解中国基础设施 FCP 的现状十分有必要。为分析"一带一路"下我国基础设施 FCP 现状，本节将从以下三个方面展开："一带一路"下中国基础设施 FCP 相关政策、"一带一路"下中国基础设施 FCP 规模及"一带一路"下中国基础设施 FCP 案例。

一、"一带一路"下中国基础设施 FCP 相关政策

在"走出去"战略下，对外承包工程作为企业对外开展经济合作的主要形式，2000 年外经贸部等部门发布了《关于大力发展对外承包工程意见的通知》，将"统一思想，充分认识发展对外承包工程的重要性"作为该意见的第一条，体现了对外承包工程在发展对外经济合作关系中起到的重要作用。2010 年商务部副部长陈健表示，"全球金融危机中，我国对外承包工程逆势上扬，对出口的综合带动作用也进一步凸显"[①]，说明了对外承包工程能够推动经济贸易发展。为促进企业开展对外承包工程业务，国务院办公厅发布的《支持包括非公有制在内的企业开展对外承包工程业务》中提到，财政部于 2002 年启动"对外承包工程保函风险专项资金"，从 2001 年起设立"对外承包工程贴息专项资金"，这些政策切实支持了企业对外进行工程承包。

"一带一路"倡议的提出，为我国外承包工程提供了新的机遇。企业在"一带一路"沿线国家进行建设时，不仅推动企业自身品牌走向国际，

---

① 商务部. 对外承包工程对出口带动作用进一步凸显 [EB/OL]. 中华人民共和国中央人民政府网, 2019 – 4 – 29.

而且有助于国家树立良好形象，增进与沿线国家的友好关系。出于对对外承包工程的重视，国家加强了对相关项目的监管工作，在 2017 年国务院发布的《对外承包工程管理条例》中，对 2009 年的版本进行修订并增设相关细则。管理条例的第一条"为了规范对外承包工程，促进对外承包工程健康发展，制定本条例"，表明促进对外承包工程的发展是加强监管工作的出发点和核心目标；第三条"国家鼓励和支持开展对外承包工程，提高对外承包工程的质量和水平"，进一步体现了国家对对外承包工程持有鼓励和支持的态度。

"一带一路"倡议提出以后，基础设施建设成为我国对外承包工程的重点领域。"一带一路"倡议以政策沟通、设施联通、贸易畅通、资金融通、民心相通这五个方面为主要内容。其中，在设施联通方面强调基础设施互联互通是"一带一路"建设的优先领域，由此可见基础设施建设的重要地位。习近平在首届"一带一路"国际合作高峰论坛上提出"设施联通是合作发展的基础"也说明了基础设施领域建设的关键性和必要性。在第二届"一带一路"国际合作高峰论坛上，习近平在开幕辞中提出"要继续聚焦基础设施互联互通"，又进一步肯定了基础设施建设的重要性。国家对于基础设施建设高度重视，通过政策导向为企业指明了未来发展的方向，鼓励企业在"一带一路"沿线国家承包工程进行基础设施建设。另外，"一带一路"沿线有众多国家，且一些国家在基础设施方面比较薄弱，为企业带来了丰富的对外承包工程项目，使企业拥有更广阔的平台。

将上文涉及的重要讲话和政策文件进行整理，如表 3 - 13 所示。

表 3 - 13　　　　　　　"一带一路"下中国基础设施 FCP 政策

时间	发文单位/演讲人	文件/会议	相关内容
2000 年 4 月 7 日	外经贸部、外交部、国家计委、国家经贸委、财政部、人民银行	关于大力发展对外承包工程意见的通知	充分认识发展对外承包工程的重要性

时间	发文单位/演讲人	文件/会议	相关内容
2006 年 06 月 10 日	国务院办公厅	支持包括非公有制在内的企业开展对外承包工程业务	"对外承包工程保函风险专项资金""对外承包工程贴息专项资金"
2017 年 3 月	国务院	《对外承包工程管理条例》(2017)	国家鼓励和支持开展对外承包工程
2017 年 5 月 14 日	国家主席习近平	首届"一带一路"国际合作高峰论坛圆桌峰会	设施联通是合作发展的基础
2019 年 4 月 27 日	国家主席习近平	第二届"一带一路"国际合作高峰论坛圆桌峰会	要继续聚焦基础设施互联互通

二、"一带一路"下中国基础设施 FCP 规模

(一)"一带一路"下中国基础设施整体 FCP 规模

随着"走出去"战略和"一带一路"倡议的相继提出,中国企业在满足国内基础设施建设需求的同时,积极参与国外基础设施的建设,促进"一带一路"沿线国家基础设施的建设互联互通。在全球经济放缓,中国经济步入新常态的背景下,中国企业基础设施对外承包工程规模依然在稳步增长。用完成营业额来衡量对外承包工程项目规模(见图 3 - 1),发现自 2006 ~ 2017 年中国基础设施整体 FCP 业务整体呈增长趋势,平均增长速度为 21.87%。自 2013 年"一带一路"倡议提出以来,中国基础设施整体 FCP 规模不断增加,2013 年突破了 700 亿美元,2017 年达到了 900 亿美元以上。2013 ~ 2017 年的年平均增长率为 10.34%,增长率较前些年有所下降的原因在于中国基础设施整体 FCP 已经达到了一定规模,在如此大规模的基础上仍然能有所增加,说明"一带一路"倡议为企业 FCP 提供了支持,鼓励企业在沿线国家进行基础设施工程承包。

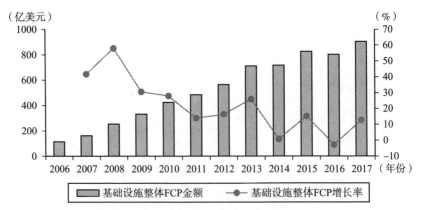

图 3 - 1 2006～2017 年中国基础设施整体 FCP 规模

资料来源:《中国对外承包工程发展报告》(2006—2017)。

(二)"一带一路"下中国基础设施分行业 FCP 规模

在基础设施 FCP 的行业结构方面(见图 3 - 2),交通运输建设领域 FCP 年平均占比最高,为 40.29%。其中,该领域占比在 2017 年高达到

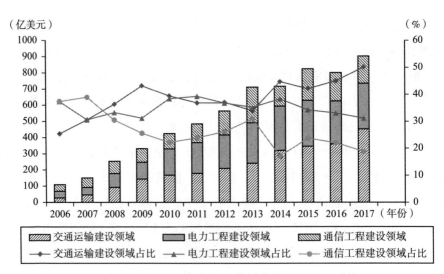

图 3 - 2 2006～2017 年中国基础设施 FCP 行业结构

资料来源:《中国对外承包工程发展报告》(2006—2017)。

50.14%。通信工程建设领域 FCP 所占比重最小，年平均为 26.08%。其中，该领域在 2014 年占比最低，为 17.06%。电力工程建设领域 FCP 年平均占比为 33.63%。

交通运输建设领域是中国基础设施 FCP 的重要领域。如图 3 - 3 所示，2006 ~ 2017 年，该领域 FCP 规模呈上升趋势，年平均增长率为 24.54%，超过了中国基础设施整体 FCP 规模年平均增长率（21.87%）。自"一带一路"倡议提出以来，交通运输建设领域 FCP 规模的增长率虽然有所波动，但在 2013 ~ 2014 年 FCP 规模逐年增加，在 2017 年超过了 450 亿美元。

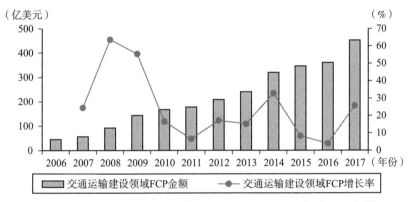

图 3 - 3 2006 ~ 2017 年中国基础设施交通运输建设领域 FCP 规模

资料来源：《中国对外承包工程发展报告》（2006—2017）。

"一带一路"倡议关于中欧班列的规划是交通运输建设领域的热点。国家发改委在 2016 年公布了《中欧班列建设发展规划》（2016—2020）（以下简称《规划》），提出完善国际贸易通道、加强物流枢纽建设、创新运输服务模式等 7 项重点工作任务。自 2011 年 3 月 19 日起，首列中欧班列"渝新欧"开始运行。到 2018 年，中欧班列共开行 6363 列，累计开行超过 12000 列，提前两年实现了《规划》确定的"年开行 5000 列"的目标。①

---

① 刘梦. 2018 "一带一路"大事记：共建"一带一路"发生了这些重大变化 ［EB/OL］. 中国一带一路网，2019 - 1 - 9.

电力工程建设领域 FCP 金额和增长率如图 3-4 所示。在 2006~2017 年的年平均规模为 181.18 亿美元，年平均增长率为 26.3%。自 2013 年 "一带一路"倡议提出以来，该领域的 FCP 规模有小幅波动，但整体依然呈上升趋势。尽管自 2014 年开始中国电力工程建设领域 FCP 规模增长平缓，但该领域企业在沿线国家 FCP 取得了丰硕的成果：2016 年，中国葛洲坝集团有限公司在伊朗西部洛雷斯坦省鲁德巴河谷地区承建的大型水利项目顺利竣工；2017 年，中国电建承建巴基斯坦卡西姆港燃煤电站；2019 年，中国湖南省工业设备安装有限公司承建蒙古国额尔登特电厂改造项目，等等。

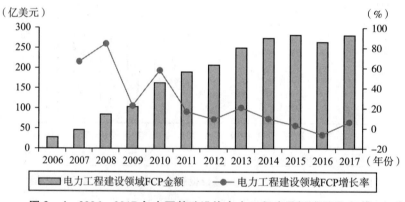

图 3-4　2006~2017 年中国基础设施电力工程建设领域 FCP 规模

资料来源：《中国对外承包工程发展报告》（2006—2017）。

通信工程建设领域 FCP 金额和增长率如图 3-5 所示。在 2006~2017 年的年平均规模超过 125 亿美元，平均增长率为 18%。该领域 FCP 规模自 2006~2013 年呈上升趋势，2014 年以后波动较大。《推动共建丝绸之路经济带和 21 世纪海上丝绸之路的愿景与行动》明确提出："共同推进跨境光缆等通信干线网络建设，提高国际通信互联互通水平，畅通信息丝绸之路。"通信工程建设领域的建设促进了物流等传统建设领域的发展和创新，同时能够为资金流通提供便利，有效提升了沿线国家的互联互通水平。

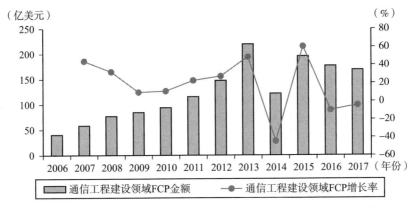

图 3 - 5　2006~2017 年中国基础设施通信工程建设领域 FCP 规模

资料来源:《中国对外承包工程发展报告》(2006—2017)。

三、"一带一路"下中国基础设施 FCP 案例

"一带一路"倡议鼓励企业走出国门,在沿线国家建设基础设施,提高中国和沿线国家之间互联互通的水平,促进区域经济发展。一些企业积极响应"一带一路"倡议的号召,抓住"一带一路"带来的机遇,将拓展海外市场纳入企业发展战略,但由于沿线国家形势复杂,不确定因素多,导致企业在"走出去"的过程中面临挑战。下面通过三个案例来展示企业在沿线国家基础设施 FCP 方面遇到的问题和采取的解决方案。

(一) 东道国存在风险

基础设施 FCP 的东道国在社会、经济、文化、政治等方面与中国有诸多不同,在工程建设过程中会面临各种风险,应充分了解东道国状况并对风险进行评估,提前制定方案应对风险。下面以巴基斯坦卡西姆项目风险控制为例,说明如何评估和应对东道国的风险。

2013 年 11 月,中国电建海外投资公司开始接触巴基斯坦卡西姆项目,经过评估和综合分析,发现该项目面临政治、经营、税收、法律和安全等风险。

在政治风险方面,虽然中巴是战略合作伙伴关系,但在《国家风

险分析报告》中，巴基斯坦国家评级为 7 级，表明巴基斯坦有中等偏高的区域风险且市场环境总体欠佳。为规避政治风险，中国电建向中国出口信用保险公司投保海外投资保险，争取利用国家政策性金融机构规避项目的主要风险。

由于巴基斯坦政府长年深受"三角债"问题困扰，中国电建在建设卡西姆项目时面临着电费被拖欠的风险。为保证项目顺利实施，中巴两国政府规定巴方为中巴经济走廊项目开立电费支付准备金账户，并按期按比例将资金转入该账户，并且将电费延付视为政府违约行为，需进行相应比例的赔偿。

在税收和法律方面，中资企业开展海外经营会面临多重税收义务，由于巴基斯坦与我国的法律体制和税收政策存在差异，也会给海外投资企业带来风险。为规避税收法律风险，中国电建在签署主要协议之前，聘请国际知名的事务所进行税务咨询和筹划，确保通过完全涵盖有关税收成本来达到预期的投资回报率；研究税收政策和征管实践，在合法的前提下设置满足集团最佳利益的投资和工程承包架构；选择提供贷款的利息在巴基斯坦可免税的银行作为融资银行，并采用了有限追索的项目融资方式进行融资。

卡西姆项目所在地区中的恐怖势力、极端宗教势力及非法武装组织长期活跃，因此对于安全风险的防范十分重要。中国电建与巴基斯坦相关部门在国家层面协议下，共同制订详细的项目安保方案，并且聘请专业安保公司编制安保方案及应急预案，还将项目进行封闭管理，通过巴基斯坦政府配备的军队力量和项目自聘的安保力量进行双重保护，以及在成本中加大对安保费用的投入。①

（二）技术标准存在不同

在基础设施 FCP 项目实施过程中，东道国对技术标准的选择存在差

---

① 中国交建. 以基础设施建设推进"一带一路"互联互通 [J]. 水运工程, 2016 (S1)：6.

异。同时，东道国的经济发展水平、地理环境以及工业基础导致了特定技术标准难以实施。下面以中国中铁和中国铁建联合建设的亚吉铁路为例，说明 FCP 项目如何选择和调整技术标准。

在修建铁路之初，埃塞俄比亚方面聘请的来自瑞士、澳大利亚等西方铁路工程咨询公司的专家认为建设一条电气化铁路在基础设施相对落后的国家很难完成。但中国企业最终拿下了这个项目的承建权，并与埃塞俄比亚政府反复沟通，说明中国铁路技术标准不低于西方标准且更适合其国情，使其政府同意亚吉铁路参照中国铁路技术标准建设。

在亚吉铁路修建过程中，面对埃塞俄比亚方面人员对标准的质疑，中方施工人员最终通过将理论和实际对比的耐心讲解来使埃塞俄比亚方对中国技术放心。在实施过程中，中方还结合当地实际情况进行本土化创新，使中国标准更符合埃塞俄比亚国情。例如，在建设过程中铁路路基面临填料短缺的问题，在远距离运输的成本高和供应难以保证的情况下，中国中铁建设者根据当地火山渣多的特点，创新性地利用"火山渣掺拌黏土"作为路基填料来解决。

铁路竣工后，中方成功获得亚吉铁路运营权，从而可以避免运营维护出现问题，进一步使非洲国家政府对中国标准和中国质量放心。[1]

（三）在外进行长期发展存在困难

企业为获得长远利益，同时为与东道国建立深厚友好关系，需要找到能在东道国维持长期发展的策略。本书以中国交建和中国中车的"走出去"过程为例，分析企业如何能在东道国进行长期发展。

中国交建认为属地化是实现企业在东道国长期发展的重要手段，要求对外签约属地化达到 70% 以上。为实现这个目标，中国交建十分注重人力资本的培养。中国交建重视培养中方员工的国际市场开拓

---

[1] 亚吉铁路促中国标准"走出去"[EB/OL]. 中国一带一路网, 2019 - 4 - 27.

经营能力，致力于建设一支国际化人才队伍，要求其掌握国际商务知识，掌握外语沟通技能，同时精通技术并且能在项目中进行管理。在项目实施过程中，中国交建积极招纳当地雇员。例如，中国交建的蒙内铁路项目中，当地雇员占比约为90%，通过充分整合东道国资源来努力培养一批能够支撑公司在当地长期发展的优秀人才队伍。①

中国中车注重通过本地化来带动系统解决方案的输出，从而在国际上获得长远化发展。中车在美国芝加哥中标846辆地铁车辆项目，中国向美国输出的不仅是地铁列车产品，而是包括资本、技术、服务和管理在内的系统解决方案。中车与南非国有运输集团将合作拓宽到轨道交通的产品设计、研究及开发等领域，通过本土化制造、本土化采购、本土化用工来带动产品、技术、服务、产业链的整体输出。②

第四节 "一带一路"下中国基础设施 OFDI 现状

随着"一带一路"倡议的不断推进，基础设施作为我国对"一带一路"沿线国家重点投资领域，了解基础设施 OFDI 现状无疑有着重要的意义。本节主要从"一带一路"与 OFDI 相关政策、"一带一路"下中国基础设施 OFDI 机遇、"一带一路"下中国基础设施 OFDI 风险、"一带一路"下中国基础设施 OFDI 模式与动机以及"一带一路"下中国基础设施 OFDI 规模五个方面来分析"一带一路"下我国基础设施 OFDI 现状。

---

① 中国交建. 以基础设施建设推进"一带一路"互联互通 [EB/OL]. 中国一带一路网，2019 - 4 - 27
② 中车成为中国高端装备制造业走出去的"金字招牌" [EB/OL]. 中国一带一路网，2019 - 5 - 24.

一、"一带一路"与 OFDI 相关政策

(一)"一带一路"中关于 OFDI 的政策

"一带一路"倡议提出后,中国政府相关部门先后出台了一系列与"一带一路"有关的政策(见表 3-14),以此鼓励企业"走出去"以及促进相关产业的发展。这些政策涉及文化、农业、邮政、信息、体育、海洋等领域,可见中国"一带一路"沿线国家的合作领域十分广泛,而在这些合作领域中,交通、信息和电力等基础设施的互联互通是合作重点。

表 3-14   中国"一带一路"政策

发文时间	发文单位	文件
2017 年 6 月 20 日	国家发展改革委、国家海洋局	关于印发《"一带一路"建设海上合作设想》的通知
2017 年 6 月 29 日	国家体育总局、国家旅游局	关于印发《"一带一路"体育旅游发展行动方案》的通知
2017 年 7 月 27 日	工业和信息化部、中国国际贸易促进委员会	《关于开展支持中小企业参与"一带一路"建设专项行动的通知》
2017 年 8 月 30 日	农业部办公厅	《关于中国水产科学研究院"一带一路"国际水产养殖试验基地建设项目初步设计和概算的批复》
2017 年 12 月 14 日	国家发展和改革委员会与香港特别行政区政府	《关于支持香港全面参与和助力"一带一路"建设的安排》
2017 年 12 月 20 日	国家邮政局	《关于推进邮政业服务"一带一路"建设的指导意见》
2018 年 2 月 28 日	文化部外联局	《关于 2018 年文化部"一带一路"文化贸易与投资重点项目名单》
2018 年 12 月 6 日	国家发展和改革委员会与澳门特别行政区政府	《关于支持澳门全面参与和助力"一带一路"建设的安排》

资料来源:根据北大法宝法律数据库相关资料整理得到。

（二）"一带一路"提出后的 OFDI 政策

随着"一带一路"倡议的提出，为鼓励企业"走出去"，中国颁布了一系列企业对外投资方面的政策文件，管理中国的境外投资活动，为企业"走出去"提供帮助（见表 3 - 15）。这些对外投资政策涉及具体管理办法、投资规范、环境保护、风险应急、人员管理、报告指南等。在"一带一路"基础设施投资过程中，由于"一带一路"沿线国家环境十分复杂、在投资过程中会出现许多问题，涉及政治、经济、社会和法律等方面。因此，事前了解这些中国关于对外直接投资政策，有利于企业事前做好防范预警，以备事后更好地应对处理。

表 3 - 15 中国企业对外投资政策

文件类别	发文单位	发文日期	文件
管理办法	发改委、商务部、人民银行、外交部	2017 年 8 月 18 日	《关于进一步引导和规范境外投资方向的指导意见》
	商务部	2017 年 10 月 26 日	《对外投资合作"双随机一公开"监管工作细则（试行）》
	财政部、税务总局、发改委、商务部	2017 年 12 月 21 日	《关于境外投资者以分配利润直接投资暂不征收预提所得税政策问题的通知》
	发改委	2017 年 12 月 26 日	《企业境外投资管理办法》
	国务院	2018 年 10 月 20 日	《国务院关于印发优化口岸营商环境促进跨境贸易便利化工作方案的通知》
	商务部	2013 年 3 月 18 日	《规范对外投资合作领域竞争行为的规定》
	商务部、外交部、公安部、住房城乡建设部、海关总署、税务总局、工商总局、质检总局和外汇局	2013 年 7 月 5 日	《对外投资合作和对外贸易领域不良信用记录试行办法》

文件类别	发文单位	发文日期	文件
投资规范	国资委	2017 年 1 月 7 日	《中央企业境外投资监督管理办法》
	商务部	2017 年 10 月 25 日	《关于做好"对外投资"监管方式海关申报的通知》
	发改委、商务部、人民银行、外交部和全国工商联	2017 年 12 月 6 日	《民营企业境外投资经营行为规范》
	发改委	2018 年 1 月 31 日	《境外投资敏感行业目录》（2018 年版）
	发改委	2019 年 1 月 2 日	《企业境外经营合规管理指引》
	商务部、环保部	2013 年 2 月 18 日	《对外投资合作环境保护指南》
	商务部	2015 年 4 月 13 日	《关于进一步做好对外投资合作企业环境保护工作的通知》
环境保护	商务部、外交部、住房城乡建设部、卫生和计划生育委员会、国资委、安全监管总局	2013 年 7 月 1 日	《对外投资合作境外安全事件应急响应和处置规定》
	商务部	2013 年 5 月 20 日	《关于启用对外投资合作在外人员信息管理系统的通知》
	商务部	2013 年 10 月 15 日	《关于加强对外投资合作在外人员分类管理工作的通知》
人员管理	商务部	2017 年 5 月	《中国对外投资合作发展报告（2016）》
	贸仲委	2017 年 9 月	《中国国际经济贸易仲裁委员会国际投资争端仲裁规则（试行）》
报告指南	国家税务总局	2017 年 10 月	《"走出去"税收指引》
	发改委	2017 年 11 月	《中国对外投资报告》

资料来源：在中国"一带一路"网企业对外投资政策汇编表的基础上删减得到。

二、"一带一路"下中国基础设施 OFDI 机遇

（一）投资市场潜力巨大

"一带一路"沿线国家横跨亚欧非三个大洲，从东南亚一直延伸到中

亚、西亚直至中东欧和北非地区，涉及 60 多个国家。其中大部分属于发展中国家和新兴经济体，普遍都处在经济发展的上升期，市场前景广阔，发展潜力巨大。从人口规模来看，沿线国家总人口约 45 亿人，拥有全世界 62% 左右的人口。巴基斯坦、孟加拉国以及俄罗斯总计约 34 亿人口，占"一带一路"沿线国家总人口的 75%。此外，除了一些中东欧国家，沿线其他国家人口增长速度也非常快。较多的人口意味着沿线国家具有巨大的消费需求。同时，如此丰富的人力资源也代表沿线国家具备比中国更廉价的劳动力，这对于中国企业的海外发展是非常有利的。除此之外，沿线较多国家目前仍处于工业化发展的初期阶段，工业体系和基础设施非常薄弱，而中国拥有先进的设备和丰富的工程建设经验，并且正面临产业结构升级而需要转移国内过剩产能。因此，中国与沿线国家在经济上存在较强的互补性，发展空间非常广阔。

(二) 资金融通渠道广阔

"一带一路"倡议提出后，与之相对应的金融机构的支持随之出现，资金的方便融通也为中国企业"走出去"提供了重要支撑。2016 年，由中国主导的亚洲基础设施投资银行（以下简称"亚投行"）宣告成立，目前已包含 57 个成员国。亚投行最初成立的目的是为亚洲国家基础设施建设提供长期的资金支持，减少企业在资金链上面临的巨大压力，优先帮助沿线国家完善基础设施，包括交通、通信以及建筑等领域，这与"一带一路"倡议所追求的目标基本一致。除了亚投行，另一比较重要的融资渠道就是丝路基金，其性质是中长期开发投资基金，有助于减轻企业在初期投资的资金压力。它主要是针对"一带一路"倡议设计的，重点是在"一带一路"发展进程中发现投资机会并为企业"走出去"提供相应的资金支持。除了政府提供的融资渠道外，还有许多其他金融机构配套的资金保障措施，如金砖国家开发银行、中国进出口银行以及商业银行等机构，以及地方政府和其他基金等社会资本的融入，都为"一带一路"接连不断地输送资金。中国企业在对外投资的过程中可以充分利用这些渠道进行融资。同时，由于中国提出的"一带一路"倡议得到了沿线大部分国家的积极响应，中国企业也可以利用东道国当地的融资方式，如与当地政府或者企业合作，采取股权融资配合债权以及贷款等。总之，在企业"走出去"的过程中，要充分利用国家和当地政府的金融支持政策，降低投资风险，提高投资回报率。

（三）基础建设需求旺盛

"一带一路"倡议致力于打造新亚欧大陆桥、中蒙俄、中国—中亚—西亚、中国—中南半岛、中巴以及孟中印缅六大经济走廊，实现中国与"一带一路"沿线国家的互联互通。基础设施建设是互联互通的重中之重，对于推进国际要道建设以及连接亚非欧交通运输网络意义重大，包括能源基础设施交通、交通基础设施和通信干线网络基础设施建设等方面。具体来说，中国和西亚地区以及俄罗斯等国家在输油输气管道建设，和中亚、南亚等国家在电力、通信设备方面存在广阔的合作空间。据亚洲开发银行研究所预测，要想亚洲地区保持现有的经济发展速度，每年亚洲部分基础设施的投资至少要 8000 亿美元，这个需求量是非常大的，加上沿线大部分国家基础设施建设非常落后，所以他们对此有旺盛的建设需求。而对于中国来说，这将是一个前所未有的机遇。中国在基础设施建设方面不仅积累了丰富的实践经验，而且拥有大量的资金和建设原料，在技术方面也形成了自己独特的优势，可确保满足沿线国家的建设需求。随着"一带一路"的逐步深入，中国在沿线国家基础设施建设方面的投资将会不断增加，努力发挥自身优势，促进企业更好地"走出去"。

（四）产能合作空间较大

"一带一路"沿线大部分国家都是发展中国家，和中国处于相似的经济发展阶段，产业结构互补性较强，未来产业之间合作的空间非常广阔。今后，中国将与沿线国家在农林牧渔业、农产品生产加工领域加强合作，深化远洋渔业、海水养殖、海洋工程、海洋生物制药以及海上旅游等海上项目的合作，共同促进海上资源的开发利用。除此之外，中国也会加大与沿线国家在能源资源方面的开发合作，实现对石油和天然气的开采、冶炼、加工、运输等环节的一体化发展，并推进可再生清洁能源领域的合作，如风能、太阳能等。

三、"一带一路"下中国基础设施 OFDI 风险

（一）政治风险

黄河和斯塔洛斯汀·尼基塔（Starostin Nikita，2016）将政治风险的概念界定为：当由政治因素引起的不连续性出现于商业环境中，导致一个国际投资的利润潜力或资产损失的任何类型的政治事件（如战争、恐怖活动、政府变化、第三国干预、交易控制和投资限制等），其特点是过程的不稳定性与非市场的不确定变化，政治风险难以预测和防范，一旦发生必然会给投资者带来巨大损失。例如，2011 年利比亚内战期间，不仅仅是中国在当地的一些项目被迫停工，相关人员被迫撤离，一些建设项目更是遭到了战火的破坏和武装人员的洗劫，无疑给中国企业带来了巨大的损失①。

随着"一带一路"倡议的推进，中国企业在沿线国家的基础设施国际直接投资领域、范围和规模不断扩大，中国企业"走出去"获得更多机遇的同时，也面临诸多的政治风险。"一带一路"沿线就散落着许多这类高冲突高风险国家，如中亚的吉尔吉斯斯坦、塔吉克斯坦、乌兹别克斯坦，南亚的阿富汗、巴基斯坦，东南亚的缅甸、柬埔寨，西亚的叙利亚、伊拉克、伊朗、黎巴嫩、巴勒斯坦等。如阿富汗的安全问题就辐射我国及整个中亚，也是国际地缘政治焦点之一（蒋姮，2015）。

2015 年马里首都酒店遇袭事件中，赴马里交通部洽谈合作项目

---

① 利比亚大撤侨背后的中国［EB/OL］. 观察者网，2011 - 10 - 10.

的 3 名员工在袭击事件中不幸遇难，当时 7 名手持 AK47 步枪的攻击者冲入巴马科一家著名酒店开始扫射，并将酒店内的人扣为人质。据媒体此前报道，人质共 170 名。知情人士向环球时报透露，酒店里有 8 名中国人：中铁建 4 人、中国港湾工程责任有限公司 3 人、中国航空技术进出口总公司 1 人。据路透社消息，非洲圣战组织"穆拉比通组织"宣称对马里丽笙酒店的袭击事件负责。该组织隶属于基地组织，主要活动区域为马里北部，主要由柏柏尔人和阿拉伯人组成①。

　　由此可见，中国在"一带一路"倡议实施的过程中，面临着诸多政治风险。对于中国基础设施 OFDI 来说，"一带一路"沿线国家战争冲突、恐怖袭击、政权变更等活动发生，无疑会导致投资活动中商业合同、产权股权、债券债务的变化，以及对经营活动带来的各种负面影响，进而导致中国企业的大量损失，更为严重的是人员伤亡。在地缘政治上，目前在欧亚大陆由东向西正在逐渐形成一个"社会政治动荡风险弧"，包括中南半岛、南亚、中亚、西亚及北非，地缘上与我国"一带一路"倡议及多个海外投资重点地区重合，推升了我国海外利益整体面临的政治风险（黄河和 Starostin Nikita，2016）。因此，在"一带一路"基础设施投资过程中，要注意防范政治风险，否则基础设施建设可能功亏一篑。应做到事前情报信息系统建设先行，为政治风险提供预警预案，事后海外投资保险保障措施垫后，加强政治风险应急应对。

（二）经济风险

经济风险指经济活动和物价水平波动可能导致的企业利润损失，进而难以偿还债务。具体包括世界经济与国际贸易走势、地缘经济与地区一体化等外部因素，以及经济金融体制、经济金融政策、各种经济指标比率结构的稳定性、经济金融资源的可持续性、产业前景和国际竞争力等内部

---

① 马里首都酒店遇袭遇难者含 3 名中国铁建员工［EB/OL］. 新浪网，2018 - 4 - 9.

因素。

1997 年 7 月 2 日, 泰国中央银行由于外汇储备不足被迫放弃了泰铢与美元固定汇率制, 而改为浮动汇率制。此后, 泰国金融危机爆发, 这也成为亚洲金融危机的导火线。亚洲金融危机爆发后, 泰国货币大幅贬值, 大批金融机构倒闭, 失业人口剧增, 作为亚洲金融危机的重灾国, 泰国经济受到严重打击。以致 1998 年经济萎缩 10%。这场金融危机发源于泰国, 但之后迅速席卷东南亚, 并很快波及到东亚国家和地区, 受到波及的国家均受到了巨大冲击 (赵睿和贾儒楠, 2017)。

2015 年 3 月 5 日, 斯里兰卡政府暂时叫停由中国企业投资建设的科伦坡港口城项目的施工。科伦坡港口城由中国交建与斯里兰卡国家港务局共同开发, 该项工程在 2014 年 9 月 17 日开工, 该土地的 1/3 将由中国公司拥有并开发, 其余的 2/3 交由斯里兰卡开发。此前, 斯里兰卡总理拉尼尔·维克勒马辛哈要求对该项目展开调查并进行进一步评估, 斯里兰卡政府 5 日做出的这一决定正是基于该项调查的报告结果。斯里兰卡投资促进部部长卡比尔·哈什姆 4 日对媒体称, 有指控称前政府在包括港口城项目在内的一些项目上涉嫌规避当地法律以及回避相关环境要求①。斯里兰卡位于印度洋, 靠近欧亚国际货运主航线, 因其独特的地理位置, 在转运、中转和补给等方面具有天然的优势。随着印度洋贸易通道功能得到越来越多的重视, 斯里兰卡的战略作用也备受关注。与南亚其他国家相比, 斯里兰卡在交通条件、人口素质、法律制度、商业环境等方面都更胜一筹, 已发展成为亚太地区最具吸引力的投资地之一。随着中斯两国经贸合作水平不断提高, 中国对斯里兰卡投资快速增长。在斯里兰卡政府专心投身于国内经济建设的背景下, 中国企业深度参与了海港、机场、发电站等重要基础设施建设, 如火电发电项目, 汉班托塔港口, 贾夫纳内环公路等②。

---

① 斯里兰卡政府暂停中国投资的科伦坡港口城项目 [EB/OL]. 新浪网, 2018 - 4 - 9.
② "一带一路" 投资政治风险研究之斯里兰卡 [EB/OL]. 观点中国网, 2015 - 4 - 29.

中国在斯里兰卡的投资几乎都集中在基础设施投资——机场、港口、铁路，这正是中国在斯投资的经济风险（唐鹏琪，2015）。

由此可见，中国在"一带一路"倡议实施的过程中，东道国的经济金融环境和政策的变化都将会对中国带来无法估计的损失，因此在"一带一路"基础设施投资过程中，要注意防范经济风险，积极关注外部世界经济的走势以及东道国经济环境和政策的改变，做好积极应对。

（三）社会风险

社会风险是一国产生社会冲突并危及社会稳定和社会秩序的可能性，主要包括财富分配的均衡性、人权、失业、教育程度、贫困、民族结构、宗教信仰及社会和谐等因素。"一带一路"沿线部分国家社会环境复杂，社会力量多元化，价值观差异较大，安全形势存在不稳定因素，地区动荡、战乱与恐怖主义等问题影响我国境外投资项目安全（赵睿和贾儒楠，2017）。

莱比塘铜矿位于缅甸北部实皆省孟育瓦县，被认为是缅甸最大的铜矿。由中国万宝矿业与属于缅甸军队的经济控股公司合作开发，设计年产量为10万吨阴极铜，另外两个铜矿年产量4万吨，是中国万宝矿业从加拿大一家矿业公司手中整体收购而来。按照相关协议，万宝矿业将向莱比塘铜矿投资10亿美元，向另外两家铜矿投资5亿美元。利益分配为：按照国际标准扣除56%的成本后，缅甸政府可得16.8%的利润，缅甸经济控股公司可获13.8%，而100%投资的中国万宝矿业则可获得13.33%。莱比塘铜矿的开发能够促进地区发展，提供就业机会，提高当地人民生活水平，完全可以成为一个双赢的项目。然而，让中方意想不到的是，铜矿开工前后，不少村民游行反对，其后，一些激进者更堵塞矿区工地，并和政府军警发生冲突，项目施工不得不停止。由于工程停工，当时估计每月损失高达200万美元。

一个看似双赢的项目，却引起群众集体反对，分析可知，引起群体性反对的原因有以下三个方面。第一，征地补偿不足。整个莱比塘铜矿需搬迁 4 个村庄 442 户居民，至停工前已完成 229 户搬迁。按照万宝矿业相关人员介绍，中方项目公司使用土地时，土地补偿标准由当地政府确定并经缅甸政府高层审批，为拿到新矿所需的 7800 英亩（3160 公顷）土地，万宝矿业向当地居民提供了一英亩 600 美元的补偿款，万宝公司土地补偿金的累计支出已达 500 万美元。即使如此，当地居民仍对补偿不满，在要求更高补偿款的同时，一些村民又提出了环境保护、佛塔保护的问题。第二，没有解决当地居民就业问题。由于矿区开发，万宝矿业把当地居民的土地进行征收，使不少居民成为失地农民。为了解决失地农民的就业问题，万宝公司提出搬迁农户每家至少可以安排一人在矿区工作，以解决村民的收入来源问题。然而，当地村民对此并不买账，认为此举根本解决不了他们的生活生产问题，借此发挥，提出一些与项目无关的政治要求，甚至扬言要把莱比塘铜矿项目变成第二个密松水电站项目。第三，缅甸国内政局变动。当时缅甸国内处于政治大变局过程中，政府的威信受到质疑，同时由于政局变动，缅甸报禁结束，私营媒体纷纷出现，面对这种与外企争端的案件，媒体多是一边倒地抨击中国企业，引发当地民众示威游行。（张锐连和施国庆，2017）。

由此可见，像民族结构、宗教信仰及社会和谐等社会因素正影响着中国"一带一路"基础设施 OFDI，特别是劳动用工，不同文化和价值观的差异都会导致冲突的发生。在这个过程中，要充分认识这些社会风险，熟悉掌握"一带一路"沿线地区的社会治理体系，如投资准入、退出、评价制度，土地征收法案、流程，劳工权益保障规定等，并措施积极应对。

（四）法律风险

企业对外投资法律风险是指投资企业因违反东道国法律、法规或者规章制度而面临受法律惩罚或者法律制裁的相关风险，其主要来源于投资者行为风险、投资者母国制度风险和东道国制度风险（张敏和朱雪燕，2017）。

2000 年后中国开始实施"走出去"战略，从限制对外直接投资，逐渐转变为放松对外直接投资管制和鼓励对外直接投资。尽管如此，企业要进行对外直接投资还是需要获得相关部门的核准，这无疑增加了中国企业海外投资的成本。相比其他行业，中国金融业对外直接投资较为保守。中投投资摩根士丹利和黑石、平安投资富通集团等中国金融机构在 2008 年金融危机前进行的海外财务投资都遭受了巨额亏损。在这些惨痛的教训下，无论是金融机构还是监管当局对海外投资都较为审慎。2008 年 3 月平安与富通签订备忘录，拟以 21.5 亿欧元收购富通投资管理公司 50% 的股权。由于审批等原因，这一协议最终未生效。2008 年 9 月，中行公告将斥资逾 2.3 亿欧元收购法国洛希尔银行扩大股本 20% 的股权，在第一次未能获得政府批准后，中行将最后期限已由最初的 2008 年 12 月 31 日延长三个月至 2009 年 3 月 31 日。由于还是没有获得有关部门的批准，中行取消了交易①。

2012 年，中国企业并购加拿大盖森煤田，其中一大难点就是当地居民的参与。在加拿大并购矿产资源，除了法律、财务、政策等必须符合规定之外，最为苛刻的是需要当地每一位居民都要赞成并购才能完成。为了保护当地居民的利益，只有给予他们充分的补偿或者承诺提供工作等，当地居民才有可能同意。企业用工成分也是海外投资常见的投资风险。例如，马来西亚有法律规定，外国投资企业需要雇佣 80% 的当地人，其中不少于 10% 应当是当地土著居民。由于有些当地居民未经培训，没有适当的技能，只能从事简单工作。中国企业事前未充分考虑此类风险，造成大量先期投资的浪费（李武健，2017）。

---

① 中国海外直接投资缘何屡屡受阻媒体归纳六大原因 ［EB/OL］. 人民网，2018 - 4 - 9.

由此可见，无论是对全球投资还是对"一带一路"沿线国家的投资，我国企业对外投资失败的项目很多，法律风险是造成投资失败的不可回避原因，其中基建投资失败所占的比例较高。在"一带一路"基础投资过程中，应该注意防范法律风险，建立企业透明度原则及注重国内规则与国际高标准相结合的原则，同时借助于法律尽职调查，关注东道国法律与政策的内容、调整与变革，以防范和避免企业在环境保护、税收、知识产权、劳工等多方面的法律风险（张敏和朱雪燕，2017）。

四、"一带一路"下中国基础设施 OFDI 模式与动机

（一）"一带一路"下中国基础设施 OFDI 模式

基础设施项目主要以政府投资为主体的直接投融资模式为主（王亦众，2016）。围绕着"一带一路"倡议和国际产能和装备制造合作，我国已经和 50 多个国家签署了相关文件来推动基础设施的互联互通，并针对国际市场多样化需求，不断调整发展战略，进而推动发展模式的转型升级。

以政府投资为主体的直接投融资模式指政府以财政手段，将资金从其所有者手中筹集起来，再分配给需要资金的基础设施建设部门（王亦众，2016）。鉴于跨境基础设施建设投资大、周期长等固有特点，尤其像能源类等大型项目，商业资金鲜少涉足，因此建立以政府投资为主导的开发性金融机构迫在眉睫。党的第十八届三中全会提出"建立以服务国家发展战略为宗旨的开发性金融机构"的号召，将国家信用与市场化运作相结合，以中长期投融资为手段，升级传统政策性银行效能，从而形成一种成本较低的金融新形态。在"一带一路"倡议进程中，为了使中国企业在海外获得更多基础设施投资机会，我国政府于 2015 年发起建立亚洲基础设施投资银行，并协同多国建立金砖国家开发银行，为周边区域国家基础设施

融资提供有效渠道。丝路基金的创立也是我国政府在"一带一路"倡议部署下的又一重要举措。与此同时,我国政府再次注资国家开发银行和中国进出口银行,为境外多项设施建设提供融资支持(吕星羸等,2017)。

(二)"一带一路"下中国基础设施 OFDI 动机

对于母国来说,OFDI 一般具有市场寻求动机、效率寻求动机、资源寻求动机和战略资产寻求动机。"一带一路"倡议的提出与实施,在推动我国经济与世界经济融合,促进区域经济协调平衡发展,进而全面构建开放型经济新体制的同时,也为我国企业对外直接投资起到了巨大的推动与促进作用,而不同的投资动机下如何选择合适的模式进行对外直接投资则关系到企业"走出去"的竞争与生存以及是否能合理利用有限的资源获取最大的收益(方慧和赵胜立,2017)。

孟庆强(2016)研究发现中国对"一带一路"沿线国家的投资具有市场寻求动机、效率寻求动机和自然资源寻求动机,不具有显著的战略资产寻求动机。具体原因如下:(1)市场寻求动机。目前国内一些企业正通过对具有较强市场区位优势的国家进行投资以克服国内市场饱和和对外贸易壁垒加剧的影响。而"一带一路"沿线不仅具有巨大的市场规模,而且还具有较强的经济发展潜力。"一带一路"拥有巨大的市场规模:"一带一路"沿线涉及 60 多个国家,覆盖约 44 亿人口,占全球总人口的 63%;经济总量约 21 万亿美元,占全球经济总量的 29%。此外由于沿线大多是新兴经济体和发展中国家,且普遍处于上升期,"一带一路"还是最具发展潜力的经济带。因此,市场寻求动机是中国企业对"一带一路"沿线国家直接投资的重要动机。(2)效率寻求动机。一直以来,廉价的劳动力成本是中国企业的主要竞争优势。但是随着中国生产成本的快速上升,中国在劳动密集型和资源密集型领域的竞争优势正在丧失。劳动力成本的上升挤压了劳动密集型企业的利润空间,这可能迫使这些企业迁移到劳动力成本相对较低的地区。而"一带一路"沿线的许多国家像越南、柬埔寨、尼泊尔、孟加拉国等的劳动力成本均比中国低。因此,效率寻求动机是中国对"一带一路"沿线国家直接投资的重要动机。（3）资源寻求动机。随着中国经济的发展，国内自然资源供应量已难以满足经济社会发展的需要，中国对自然资源的进口量越来越大，其中石油和铁矿石等资源的对外依赖度已经超过国际警戒线。通过传统的进口贸易获取自然资源不仅不能够解决自然资源供应紧张问题，而且还增加了国内经济的不稳定性，而对外直接投资是破解资源不足问题的有效途径。因此，为了获得稳定的自然资源供给，国家积极鼓励和支持一些企业对海外自然资源行业进行投资，"一带一路"沿线拥有的丰富自然资源能够满足中国对自然资源需求的要求。因此，自然资源寻求动机是中国对"一带一路"沿线国家直接投资的重要动机。（4）战略资产寻求动机。已有研究表明战略资产寻求动机是中国企业对外直接投资的重要动机，但是"一带一路"沿线大多数国家的技术竞争力比中国低。因此，中国对"一带一路"沿线国家的投资不具有显著的战略资产寻求动机。

中国对"一带一路"沿线国家的投资中，基础设施作为重点投资领域，具有市场寻求型、效率寻求型、资源寻求型、战略资产寻找型动机。通过对"一带一路"沿线国家基础设施的投资，加强中国与"一带一路"沿线国家的基础设施互联互通，扩大交通、电力和通信基础设施行业的合作交流，构建中国与"一带一路"沿线国家的基础设施网络，加快提升中国基础设施水平，进而解决国内市场饱和、生产成本快速上升以及自然资源供给紧张等问题，有助于实现化解国内产能过剩，加快制造业转型升级、缓解能源供给短缺的目标。

五、"一带一路"下中国基础设施 OFDI 规模

表 3 - 16 为基础设施运营 OFDI 变化趋势。2003～2006 年，中国基础设施运营 OFDI 平稳上涨。2007 年，党的十七大报告提出把"引进来"和"走出去"更好地结合起来，标志着我国对外直接投资进入新阶段，中国基础设施运营 OFDI 上涨速度加快。2013 年 9 月和 10 月中国国家主席

习近平分别提出建设"新丝绸之路经济带"和"21世纪海上丝绸之路"的合作倡议。此外,党的十八届三中全会提出"适应经济全球化新形势,必须推动对内对外开放相互促进、引进来和走出去更好地结合,加快培育、参与和引领国际经济合作竞争新优势",中国基础设施运营 OFDI 上涨速度进一步加快。2015 年,《中共中央国务院关于构建开放型经济新体制的若干意见》提出"确立并实施新时期走出去国家战略,建立促进走出去战略的新体制,确立企业和个人对外投资主体地位,努力提高对外投资质量和效率"。此外,党的十八届五中全会提出"支持企业扩大对外投资,推动装备、技术、标准、服务走出去,深度融入全球产业链、价值链、物流链,建设一批大宗商品境外生产基地,培育一批跨国企业",中国基础设施运营 OFDI 继续上涨。2016 年,国家"十三五"规划纲要强调,必须顺应我国经济深度融入世界经济的趋势,坚持"引进来"和"走出去"并重,发展更高层次的开放型经济,积极参与全球经济治理和公共产品供给,由此我国基础设施运营 OFDI 呈现高速增长。2017 年"一带一路"国际合作高峰论坛上,国家主席习近平提出要进一步加强设施联通,不断完善"一带一路"建设的基础设施网络。以铁路、公路、航空、水运、通信、电力、油气管网和能源互联网等为重点,共同建设现代化基础设施体系,同时要加强规划政策、标准规则、执法监管的对接合作,促进互联互通和运输便利化。2017 中国基础设施运营 OFDI 规模虽然相较于2016 年有所下降,但保持了 2016 年以前的平稳增长趋势。

表 3 – 16　　　　　　　　基础设施运营部分 OFDI 变化　　　　　　单位:亿美元

产业	2003 年	2004 年	2005 年	2006 年	2007 年	2008 年	2009 年	2010 年
交通运输、仓储和邮政业	0.77	8.29	5.77	13.76	40.65	26.56	20.68	56.55
电力、热力、燃气及水生产和供应业	0.22	0.78	0.08	1.19	1.51	13.13	4.68	10.06
信息传输、软件和信息技术服务业	0.09	0.31	0.15	0.48	3.04	2.99	2.78	5.06
基础设施运营整体	1.08	9.38	5.99	15.43	45.21	42.68	28.14	71.68

续表

产业	2011 年	2012 年	2013 年	2014 年	2015 年	2016 年	2017 年	
交通运输、仓储和邮政业	25.64	29.88	33.07	41.75	27.27	16.79	54.68	
电力、热力、燃气及水生产和供应业	18.75	19.35	6.8	17.65	21.35	35.36	23.44	
信息传输、软件和信息技术服务业	7.76	12.4	14.01	31.7	68.2	186.6	44.30	
基础设施运营整体	52.16	61.64	53.89	91.09	116.82	238.75	122.42	

注：基础设施运营行业中信息传输、计算机服务和软件业的 OFDI 金额在 2003 年才开始统计，因此，基础设施运营部分 OFDI 金额开始时间为 2003 年。

资料来源：国家统计局。

从表 3-16 可以看出，自 2014 年习近平提出网络强国以及国际治网主张以来，"一带一路"倡议进一步加强，信息传输、软件和信息技术服务业得到飞速发展，"走出去"的步伐不断加快。中国基础设施运营 OFDI 细分产业中，信息传输、软件和信息技术服务业占比不断加大，逐渐成为基础设施运营 OFDI 最重要的组成部分。

第四章　产业安全的重要产业、指标与评价方法

产业安全评价需要逐步将三级指标合成为二级指标，二级指标合成为一级指标，一级指标再合成为一个指数。在这一过程中需要对各个指标进行赋权，并将赋权后的指标通过一定的数学方法组合为最终的综合评价值，因此，指标赋权方法和评价模型十分重要。合理的赋权方法和合适的评价模型有利于提高产业安全评价的精确度。本章首先通过梳理现有文献中的指标赋权方法和评价模型，对现阶段常用的方法及模型进行分析和比较；其次对产业安全评价中的产业与指标进行分析，为第五章基础设施产业安全评价体系的构建以及指数计算奠定基础。

第一节　产业安全中的"重要产业"与产业分类

关于产业安全的研究，起源于重商主义的保护关税思想，形成于保护幼稚产业思想（景玉琴，2005）。自 20 世纪 90 年代以来，产业安全一直是国内一个有争议的热门话题。针对 2009 年的汇源并购，国内基本观点大致可以分为两派：一派是反对收购，认为这关系到垄断和产业安全；另一派赞同收购，认为这是按市场规则进行的普通收购，与产业安全无关，更不要用民族主义情绪来考量收购①。如王志乐（2007）认为不能把一个

---

① 汇源并购可能死于民粹［EB/OL］. 网易新闻，2018 – 3 – 14.

企业或者一个产业在市场竞争中遭遇的困难上升到国家经济安全的高度，因为这样做往往会使某些企业以国家经济安全为名行企业保护之实。之所以存在这两种截然相反的观点，是因为对产业安全的定义理解有分歧。

一、产业安全的定义与"重要产业"

产业安全的定义迄今并未形成共识，有强调竞争能力的产业安全观、强调发展能力的产业安全观、强调国民权益的产业安全观。其中，强调竞争能力的研究认为产业安全是在经济安全性和社会安全性的前提下，产业在发展的过程中能够抵御外部不利因素的影响（谭飞燕等，2016）；强调发展能力的研究认为产业安全是指在国际经济竞争中，一个国家的产业可以健康稳定发展，并保持领先地位，或处于有利的状态，特别是国内的知识和科技产业能够独立于其他国家发展，同时能够支持国民经济的发展（Liu，2011）；强调国民权益的研究认为国民作为产业安全中的权益主体，在国界之内有明确的排他性经济主权，研究产业安全归根结底是要使国民为主体的产业权益在国际竞争中得到保证并不受侵害（赵世洪，1998）。还有一些研究强调了对"重要产业"的控制力。杨公朴等（2000）认为产业安全是指一国对国内"重要产业"的控制能力及该产业抵御外部威胁的能力；张碧琼（2003）认为国家产业安全问题最主要是由外商直接投资导致的，指的是外商利用其资本、技术、管理、营销等方面的优势，通过合资、直接收购等方式控制国内企业，甚至控制某些"重要产业"，由此对国家经济构成威胁。何维达和宋胜洲（2003）认为产业安全即在市场开放的条件下，一个国家影响国民经济全局的"重要产业"的生存发展以及政府对这些产业的调整权或控制权不受到威胁的状态。由上述研究对产业安全的定义可以总结出，产业安全受到威胁的主体是"重要产业"。本书认为，产业安全指的是特定经济体（国家或单独关税区）"重要产业"能够持续生存与发展的状态。

产业安全必须是"重要产业"的"产业安全"，否则，在产业结构调整中要被淘汰的产业如高投入、高消耗、高污染、低效益的"三高一低"产业也可以提出"产业安全"问题了。滥用"产业安全"概念可能影响产业结构优化,影响企业正常的市场活动(如汇源并购)和利用外资,还可能导致对真正产业安全问题的忽视。

哪些产业属于"重要产业"?何维达和宋胜洲(2003)认为"重要产业"可以理解为那些影响国民经济全局的战略性资源产业、支柱产业、先导性幼稚产业,并列举了主要工业国家如美国、英国、法国、日本等从国家经济安全角度划分的"重要产业"(见表4-1)。

表4-1 主要工业国家对"重要产业"的划分

国家	重要产业
美国	国防及国防相关产业、飞机制造业、沿海船舶运输业、矿产资源业、能源工业、微电子业、汽车业、农业、核工业、国内航空业、大众传播业
日本	汽车业、能源工业、高新技术工业、钢铁业、造船业、棉纺织业、石化工业
法国	造船业、汽车业、飞机制造业、国防工业、核工业
英国	国防工业、电子业能源工业

资料来源:何维达. 开放市场下的产业安全与政府规制 [M]. 江西人民出版社,2003:73.

对于我国来说,"重要产业"大致可以参考以下四个方面来确定。

(1)战略性产业。根据联合国贸易和发展会议(UNCTAD)的《2009年国际投资协议中的国家安全保护》,"战略产业"一词的含义及其所涵盖的范围缺乏国际共识,各国都是根据其自身对"战略"计划或产业的理解来定义这个概念。一般认为,国内基础设施包括电信、交通运输、能源和供水等行业,以及农业是对一国生存至关重要的产业,即战略产业。除此之外,对特定国家的国内经济和技术发展至关重要的产业也是战略产业。在我国,由于技术上的总体落后和西方国家对输出到我国的技术进行限制,装备制造业和高技术产业显然也是我国的战略产业(卜伟,2011)。

(2)国有经济和中央企业必须控制的具体行业和领域。根据国资委《关于推进国有资本调整和国有企业重组的指导意见》规定,国有经济应对关系国家安全和国民经济命脉的重要行业和关键领域保持绝对控制力，包括军工、电网电力、石油石化、电信、煤炭、民航、航运等七大行业。此外，国有经济还应对基础性和支柱产业领域的重要骨干企业保持较强控制力，包括装备制造、汽车、电子信息、建筑、钢铁、有色金属、化工、勘察设计、科技九大行业。

（3）振兴产业。2009 年 12 月 5 日印发的《重点产业调整和振兴规划工作方案》规定了我国需要重点调整和振兴的十大产业，即钢铁、汽车、船舶、石化、纺织、轻工、有色金属、装备制造、电子信息以及物流业。其中，有的是我国国民经济的支柱产业，有的是重要的战略性产业，有的是重要的民生产业。

（4）限制和禁止外商投资的产业。根据《外商投资产业指导目录》（2017 年修订），农作物新品种选育和种子生产、石油天然气勘探和开发等 35 个细分产业被列入限制外商投资产业目录，稀土勘查、武器弹药制造等 28 个细分产业被列入禁止外商投资产业目录。

二、基于产业安全的产业分类

产业安全评价，直接涉及的一级指标有三个：产业控制力、产业竞争力和产业对外依存度（包括出口依存度和进口依存度[①]）。当然，也可以根据产业具体情况增加国内环境、产业生存力和产业发展力等指标。然而，相对而言，产业控制力、产业竞争力和产业对外依存度三个指标更为直接。因此，下面主要根据这三个指标或其二级甚至于三级指标结合产业特征进行产业分类。

第一类是不需要考虑产业安全的产业，即"重要产业"之外的产业。包括两种情况：一种是需要淘汰产业如高污染产业；另一种是对其他产业或对国家安全不会造成严重影响而只需要考虑其本身竞争力的产业，主要

---

① 不同于国际贸易学中的国家层面的"出口/进口依存度"概念，这里用国内特定产业当年的出口/进口额与该产业当年的总产值或总销售额之比来衡量。

是一般进口竞争行业，需要防止进口产品对国内该产业造成冲击，应对措施是用"两反一保"加以保护的产业，如畜牧产品加工业、果汁业等。这类产业一般不属于"重要产业"，产业安全说辞是对产业安全概念的滥用。

第二类是需要考虑出口依存度的产业，主要是净出口行业，如钢铁、纺织品与服装等。这类产业在我国国民经济中占有重要的位置，如对国际收支、就业、经济增长等有重要影响。由于我国这类产业生产的主要是中低端产品，面临的威胁主要是国外的"两反一保"。对这类产业进行产业安全评价时，需要将综合评价值和出口依存度结合起来，判断其产业安全程度，或者用出口依存度作为表征该产业安全程度的简化指标。

第三类是不得不依赖、对国家有重要影响、需要考虑进口依存度的产业，如农业中的粮食、能源产业中的石油与天然气等。这类产业的竞争力受资源禀赋的影响比较大，进口依存度比较高，且属于战略性产业，对国家安全有重要影响。但是，进行这类产业的安全评价时并不意味着进口依存度越低越好。如粮食保持适当比例的进口，可以为我国生产高质量和高价格的创汇产品如花卉、蔬菜等以及减少过度使用化肥和农药造成的污染提供空间；石油和天然气进口有助于降低成本、保护环境和保证持续供给。实际上，这类产业安全应该重视的是合理价格下结构与总量上能够保障持续供给，需要结合综合国力判断获取的能力进而判断其产业安全程度。

第四类是对国家有重要影响、在开放经济下需要考虑控制力的产业，如高技术产业、装备制造业等。这类产业可用技术控制力作为表征该产业安全程度的简化指标。但是，还需要考虑细节，即对产业控制力进行评价时，考察最终产品所属产业的控制力值，要和该产业生产所需要的国内无可替代或自给率低从而严重依赖进口的某种核心投入品控制力相结合，用后者作为补充。如高端数控机床、光刻机、航空发动机、船舶柴油发动机、高端传感器、转辙机、高端轴承、大型主机、数控刀具、高精度机械手、[①] 农业中的种子产业、计算机的 CPU 等，这类产品受制于人，会影响

---

① 盘点中国严重依赖进口的 20 项技术产品，每一项都关乎中国制造的崛起 [EB/OL]. 搜狐网，2019 – 6 – 25.

需要这些产品作为投入品的产业的可持续发展，进而影响整个产业的安全，甚至影响国家的经济安全。"中兴事件"就是一个典型案例。这类产业的产业安全评价简化指标是技术控制力，但需要用核心部件控制力作为补充。

第五类是其产品主要是高端产品且出口比例较大、只需要考虑竞争力的产业。这类产业的产品附加值高，在国际市场上售价高，不需要担心被"两反一保"，可用国际市场份额作为表征该产业安全的简化指标。

对某一产业进行产业安全评价时，可根据产业特征和分类，用简化指标来评价或用某个指标作为对产业安全评价的补充。

第二节 产业安全评价指标的取舍

产业安全评价指标选择时可能会出现一个问题，即指标中会存在相互矛盾的情况，如产业竞争力和对外依存度。产业竞争力的二级评价指标之一是产业国际市场份额①，该指标值越大，说明该产业竞争力越强，产业越安全；产业对外依存度的二级评价指标之一是产业出口依存度，该指标值越大，说明该产业对国际市场的依赖性越大，产业越不安全。然而一般情况下，一个产业的出口依存度大，国际市场份额也大。也就是说，两个密切相伴的指标在说明产业安全状况时是反向的。遇到这种情况的时候，既不能都用，也不能武断地放弃其中一个，需要进一步考虑一些其他的因素决定取舍。下面就这种情况进行详细的分析。

为分析方便，这里先界定几个概念。首先是产业大国，指一国某一产业（这里产业和产品不加区分，下同）的产值占世界该产业的份额比较大，在世界的排位比较靠前；其次是出口大国，指一国特定产品出口占该产品国际市场的份额比较大，出口量变化会影响该产品国际市场的供求关

① 也称国际市场占有率，用一国某一产业的出口占世界该产业出口总额之比来衡量。

系进而影响国际市场价格，是国际市场价格的影响者；最后是经济大国，指一国经济总体规模比较大。若一国在某一产业是出口大国，则该国也是该产业大国。但是，若一国是特定产业大国，不一定是出口大国，一种可能的情况是该国是一个经济大国，但该产业竞争力弱，只是在贸易保护的条件下得以生存。产业大国不等于经济大国，经济小国也可以是产业大国，如瑞士的瑞士军刀、阿根廷的牛肉等。

相应地，产业小国是指一国某一产业的产值占世界该产业的份额比较小，在世界的排位比较靠后；出口小国是指一国产品出口占国际市场的份额比较小，出口量变化不足以影响国际市场的供求关系进而影响国际市场价格，是国际市场价格的接受者；经济小国是指一国经济总体规模比较小。若一国在某一产业是出口小国，则该国一般为该产业小国，但也可能是产业大国，比如经济大国某一产业竞争力弱，在贸易保护条件下得以生存，出口很少。

综上所述，一个国家出口、产业与经济规模之间可能的关系见表4-2。

表4-2　　　　　一个国家出口、产业与经济规模的可能关系

	出口大国	产业大国	经济大国	出口小国	产业小国	经济小国
出口大国		√	√	×	×	√
产业大国	√		√	√	×	√
经济大国	√	√		√	√	×
出口小国	×	√	√		√	√
产业小国	×	×	√	√		√
经济小国	√	√	×	√	√	

注：√表示"是"或"可能是"，×表示"不可能是"。

一个产业其出口依存度和世界市场份额的关系有四种情况（见表4-3）。第一种是该产业的出口依存度和国际市场份额都大，也是一般存在的情况；第二种是出口依存度大，但国际市场份额小，经济小国可能会出现这种情况；第三种是出口依存度和国际市场份额都小，基本上与第一种所

表明的关系相同;第四种是世界市场份额大,但出口依存度小,刚刚出现的主要用于满足国内需求的新产品会出现这种情况。

表 4 - 3　　　　　　　　　　　　"两个指标"可能的情况

	出口依存度			
国际市场份额	大			大
	①		②	
	大	小		
		小		小
	③		④	
	小	大		

在表 4 - 3 中,第①种是产业大国情况。笼统地来看,依据上述两个指标评价产业安全得出的结论是矛盾的(景玉琴,2006):出口依存度大表示易受跨国因素影响,产业不安全;国际市场份额大,说明该产业国际竞争力强,是安全的。实际上,针对特定产业的分析,可以对指标进行取舍。例如,对于某一特定国家的高端产品来说,国际竞争不激烈,则虽然出口依存度大,但被反倾销、反补贴或实施保障措施的可能性较小,此时产业是安全的,如德国的高价锅,此时应舍弃出口依存度而采用国际市场份额来评价;对于某一特定国家的中低端产品来说,国际竞争激烈,主要凭价格竞争优势取胜,出口依存度大,但由于可能会被反倾销、反补贴或实施保障措施,因此,虽然国际竞争力强,却是不安全的(即便最终没有被采取反倾销和/或反补贴措施,但调查也会产生极大影响),如我国的纺织品与服装,此时应舍弃国际市场份额而采用出口依存度来评价。另外,稀土属于不可再生资源,虽然国际市场份额大,但一来因为其"不可再生";二来因为我国稀土加工业技术水平低,是在低价出售原材料,对我国环境和稀土工业今后的发展构成了严重威胁,所以应采用出口依存度而舍弃国际市场份额指标。

第②种是产业小国情况。笼统地看,该产业是不安全的,因为出口依存度大易受跨国因素影响，不安全；世界市场份额小，说明该产业国际竞争力弱，也不安全。但是，这样的分析是不全面的，因为特定国家可能因为经济规模比较小，导致国际市场份额小，但是其产品国际竞争力却很强，如卢森堡的钢铁产业①。而且，由于其国际市场份额较小，尽管该产业出口依存度较大，但不容易被反倾销和/或反补贴或针对其采取保障措施，因此该产业也是安全的。此时需要创造一个概念：显性国际市场份额。显性国际市场份额 = (ED/PD)/(EW/PW)。其中，ED 表示特定国家该产业的出口额，PD 表示该国该产业的总产值，EW 表示世界该产业的出口总额，PW 表示世界该产业的总产值。显性国际市场份额值越大，说明该产业竞争力越强，产业越安全。该指标比国际市场份额指标更能准确说明特定国家该产业国际竞争力的高低。因此，在产业小国条件下，可舍弃出口依存度指标而采用显性国际市场份额指标。

第③种是产业大国和产业小国都可能存在的情况。笼统地看，依据两个指标会得出相反的结论。无论是产业大国还是产业小国，在市场开放条件下，虽然出口依存度小，不易受跨国因素的影响，但是因其国际竞争力弱，产业国内市场份额会逐渐减小，生存会受到威胁，产业是不安全的，此时可舍弃出口依存度而采用国际市场份额指标。

第④种只能是产业大国情况。在这种情况下，出口依存度小，表明对国际市场依赖程度小；国际市场份额大，表明国际竞争力强，该产业显然是安全的。这种情况存在于国际贸易需求偏好理论中的新产品情况。由于是某一国家的新产品，主要用于满足国内市场需求，所以出口依存度较小；又由于是新产品，只有本国在国际市场销售，所以虽然本国出口依存度小，但国际市场份额较大。此时，出口依存度和国际市场份额两个指标都可以采用，任选一个即可。

以上四种情况的比较见表 4 - 4。

---

① 彭姝伟. 卢森堡 [M]. 北京：社会科学文献出版社，2005.

表4-4   出口依存度与国际市场份额的关系

	产业大国	产业小国
概念界定	若一国在出口依存度高的产业是出口大国,则该国为该产业大国。在无直接国际竞争的产业,经济小国可以是该产业大国,如瑞士的军刀	若一国在出口依存度高的产业是出口小国,则该国为该产业小国。在有直接国际竞争的产业,经济规模小国往往是该产业小国,如卢森堡的钢铁业
①	产品分为两类。一类是中低端产品,如中国的纺织品与服装,面临反倾销、反补贴、保障措施和技术性贸易措施,不安全;另一类是高端产品,如德国的高价锅、瑞士的军刀,出口依存度虽然大,但遭受贸易保护措施的可能性很小,安全	不可能
②	不可能	如卢森堡的钢铁业
③	矛盾,一般如此,总体上不安全	矛盾,一般如此,总体上不安全
④	垄断性新产品,如需求偏好相似理论中刚走向出口的新产品	垄断性新产品,如需求偏好相似理论中刚走向出口的新产品

因此,在选择产业安全评价指标时,除了要考虑到产业特征之外,还要综合考虑该产业所在国家的经济规模等具体情况。

第三节　产业安全评价的赋权方法、比较与选择

产业安全评价需要将多个指标合成为一个,因此,各指标的权重特别重要,需要重点关注对权重的赋值。对指标的赋权,其实就是对指标的重要程度进行评价。由于每个指标所对的重要程度不同,在计算产业安全度时应综合考虑各指标对体系的重要程度。指标的重要程度越高,权值就越大。

指标赋权对产业安全评价至关重要,而给评价指标合理地赋权绝非易事。目前,学术界已有的指标赋权方法有很多,常用的有专家评分法、专

家会议法、德尔菲法和层次分析法①。每种方法都有其适用情况及优缺点，各方法的比较在本节最后说明。

一、专家评分法

专家评分法是一种定性描述定量化方法，它首先根据评价对象的具体要求选定若干个评价项目，再根据评价项目制定出评价标准，聘请若干代表性专家凭借自己的经验按此评价标准给出各项目的评价分值，然后对其进行结集。具体步骤如下：

（1）根据评价对象的特点选择专家；

（2）将体系中的各个指标提供给专家，请专家对各指标重要程度赋权；

（3）对专家意见分析汇总，将结果反馈给专家；

（4）各位专家根据反馈结果修正自己的意见；

（5）如此反复，通过多轮征询和意见反馈，最终确定指标权重。

专家评分法是现在比较常用的指标赋权方法，具有以下优点：

（1）操作简便。只需根据评价对象制定评价等级和标准即可，无须其他复杂的步骤和程序，操作简便。

（2）直观性强。由于每个等级的标准都是由打分的形式体现的，分数的高低直接体现指标的权重，结果直观可见。

（3）对指标的定量化程度要求低。可以将能够进行定量计算的评价项目和无法进行计算的评价项目都加以考虑。

同时，专家评分法具有以下缺点：

（1）对专家要求较高。选取的专家应当熟悉该产业运行状况，若专家选取不当，则结果会出现偏差。

（2）可能无法得到合理的结果。多轮打分后统计方差如果不能趋于合理，可能无法得到想要的结果，应当慎重使用专家评分法的结果与结论。

---

① 其他产业安全评价赋权方法还有极值迭代法、权值因子判断表法、排序法、基于熵理论的权重估计方法和残缺判断（李孟刚，2015）。

二、专家会议法

专家会议法是指根据规定的原则选择一定数量的专家，按照一定的方式组织专家会议，发挥专家集体的智慧结构效应，对预测对象未来的发展趋势及状况做出判断的方法。专家会议法应谨慎选择与会专家，专家的选择应遵循以下原则：

（1）若专家相互认识，要从同一职位（职称或级别）的人员中选取，领导人员不应参加，否则可能对参加者造成某种压力；

（2）若专家互不认识，可从不同职位（职称或级别）的人员中选取。这时，不论成员的职称或级别的高低，都应同等对待；

（3）专家的专业应与所讨论的问题一致。

同时，该方法必须确定专家会议的最佳人数和会议进行的时间。专家小组人数一般 10 ~ 15 人。会议时间一般为 20 ~ 60 分钟最优。

专家会议法具有以下优点。

（1）在专家会议上，各位专家可以充分交流，在讨论中相互启发，取长补短，去异求同。

（2）信息充分，资料全面。由于会议有多人参加，在讨论中有利于获得更充分的信息和更全面的资料，因此能够较全面地考虑到多方面的因素，有利于得出较为正确的结论。

专家会议法具有以下缺点：

（1）易受心理因素影响。由于会议主体为人，专家的观点很容易受个别权威专家意见的影响。

（2）观点代表性不足。参加会议的专家人数相对有限，讨论结果的代表性不够，可能会影响讨论效果。

三、德尔菲法

德尔菲法也称专家调查法，是在专家个人经验判断和专家会议方法的基础上发展起来的一种新型直观评价预测方法。它采用通信方式将所需解决的问题单独发送到各个专家手中，征询意见，然后回收汇总全部专家的意见，并整理出综合意见。随后将该综合意见和预测问题再分别反馈给专家，再次征询意见，各专家依据综合意见修改自己原有的意见，然后再汇总。这样多次反复，逐步取得比较一致的预测结果。

德尔菲法采用匿名发表意见的方式，即专家之间不得互相讨论，不发生横向联系，只能与调查人员发生关系，通过多轮次调查专家对问卷所提问题的看法，经过反复征询、归纳、修改，最后汇总成专家基本一致的看法，将其作为预测的结果。这种方法具有广泛的代表性，较为可靠。

德尔菲法与专家会议法有一定的联系也有区别。德尔菲法具有以下优点。

（1）该方法能够发挥各位专家的作用，将各位专家意见的分歧表达出来，集思广益，取长补短，具有较高的准确性。

（2）由于各位专家采取匿名的方式发表意见，使得每个人的观点不受权威人士意见的影响。

同时，德尔菲法的主要缺点是过程比较复杂、花费的时间较长。

四、层次分析法

层次分析法（the analytic hierarchy process，AHP）也叫层级分析法，是一种定性与定量相结合的、系统化、层次化的分析方法。该方法将与决策总是有关的元素分解成目标、准则、方案等层次，在此基础之上进行定性和定量分析。

层次分析法的基本思路与人对一个复杂决策问题的思维、判断过程大体上是一样的。首先在深入分析实际问题的基础上，将有关的各个因素按照不同属性自上而下地分解成若干层次，在每一个层次中采用成对比较法和 $1 \sim 9$ 比较尺度构造成对比较阵，然后把成对比较阵的最大特征值以及与该特征值对应的特征向量分量作为相应的系数，最后综合给出各方案的权重。

层次分析法具有以下优点。

（1）系统性。层次分析法把产业安全体系作为一个系统，通过分层，层级内的比较，再将权重综合的步骤对指标进行赋权，同时还对权重向量进行一致性检验，使得判断失误被大大降低。而且，层次分析法中各层的权重均会对目标层产生可以量化的直接或间接影响，将各个层级系统地联系起来，体现了该分析方法的系统性特点。

（2）简洁实用。层次分析法并非单纯的逻辑推理，也没有太过复杂的数学模型，而是把定性方法与定量方法有机地结合起来，通过将复杂的系统分解而便于人们理解。同时，同一层级内部通过两两比较确定权重，数学运算十分简洁。

（3）所需定量数据信息较少。层次分析法只需评价者了解评价问题的本质和各个要素的特点，无须过多的定量数据，它基于人对某一问题本质的逻辑判断，将复杂的赋权过程简化为各个要素之间相对重要性的比较，简化了权重的计算。

但同时，该方法也存在以下缺点。

（1）不能为决策提供新方案。层次分析法的作用是从备选方案中选择较优者。这个作用说明了层次分析法只能从原有方案中进行选取，而不能为决策者提供解决问题的新方案。

（2）指标过多时数据统计量大，且权重难以确定。通常为了使研究问题更为全面精确，会增加许多指标，当指标数量增加时，每一层的指标数也会增加，这会使得专家进行两两比较时出现判断困难，甚至会出现每层的单排序与总排序的一致性检验难以通过，从而使权重无法确定。

（3）特征值和特征向量的精确求法比较复杂。在指标数量较少时，求判断矩阵的特征值和特征向量所用的方法和多元统计所用的方法相同。但随着指标的增加，阶数也随之增加，特征值和特征向量的计算就会变得越来越困难。

五、赋权方法的比较与选择

基于以上分析，四种常用的赋权方法及其各自的优缺点比较见表4-5。

表4-5 常用产业安全评价赋权方法对比

方法	原理	优点	缺点
专家打分法	匿名征询有关专家对指标权重的意见，对专家意见进行统计、处理、分析和归纳，确定指标权重	操作简便；直观性强；对指标的定量化程度要求低	对专家要求较高；可能无法得到合理的结果
专家会议法	依靠专家们的集体研讨对指标权重作出判断	专家意见取长补短；信息充分，资料全面	易受心理因素影响；观点代表性不足
德尔菲法	以匿名方式通过几轮函询，征求专家们的意见，通过多次反复使专家的意见逐渐趋于一致	集思广益，取长补短；不受权威人士影响	过程复杂；花费时间长
层次分析法	依据具有递阶结构的目标、子目标、约束条件等来评价方案，采用两两比较的方法确定判断矩阵，并将其最大特征值对应的特征向量分量作为相应的系数，综合给出权重	系统性；简洁实用；所需定量信息少	不能提供新方案；指标过多时权重无法确定；高阶时特征值求法复杂

资料来源：依据前文内容整理所得。

由于在指标赋权过程中应尽量减少主观人为因素的干扰，同时考虑到本书所构建的指标体系分为三层共18个指标，指标数量适中，且指标数据获取存在一定的难度，应选用简洁实用、对数据信息要求相对较低的方法。

基于以上分析，本书最终选择采用层次分析法对产业安全评价中的指标进行赋权。

第四节 产业安全评价的方法、比较与选择

产业安全评价是指对被评价的产业，选择能够反映该产业安全程度的多个指标，并采用一定的方法将各个指标反映的信息进行汇总、综合，给出对该产业安全的整体评价，从而全面反映该产业的安全情况（李孟刚，2015）。综合评价通常包括多个指标，这些指标通过一定的关系共同影响产业安全，具体的关系则由产业安全评价方法确定。因此，产业安全评价方法用于将多个指标合成为一个综合评价值。产业安全评价方法也有很多，常用的有线性多属性综合评价方法、模糊综合评价方法、主成分分析法和数据包络分析方法[①]。每种方法都有其适用情况及优缺点，各模型的比较在本节最后说明。

一、线性多属性综合评价方法

线性多属性综合评价，顾名思义是将各属性以线性的形式组合起来综合体现产业安全程度的评价方法。它假定产业安全与各影响因素之间为线性相关，具体如式（4-1）所示。

$$S = \beta_1 X_1 + \beta_2 X_2 + \cdots + \beta_m X_m \qquad (4-1)$$

式（4-1）中，S 为产业安全度，X_i 为各一级影响因素指标，β_i 为各一级指标的权重，且满足：$\sum_{i=1}^{m} \beta_i = 1$。

同时，X_i 满足式（4-2）。

$$X_i = \prod_{j=1}^{n_i} \alpha_{ij} x_{ij} \qquad (4-2)$$

---

①   其他产业安全评价模型还有头脑风暴法、非线性多属性综合评价模型、矩阵分析总结法、BP 人工神经网络、偏离—份额分析法、T-S 模糊神经网络、支持向量机评价模型和投影寻踪分析（李孟刚，2015）。

式（4-2）中，x_{ij} 为各二级指标，α_{ij} 为各二级指标的权重，$\sum_{j=1}^{n_i} \alpha_{ij} = 1$，$n_i$ 为第 i 个一级指标下二级指标的数量。

线性多属性综合评价方法具有以下优点：

（1）计算简便，可操作性强。由于该方法中各影响因素以线性形式组合起来反映产业安全，计算十分方便，而且线性形式的计算不需要借助太过复杂的软件工具，具有较强的可操作性，比较容易推广。

（2）公平性。该方法使各指标间能够进行线性补偿，某些指标值的下降可由其他指标值的上升抵消，从而维持综合评价水平的不变，保证了综合评价指标的公平性。

该方法也具有以下缺点。

（1）指标间的相关影响较大。当模型中各指标相互独立时，各指标对综合评价的贡献是相互独立的；若各评价指标间不独立会导致各个指标对综合评价值的贡献存在重复影响，从而使评价结果产生偏误。

（2）受权重影响大。由于指标的影响都以线性的形式表示，因此该权重系数的作用比其他模型更明显，一旦权重发生偏误，最终的结果也会受到较大影响。

（3）容易产生"路径依赖"。当评价者或决策者长期使用式（4-1）对所属的部门或被评价对象进行综合评价时，将会诱导被评价对象"走捷径"、想"奇招"，设法保持综合评价指标值的不变（或不减少），而导致系统（或被评价对象）的"畸形"发展（李孟刚，2015）。

二、模糊综合评价方法

模糊综合评价法是利用模糊数学的理论进行评价的一种方法。对于研究问题而言，有时候由于该问题中的衡量指标难以用准确的数量进行描述，因此，可以利用"高""较高""很高"这类的等级进行描述，而从一个等级到另一等级之间没有明显的界线，这中间经历一个从量变到质变的连续过渡过程，模糊综合评价法就是针对这一状况的解决方法。该方法将评价对象按综合值的大小进行排序，而且还可根据模糊评价集上的值按最大隶属度原则去评定对象所属的等级。该方法能够较好地解决主观判断产生的模糊性和不确定性问题。

模糊综合评价法的优点为简单易行。模糊评价法虽然采用模糊数学，但其方法简单易行，在一些用传统观点看来无法进行数量分析的问题上显示了它的应用前景，很好地解决了判断的模糊性和不确定性。

同时，该方法也存在以下局限性。

（1）各级指标评判值存在模糊性，评价结果与各指标的赋权相关，这就存在着人为主观因素的影响。

（2）受权重影响大。对于有些对安全影响较大的指标，若其权重较小，则最终对产业安全的影响也会变得微不足道，这会使结果可信度有所降低。

三、主成分分析法

在进行产业安全评价时通常会遇到以下的问题：一方面，会使用尽可能多的指标来更全面的评价产业安全；另一方面，当指标数量增加时，产业安全评价也会越来越复杂，同时采用多个指标共同反映产业安全会造成一定程度上的信息冗余，这种冗余的信息可能会干扰评价者对结果的分析判断。因此，评价者会希望用少数几个因子去描述许多指标或因素之间的联系，即将比较密切的几个变量归在同一类中，每一类变量就成为一个因子，以较少的几个因子反映原资料的大部分信息。主成分分析法正是研究在损失很少信息的前提下，通过原有指标的少数线性组合来解释原来变量绝大多数信息的一种降维方法。

主成分分析法的优点：该方法减少了指标数量，在不降低评价体系解释力的同时能够从一定程度上减弱各指标之间的多重共线性，使指标的计算更加简洁。同时，该方法也有一定的缺点，它将各指标合成为不同因子，可能会使部分因子命名困难，难以解释。

四、数据包络分析方法

数据包络分析（data envelopment analysis，DEA）方法是运用数学工具评价经济系统生产前沿面有效性的非参数方法，它适用于多投入、多产出的多目标决策单元（DMU）的绩效评价。这种方法以相对效率为基础，根据多指标投入与多指标产出对相同类型的决策单元进行相对有效性评价。应用该方法进行绩效评价的另一个特点是，它不需要以参数形式规定生产前沿函数，并且允许生产前沿函数可以因为单位的不同而不同；不需要弄清楚各个评价决策单元的输入与输出之间的关联方式，只需要最终用极值的方法，以相对效益这个变量作为总体的衡量标准，以决策单元各输入输出的权重向量为变量，从最有利于决策的角度进行评价，从而避免人为因素确定各指标的权重而使研究结果的客观性受到影响。这种方法采用数学规划模型，对所有决策单元的输出都"一视同仁"。这些输入、输出的价值设定与虚拟系数有关，有利于找出那些决策单元相对效益偏低的原因（李孟刚，2015）。

DEA 方法具有以下优点。

（1）计算简便。将整个综合评价过程视作一个"黑箱"，不考虑投入产出的具体运算过程和计算方法，简化了计算过程。

（2）该方法能进一步估计某个决策单元达到相对有效时，其产出应该增加多少，输入可以减少多少，可以进行预测分析。

该方法具有以下缺点。

（1）DEA 方法要求所选取的投入和产出指标对变量具有较强的代表性，这对评价者对各指标判断能力的要求较高。

（2）DEA 方法要求决策单元数（研究年份）不少于投入和产出指标数量之和的 5 倍，否则会丧失 DEA 方法的效度。

五、评价方法的比较与选择

四种常用的产业安全评价方法及其各自的优缺点比较见表 4 – 6。

表 4 – 6　　　　　　　　　常用产业安全评价方法比较

方法	原理	优点	缺点
线性多属性综合评价方法	将各属性以线性的形式组合起来综合体现产业安全的评价模型	计算简便；公平性	指标相关影响大；受权重影响大；路径依赖
模糊综合评价方法	利用模糊关系合成的原理，用多个指标对被评判事物隶属等级进行综合性评判	方法简单易行，分析客观科学	评价结果存在人为主观因素；各指标受权重的影响大
主成分分析法	用少数几个因子去描述许多指标或因素之间的联系	减弱指标间的多重共线性；计算简洁	部分因子命名困难，难以解释
数据包络分析方法	通过对多投入/多产出的多个决策单元的效率进行评价，从而体现产业安全效率	计算简便；可用于预测	对指标选取要求高；数据长度不少于投入和产出数的 5 倍

资料来源：依据前文内容整理得到。

由于所构建的评价体系中指标数量较多，难以确保各指标之间相互独立，因此，不考虑线性多属性综合评价模型。模糊综合评价方法的赋权过程中人为因素占较大比重，且受权重的影响较大，因此，不考虑该方法。DEA 方法要求研究年份不少于投入和产出指标数量之和的 5 倍，否则会丧失 DEA 方法的效度，而限于研究数据的可得性，研究年份较短，因此，DEA 方法也不可行。

综合比较来看，本书最终选择主成分分析法计算基础设施产业安全度。

第五章　基础设施产业安全指数

本章在李孟刚（2015）提出的产业安全评价指标体系的基础上，依据基础设施产业特征并结合数据可获得性，对其指标进行筛选并调整计算方法，进而构建适用于基础设施产业安全评价的指标体系。

第一节　基础设施产业安全评价指标
选取原则与体系设计

一、指标选取原则

只有事先确定好指标选取的原则，才能在此原则指导下科学有效地筛选评价指标，确定评价指标体系的具体内容。具体来说，指标选取应该遵从以下原则。

1. 系统优化原则

产业安全评价指标体系是一套对产业安全状况进行整体评价的体系，因此纳入该体系的指标应该满足完整性和系统性要求。在此基础上，还要尽可能做到精炼精准，在能够全面系统地反映产业安全内容的前提下采用较少指标，实现指标优化。

2. 相关性原则

纳入产业安全评价体系的各项指标应该与产业安全直接相关，即这些指标能够较为灵敏准确地反映出产业安全状况的变化。与此同时，还要兼顾各个指标之间是否存在制约关系，倘若某些指标确实存在经济意义上的某些制约关系，应如何进行取舍及处理。

3. 动态可测性原则

首先，各项指标应该是能够通过一定方法与手段准确计算出来的，这就要求所选指标的统计口径尽可能与统计资料上的统计口径保持一致，便于获取和计算。其次，对这些指标进行加工处理，如赋予一定权重，应能够计算得到产业的安全度数值，便于有关部门对那些安全度较低的产业采取一定措施，提升该产业安全程度，真正维护产业安全。最后，由于产业安全状态不是静止不变的，会随着产业政策及产业竞争等发生变化。因此，评价体系必须适应经济发展的客观需要，依据经济发展的轨迹不断进行修正和动态调整以更准确地对产业安全作出评价。

4. 规范实用性原则

指标的选取过程以及后续赋权处理过程自始至终都应该做到规范合规。通过该体系得到的有关结论和相应数据应具备一定的使用价值，便于科研机构等其他团体使用，特别是能够与国家产业安全预警平台相衔接，实现有效互动。

5. 长期战略性原则

产业安全评价指标体系不仅仅是对目前产业安全状况的评价，更应该立足长远发展，预测产业未来的发展潜力，便于国家制定产业扶持或调整政策，从而真正服务于产业长期发展。

6. 可持续发展原则

指标的选取过程以及整个评价体系的建立过程应该与我国资源节约型、环境友好型的发展理念相一致，使得投入较少的人力、物力和财力，便能获取所需结果，实现消耗资源少，低碳环保，长期可持续发展的目标。

二、产业安全评价指标体系设计

遵循评价体系指标的设计原则，按照评价体系指标的设计方法，从影响基础设施产业安全的影响因素出发并结合基础设施产业特征，选取并确定从产业生存环境、产业国际竞争力、产业控制力、产业对外依存度、产业发展能力五方面对我国基础设施产业安全状态进行评价。其中，产业生存环境是产业安全的基础，产业国际竞争力是产业安全的核心，产业对外依存度反映国际贸易因素对产业安全的影响，产业控制力反映外资因素对东道国产业安全的影响，产业发展能力反映产业安全的潜力与空间。

　　基于评价指标体系设立原则，并根据基础设施产业的特征及数据的可得性，本书选取以下指标建立基础设施产业安全评价体系，具体如表 5 - 1 所示，具体的指标计算以及分析见下文。

表 5 - 1　　　　　　　　　基础设施产业安全评价体系

一级指标	二级指标	三级指标及计算方法	三级指标说明
产业生存环境	劳动要素环境	全员劳动生产率： 工业增加值（或产值）/行业全部从业人员平均人数	劳动生产率越高，越有利于产业安全
		单位劳动力成本： 劳动力总成本/行业全部从业人员平均人数	较高工资水平更有利于吸引优秀人才，但是也会增加行业的成本负担
	资源与生态环境	单位固体废弃物排放： 固体废弃物产生量/工业增加值（或总产值）	固体废弃物的单位排放量越高，行业对生态环境的影响越大，治理成本越高，受国际环境壁垒的影响越大，越不利于产业安全
产业国际竞争力	结构竞争力	市场集中度： 行业大中型企业销售收入/行业全部企业销售收入	产业集中度过高，即使总体上产业的市场份额没有变或略有下降，产业的国际竞争力状况也可以提高
	技术竞争力	行业研发投入占比： 研发投入总额/行业销售收入总额 ×100%	研发占比越高，行业与国际先进水平越接近，技术竞争力越高
		专业技术人员占比： 科技开发人员数量/行业从业人数总数 ×100%	比率越高，产业安全受影响的程度越小
		新产品产值占比： 新产品产值/总产值 ×100%	比率越高，产业安全受影响的程度越小
产业对外依存度	出口依存度	产量输出依存度： 该产业产品的出口贸易额/该产业总产量或产值 ×100%	产业对外依存度越高，受国际影响越大，产业安全的不确定就会增加

续表

一级指标	二级指标	三级指标及计算方法	三级指标说明
产业控制力	外资市场控制率指标	外资市场控制率：外资企业销售额/全行业销售额×100%	反映外资控制企业对该企业国内市场的控制程度。外资市场控制率越高，产业发展安全受影响的程度越大
	外资股权控制率指标	外资股权控制率：外资企业所有者权益/全行业所有者权益×100%	单个企业外资股权份额超过30%即达到对企业的相对控制，超过50%即达到对企业的绝对控制。该比率越高，产业安全受影响的程度越大
	外资资产控制率指标	外资资产控制率：外资企业资产总额/全行业资产总额×100%	该比率越高，产业安全受影响的程度越大
	外资投资控制率指标	外资投资控制率：外资企业固定资产净值总额/全行业固定资产净值总额×100%	该比率越高，产业安全受影响的程度越大
产业发展能力	资本积累能力	固定资产净值增长率：（期末固定资产净值－期初固定资产净值）/期初固定资产净值×100%	该比率越高，产业安全受影响的程度越小
	吸收就业能力	就业人数增长率：（期末就业人数－期初就业人数）/期初就业人数×100%	该比率越高，产业安全受影响的程度越小
	市场开拓能力指标	产品销售收入增长率：（期末产品销售收入总额－上年产品销售收入总额）/上年产品销售收入总额×100%	较高的销售收入增长率可以促使行业采取新技术，采用大型、高效的设备提高技术水平和产量，有利于产业安全
	盈利能力指标	总资产收益率：利润总额/平均资产总额×100%	直接反映了行业的发展能力，比例越高，越有利于产业安全
		产值利润率：利润总额/工业总产值×100%	反映单位产值获得的利润，比值越高，越有利于产业安全
		行业亏损面：亏损企业数/行业企业总数×100%	行业亏损越小，产业发展能力越强，越有利于产业安全

（一）产业生存环境评价

产业生存环境有广义与狭义之分。广义的产业生存环境包括对产业安全存在潜在影响的各种因素。本书中的产业生存环境指狭义的产业生存环境，即影响基础设施产业生存和发展的劳动环境要素指标。

1. 劳动要素环境指标

可以从劳动力素质与劳动力成本两方面的指标来评价一个产业生存和发展的劳动要素环境。

（1）劳动力素质。劳动力素质是指劳动力的综合素质，它可以根据产业劳动生产率的变化幅度来衡量。劳动生产率是指根据产品的价值量指标计算的平均每一个从业人员在单位时间内的产品生产量，是考核企业经营管理水平和职工工作积极性的重要指标。计算公式见式（5-1）。

$$产业全员劳动生产率 = \frac{工业增加值（或总产值）}{行业全部从业人员平均人数} \times 100\% \quad (5-1)$$

劳动生产率保持增长态势，且保持较高水平，说明该产业的劳动力素质较高，有利于产业安全。

（2）劳动力成本。劳动力成本是指企业因雇用社会劳动力而支付的费用等。单位劳动力成本是劳动力总成本与行业全部从业人员平均人数的比值，其中劳动力总成本包括工资总额、福利基金、保险金和公积金等，体现的是每一单位劳动力所花费的成本，也就是工资水平。计算公式见式（5-2）。

$$单位劳动力成本 = \frac{劳动力总成本}{行业全部从业人员平均人数} \times 100\% \quad (5-2)$$

总的来说，较高工资水平更有利于吸引优秀人才，但是也会增加行业的成本负担，故其对产业安全的影响是不确定的。

2. 资源与生态环境指标

随着世界性资源短缺与生态环境破坏加剧，循环经济、低碳经济理念深入人心，资源与生态约束日益成为影响产业安全的重要因素。本书主要利用基础设施产业的单位固体废弃物排放指标来分析资源环境对产业安全的影响。

单位固体废弃物排放。单位固体废弃物排放是从排放污染物多少的角度来反映产业的资源环境约束。计算公式见式（5-3）。

$$单位固体废弃物排放 = \frac{固体废弃物排放量}{工业总产值} \quad (5-3)$$

固体废弃物的单位排放量越高，行业对生态环境的影响越大，治理成本越高，受国际环境壁垒的影响越大，越不利于产业安全。

(二) 产业国际竞争力评价

产业国际竞争力是产业安全的核心，只有不断提升产业国际竞争力才能从根本上维护产业的安全生存和发展。具体可从结构竞争力和技术竞争力两方面对基础设施产业的国际竞争力进行分析和评价。

1. 结构竞争力指标

主要运用产业集中度指标评价结构竞争力。产业集中度是从产业的内部组织来反映产业的国际竞争力状况，可以用产业内最大几家企业的销售额与产业总销售额之比来衡量。计算公式见式 (5 - 4)。

$$市场集中度 = \frac{行业大中型企业销售收入}{行业全部企业销售收入} \qquad (5-4)$$

如果产业集中度大大提高，即使总体上产业的世界或国内市场份额都没有变或略有下降，产业的国际竞争力状况也可能得到提高，有利于产业安全。

2. 技术竞争力指标

技术竞争力指标可以用行业研发投入占比、专业技术人员占比和新产品产值占比等指标来评价。

(1) 研发投入占比。由于技术进步和创新在国际竞争中发挥着日益重要的作用，因而产业研发投入的多少在一定程度上象征着产业未来国际竞争力的强弱。计算公式见式 (5 - 5)。

$$行业研发比例 = \frac{研发投入总额}{行业销售收入总额} \times 100\% \qquad (5-5)$$

研发投入占比越高，技术竞争力越强，越有利于产业安全。

(2) 专业技术人员占比。专业技术人员是指那些具备一定专业技术技能和管理技能的人员，他们为技术研发与技术进步提供人才支持。计算公式见式 (5 -6)。

$$专业技术人员占比 = \frac{科研开发人员数量}{行业从业人数总数} \times 100\% \qquad (5-6)$$

该指标比值越高，表明产业的技术竞争力越强，越有利于产业安全。

（3）新产品产值占比。任何发明专利和高新技术，只有转化成生产力才能为产业发展和社会经济增长服务。因此，产业应该加快向生产力的转化速度。新产品产值占比在一定程度上可以反映该转化程度。计算公式见式（5－7）。

$$新产品产值 = \frac{新产品产值}{总产值} \times 100\% \qquad (5-7)$$

该指标比值越高，表明产业的技术竞争力越强，越有利于产业安全。

（三）产业对外依存度评价

产业对外依存度主要是反映一个产业在发展过程中依赖外国的程度，是跨国因素给本国产业带来的负面影响。这种依赖既可以是进口、出口，也可以是资本和技术。如果一个产业所需要的资金和技术依赖外国程度较大，那么一旦外国撤资或收回技术使用权，产业面临的风险将急剧加大。同样，如果产业生产的原材料、零部件依赖进口，那么这个产业的发展将很容易受到跨国因素的影响。用产量输出依存度来评价产业对外依存度，具体计算公式见式（5－8）。

$$产量输出依存度 = \frac{该产业产品的出口贸易额}{该产业总产量或产值} \times 100\% \qquad (5-8)$$

该比值越大，说明产业对外依赖程度越强，越不利于产业安全。

（四）产业控制力评价

产业控制力是表述产业安全基本内涵的观点之一，主要强调本国资产对本国产业的控制力。一般来说，实现产业安全至少应包括实现产业的生存和发展两方面，本国资本可通过产业控制力，决定产品的定价权，控制财富的流量，实现产业的生存安全；同时，也可通过产业控制力，改变产业的进程和发展方向，实现产业的发展安全。因此，产业控制力是产业安全评价指标不可或缺的一部分。

基于产业控制力的产业安全观既主张吸收国外资金发展东道国产业，

又强调东道国对产业命脉的控制。可以说，谁掌握了核心技术，谁就获得了控制权。因此，只有始终保持东道国资产对本国产业的控制，才能保证产业安全，赢得经济发展的独立。

产业控制力指标主要是反映外资对一国某产业的控制程度及由此给产业的生存和发展安全造成的影响。它主要包括外资对市场、股权、资产、投资、技术等方面的控制程度。具体来说，可从以下四个方面来衡量。

1. 外资市场控制率指标

外资市场控制率指标反映外资控制企业对该产业国内市场控制程度。由于外资进行投资的主要动机是获得销售收入，因此可用外资企业销售额占全行业销售额之比来衡量。计算公式见式（5-9）。

$$外资市场控制率 = \frac{外资销售额}{行业销售额} \times 100\% \qquad (5-9)$$

外资市场控制率越高，产业发展安全受影响的程度越大。

2. 外资股权控制率指标

外资股权控制率指标是从股权角度反映外资对国内产业的控制情况。对于发展中国家来说，企业规模相对较小，外资主要通过与国内重要企业合资利用转移价格提高外资产品价格，由于东道国资金匮乏，不得不采用"增资扩股"来留住外资，最终外资股权比重上升，威胁东道国产业安全。它可以用外资企业所有者权益占全行业所有者权益之比来衡量，计算公式见式（5-10）。

$$外资股权控制率 = \frac{外资所有者权益}{行业所有者权益} \times 100\% \qquad (5-10)$$

一般来讲，单个企业外资股权份额超过30%即达到对企业的相对控制，超过50%即达到对企业的绝对控制。该比率越高，产业发展安全受影响的程度越大。

3. 外资资产控制率指标

外资资产控制率指标是从资产角度反映外资对国内产业的控制情况。它可以用外资企业资产总额占全行业资产总额之比来衡量。计算公式见式（5-11）。

$$外资资产控制率 = \frac{外资资产总额}{行业资产总额} \times 100\% \qquad (5-11)$$

该比率越高，产业安全受影响的程度越大。

4. 外资投资控制率指标

外资投资控制率指标是从投资角度反映外资对国内产业的控制情况。它可用外资企业固定资产净值总额占全行业固定资产净值总额之比来衡量。计算公式见式（5-12）。

$$外资投资控制率 = \frac{外资固定资产净值总额}{行业固定资产净值总额} \times 100\% \qquad (5-12)$$

该比率越高，产业安全受影响的程度越大。

（五）产业发展能力评价

产业发展能力主要是指产业在生存的基础上，扩大规模和壮大实力的潜在能力，具体包括产业在实现资本积累、吸收解决就业、开拓市场和持续盈利等方面的能力。随着经济全球化进程的加快和世界竞争的日益激烈，一个产业是否安全，主要取决于这个产业是否有足够强大的发展力来应对外界的威胁。对于现阶段中国来说，产业发展能力集中体现在一个产业是否能够按照科学发展观的要求，实现以人为本、全面协调可持续发展。具体来说，产业发展能力指标主要可从以下四个方面来衡量。

1. 资本积累能力指标

资本积累是一个产业发展的基础，只有拥有一定的资本积累，才有用于购买扩大生产规模所需追加的生产资料和劳动力；同时，资本积累为产业技术进步和创新提供可能。计算公式见式（5-13）。

$$固定资产净值增长率 = \left(\frac{当年固定资产净值年均余额}{前一年固定资产净值年均余额} - 1 \right) \times 100\%$$

$$(5-13)$$

该指标越高，说明产业发展能力越好，产业安全受影响的程度越小。

2. 吸收就业能力指标

吸收就业能力对产业生存和发展起着十分重要的作用。产业吸收就业能力越强，越有可能产生技术创新和高生产率，促使整个产业迅速发展。一般来说，可用就业人数增长率来衡量吸收就业能力，计算公式见式（5-14）。

$$就业人数增长率 = \left(\frac{期末就业人数}{期初就业人数} - 1 \right) \times 100\% \qquad (5-14)$$

该指标越高，说明产业发展能力越好，产业安全受影响的程度越小。

3. 市场开拓能力指标

产品销售收入增长率可以反映销售收入的增长情况，较高的销售收入增长率可以促使行业采取新技术、采用大型、高效的设备提高技术水平和产量，有利于产业安全，计算公式见式（5-15）。

$$产品销售收入增长率 = \left(\frac{当年国内行业企业销售收入总额}{上一年国内该行业企业销售收入总额} - 1 \right) \times 100\%$$
$$(5-15)$$

该指标越高，越有利于产业安全。

4. 盈利能力指标

盈利能力是指产业获取盈利的能力，它是产业发展的源泉。利润是产业扩大生产、技术改造和产业升级的基础，产业盈利能力越强，其资本积累越多，降低了产业面临的风险。一般来说，盈利能力可从总资产收益率、产值利润率和行业亏损面三方面来衡量。

（1）总资产收益率。总资产收益率指标集中体现了资产运用效率和资金利用效果之间的关系。在企业资产总额一定的情况下，利用总资产收益率指标可以分析企业盈利的稳定性和持久性，确定企业所面临的风险。计算公式见式（5-16）。

$$总资产收益率 = \frac{产业利润总额}{产业总资产} \times 100\% \qquad (5-16)$$

该比率越高，越有利于产业安全。

（2）产值利润率。产值利润率表明单位产值获得的利润，反映产值与利润的关系以及行业是否实现了增产增收。产值利润率的提高或降低，决定于利润总额和工业总产值的增长速度，比值小于1，则说明增产未增收。计算公式见式（5-17）。

$$产值利润率 = \frac{产业利润总额}{工业总产值} \times 100\% \qquad (5-17)$$

该比率越高，越有利于产业安全。

（3）行业亏损面。行业亏损面的大小可以从侧面反映产业发展能力大小。一般来说，行业亏损面越大，说明整个行业盈利性在降低，进而增大行业面临风险，不利于产业安全。计算公式见式（5-18）。

$$行业亏损面 = \frac{行业亏损企业个数}{当年行业企业数量} \times 100\% \qquad (5-18)$$

该比率越小，说明产业生存能力和发展能力越强，越有利于产业安全。

第二节　评价方法

基于第四章的产业安全评价赋权方法和评价模型，本节根据研究需要和数据质量对评价方法进行选择。由于本书所构建的评价体系中指标数量较多，难以确保各指标之间相互独立，因此不考虑线性多属性综合评价模型。模糊综合评价模型的赋权过程中人为因素占较大比重，且受权重的影响较大，因此不考虑该方法。DEA 方法要求研究年份不少于投入和产出指标数量之和的 5 倍，否则会丧失 DEA 方法的效度，而限于研究数据的可得性，研究年份较短，因此 DEA 方法也不可行。综合比较来看，最终选择主成分分析法计算基础设施产业安全度。

一、数据选取与处理

考虑到各个指标数据可以获得的时间长度不一致，2001 年之前部分数据不全，因此最终选取各指标数据都比较全面的 2003～2017 年的交通运输、电力和通信三个基础设施行业的指标数据，这三个行业的分类按照交通运输设备制造业，电气机械和器材制造业，计算机、通信和其他电子设备制造业这三个大类划分。同时，由于 2012 年国家对交通行业的统计口径发生变化，在 2012 年后将铁路、船舶、航空航天和其他运输设备制造业和汽车设备制造业合并作为交通运输设备制造业。固体废弃物排放量的数据在部分年份有缺失，对于缺失值采用平均值进行替代。

在上文构建的评价指标体系中，由于衡量劳动要素环境和产业技术竞争力的指标有两个以上，因此先分别对衡量劳动要素环境指标、产业技术竞争力指标和盈利能力指标进行相关性检验。首先衡量劳动要素环境的劳动生产率和平均工资，这两个指标的相关性检验见表5-2。

表5-2　　　　　基础设施各行业平均工资与劳动生产率相关系数

相关系数	交通运输行业工资	电力行业工资	通信行业工资	基础设施工资
劳动生产率	0.935 ** (0.000)	0.844 ** (0.000)	0.587 * (0.017)	0.847 ** (0.000)

注：*、** 分别表示在10%、5%的水平下显著。

相关性检验的结果表明，平均工资和劳动生产率之间相关性显著，因此选择这两个指标中的一个作为劳动要素环境的衡量指标，由于劳动生产率从正面反映了产业安全，其影响更直接，因此用劳动生产率表示劳动要素环境。然后计算衡量产业技术竞争力的行业研发投入占比、专业技术人员占比和新产品产值占比指标两两之间的相关系数，计算及检验结果见表5-3。

相关性检验的结果表明，行业研发投入占比、专业技术人员占比和新产品产值占比之间相关性并不显著，因此可以用这三个指标共同作为产业技术竞争力的衡量指标。最后计算衡量盈利能力的资产收益率、产值利润率和行业亏损率指标两两之间的相关系数，计算及检验结果见表5-4。

表5-3　　　基础设施各行业研发投入、专业技术人员与新产品产值相关系数

相关系数		行业研发投入	专业技术人员	新产品产值
交通运输行业	行业研发投入	1	0.013 (0.962)	-0.253 (0.345)
	专业技术人员	—	1	-0.045 (0.868)
	新产品产值	—	—	1

续表

相关系数		行业研发投入	专业技术人员	新产品产值
电力行业	行业研发投入	1	−0.099 (0.714)	0.259 (0.333)
	专业技术人员	—	1	0.677 ** (0.004)
	新产品产值	—	—	1
通信行业	行业研发投入	1	−0.218 (0.416)	0.845 ** (0.000)
	专业技术人员	—	1	0.061 (0.822)
	新产品产值	—	—	1
基础设施行业	行业研发投入	1	−0.077 (0.777)	0.525 * (0.037)
	专业技术人员	—	1	0.598 * (0.014)
	新产品产值	—	—	1

注：*、** 分别表示在 10%、5% 的水平下显著。

表 5-4　基础设施各行业总资产收益率、产值利润率与行业亏损率相关系数

相关系数		资产收益率	产值利润率	行业亏损率
交通运输行业	资产收益率	1	0.920 ** (0.000)	−0.922 ** (0.000)
	产值利润率	—	1	−0.777 ** (0.000)
	行业亏损率	—	—	1
电力行业	资产收益率	1	0.924 ** (0.000)	−0.893 ** (0.000)
	产值利润率	—	1	−0.866 ** (0.000)
	行业亏损率	—	—	1

续表

相关系数		资产收益率	产值利润率	行业亏损率
通信行业	资产收益率	1	0.700 ** (0.003)	− 0.862 ** (0.000)
	产值利润率	—	1	− 0.596 * (0.015)
	行业亏损率	—	—	1
基础设施行业	资产收益率	1	0.905 ** (0.000)	− 0.938 ** (0.000)
	产值利润率	—	1	− 0.712 ** (0.000)
	行业亏损率	—	—	1

注：*、** 分别表示在 10%、5% 的水平下显著。

由于行业亏损率、产值利润率和资产收益率三个指标之间互相存在显著相关，且资产收益率与产值利润率和行业亏损率之间的相关性在更高的水平上显著。同时，为了使对产业安全的测度尽可能地准确，尽量选取正向指标对其进行评价。因此最终使用资产收益率这个指标来表示产业技术竞争力指标。经过指标两两之间的相关性检验，最终所选择保留的指标有全员劳动生产率、产业集中度、行业研发投入占比、专业技术人员占比、新产品产值占比、出口对外依存度、外资市场控制率、外资股权控制率、外资资产控制率、外资投资控制率、固定资产净值增长率、就业人数增长率、产品销售收入增长率和总资产增长率。计算指标的原始数据来源于 2004~2018 年《中国工业经济统计年鉴》《中国统计年鉴》。由于 2017 年出口交货值和工业增加值未公布，利用已获得数据采用回归的方法对其进行预测，得到 2017 年的相应数据。

具体数据指标见表 5-5~表 5-8。将各指标数据进行标准化，结果见表 5-9~表 5-12。

表 5 − 5　　2003～2017 年交通运输行业各指标数据

年份	劳动生产率（万元/人）	单位固体废物排放（吨/万元）	产业集中度	行业研发投入占比（%）	专业技术人员占比（%）	新产品产值占比（%）	出口依存度（%）	外资市场控制率（%）	外资股权控制率（%）	外资资产控制率（%）	外资投资控制率（%）	固定资产净值增长（%）	就业人数增长率（%）	销售收入增长率（%）	总资产收益率（%）
2003	47.5447	340.4816	0.8418	1.2881	4.8179	32.0730	8.4954	40.4110	37.8513	29.6649	31.9586	12.2910	-0.1252	37.3414	6.5208
2004	58.5379	243.5793	0.8070	0.9474	4.9792	33.0246	9.9837	42.6289	40.6740	33.2926	37.0214	20.4756	-0.0918	21.9979	5.4366
2005	64.2883	215.7945	0.8110	0.9292	5.4837	29.3114	11.9476	43.3064	41.4470	34.1098	39.4730	15.9271	4.9593	15.6673	4.1222
2006	77.5774	286.8324	0.8051	0.9694	5.6808	33.9822	13.5808	46.8887	42.3503	37.0672	45.4770	18.8940	5.8218	29.3957	5.1141
2007	100.8891	147.0089	0.8038	1.0509	6.2205	32.6428	14.2321	46.2188	42.0788	37.4292	45.7028	20.5784	2.3712	32.2772	6.6895
2008	119.7210	159.4303	0.7845	1.1320	7.6478	32.2469	15.4827	45.5382	42.2683	38.0554	44.2666	30.5209	4.3229	23.5622	6.8306
2009	137.7015	124.0408	0.7880	0.9745	6.6829	36.7867	11.6977	45.2406	41.1587	38.8106	40.5792	16.3314	7.9089	24.8443	8.0411
2010	166.8390	103.0587	0.8082	0.8804	6.6983	31.3992	10.8944	45.0877	40.2603	38.4325	37.7255	17.4725	10.2940	33.9937	10.1215
2011	159.9875	92.1672	0.8227	0.9895	7.3733	32.2664	10.9447	44.2214	38.8799	37.6693	37.3393	10.5020	19.0964	14.6630	10.0815
2012	166.4704	80.7434	0.8017	1.1200	8.5323	28.7007	9.6373	39.8521	34.8368	33.6444	36.0308	4.9283	2.1512	6.1015	8.8760
2013	170.0264	73.2581	0.7923	1.1810	8.8122	26.3212	8.2205	41.3027	36.1071	34.6429	35.9424	11.0138	11.5278	13.5423	9.1968
2014	186.9818	66.0738	0.7985	1.2129	9.2605	28.0751	7.6857	40.9058	33.9915	33.7912	35.0834	15.4440	2.5355	13.0458	9.7998
2015	154.2349	64.5399	0.7896	1.3404	9.5382	36.3506	9.2773	40.0977	33.3565	33.0122	36.9236	8.2528	0.1642	4.8617	8.9244
2016	221.9562	59.7815	0.7986	1.3459	10.0855	31.6894	6.5490	39.5164	33.4944	33.4081	37.4447	10.5664	-0.3229	11.6630	8.7088
2017	259.5957	51.6759	0.8033	1.5661	10.2952	29.1703	5.5203	40.3944	30.0571	33.0451	37.5224	-4.2085	1.4085	0.8802	7.8896

资料来源：依据 2004～2018 年《中国工业经济统计年鉴》《中国统计年鉴》计算得到。

表 5 - 6　2003~2017 年电力行业各指标数据

年份	劳动生产率(万元/人)	单位固体废物排放(吨/万元)	产业集中度	行业研发投入占比(%)	专业技术人员占比(%)	新产品产值占比(%)	出口依存度(%)	外资市场控制率(%)	外资股权控制率(%)	外资资产控制率(%)	外资投资控制率(%)	固定资产净值增长(%)	就业人数增长率(%)	销售收入增长率(%)	总资产收益率(%)
2003	54.1532	80.9499	0.6566	1.6441	4.8182	17.3970	25.4581	35.9254	36.7344	32.0410	37.6058	10.5069	-1.8779	30.2282	5.0787
2004	69.8251	45.6445	0.6236	0.8594	5.2161	21.5633	28.7969	38.8459	38.2215	34.7795	40.4561	21.4462	10.9223	45.2033	5.3523
2005	81.3134	30.9623	0.6501	0.8092	4.4520	18.3531	27.4828	37.9945	37.4363	34.6619	40.3770	17.7915	6.3370	22.9270	5.7867
2006	99.3579	24.1886	0.6388	0.8339	5.6191	16.7406	25.9674	37.6882	38.6912	35.8533	40.5627	13.5218	7.2509	32.0680	6.3668
2007	122.9211	24.7882	0.6411	0.8494	6.2998	16.7371	25.1830	37.2815	38.2945	36.8205	40.8738	19.1641	6.3899	31.5269	7.5151
2008	149.8809	23.2763	0.6230	1.0192	9.2036	19.9672	23.1268	35.2154	36.5537	34.7570	38.7801	35.3186	3.9040	26.5408	8.7206
2009	152.7803	21.8069	0.6050	1.0604	9.1344	21.2629	18.6443	31.9927	35.4068	33.3206	36.2030	20.2609	7.7480	10.2523	8.9542
2010	181.3099	19.1453	0.6307	0.8761	7.6018	20.5203	18.9805	31.3621	32.5072	31.4835	34.1495	23.0565	8.8482	30.1548	9.8247
2011	187.6584	13.4220	0.6530	1.0608	9.9441	21.9339	18.9022	29.9730	29.2677	29.2137	31.4220	11.7457	15.1891	18.9698	8.8073
2012	198.2320	12.6948	0.6458	1.1376	11.3714	21.7587	16.8373	27.5488	28.4462	27.7531	29.1132	15.5508	2.3197	8.7216	8.0811
2013	153.9569	13.0204	0.6475	1.1651	8.5202	22.5587	15.2607	26.5167	26.1144	26.1864	27.1254	11.6712	45.9746	12.8955	8.0503
2014	166.6413	14.8980	0.6533	1.2394	9.4102	24.1432	14.7681	25.5651	25.2580	24.4418	24.6101	7.8805	0.6275	8.8121	7.9548
2015	179.9259	11.6449	0.6512	1.3611	9.8550	23.7249	14.2554	24.1168	23.3217	22.5028	22.4198	5.9757	-3.7344	3.2927	7.9160
2016	195.0372	8.4003	0.6530	1.3769	10.5401	26.1706	13.6080	23.2856	22.4036	21.8608	21.3336	5.6538	-1.6397	6.4453	8.1570
2017	201.0648	8.4975	0.6596	1.7303	11.0677	27.4893	14.4695	21.6761	20.8976	20.1945	20.3823	-5.4466	1.2805	-2.6599	6.9641

资料来源：依据 2004~2018 年《中国工业经济统计年鉴》《中国统计年鉴》计算得到。

表 5－7　2003～2017 年通信行业各指标数据

年份	劳动生产率（万元/人）	单位固体废物排放（吨/万元）	产业集中度	行业研发投入占比（%）	专业技术人员占比（%）	新产品产值占比（%）	出口依存度（%）	外资市场控制率（%）	外资股权控制率（%）	外资资产控制率（%）	外资投资控制率（%）	固定资产净值增长率（%）	就业人数增长率（%）	销售收入增长率（%）	总资产收益率（%）
2003	85.0133	40.5872	0.8702	1.4251	5.9094	24.8929	53.2200	78.2708	58.7965	63.2505	69.7093	15.6887	12.4440	44.8928	5.1062
2004	106.1475	42.6392	0.8842	1.0025	7.0653	25.5215	63.0517	83.3032	65.7252	69.3824	76.5386	40.2487	12.5380	42.1328	5.3147
2005	111.1012	37.1161	0.8939	1.0025	6.4303	22.1747	61.2196	83.5315	67.9098	71.8564	76.9388	16.0792	15.6595	18.9610	4.9365
2006	121.6212	35.5347	0.8875	1.0162	6.3399	21.8079	66.7636	82.0651	69.1154	71.2429	77.8201	13.9068	11.9672	23.1352	5.5491
2007	126.6559	31.5531	0.9001	0.9984	7.6939	22.6911	68.1407	83.5843	69.3567	72.6148	80.9465	19.3471	14.3484	18.0300	5.9316
2008	140.9017	37.2716	0.8788	1.1387	10.6604	26.4752	67.9728	81.1626	68.4135	69.5505	78.6063	18.5738	0.1291	10.6726	5.7109
2009	134.3682	39.6060	0.8767	1.2243	9.1097	25.0587	62.3257	77.4482	63.3460	65.7424	71.9852	3.1242	6.6995	2.4040	5.9058
2010	151.4111	30.6952	0.8802	1.1369	8.7708	24.6701	63.2030	76.6343	66.2957	66.2680	77.6118	36.4360	10.0982	24.7540	7.6168
2011	145.5244	15.4554	0.8919	1.3242	8.7493	29.1315	59.8862	75.6877	58.1478	62.0126	68.1048	-11.7087	20.1275	15.0717	6.8113
2012	135.5028	49.3085	0.8920	1.3769	8.8754	28.0243	61.1027	73.8210	56.7455	60.3757	66.6964	16.6964	19.2629	10.9574	6.8799
2013	105.3625	12.4236	0.8574	1.4595	6.4119	30.8528	57.3500	71.2169	57.7873	59.0897	64.2238	12.0435	44.9646	11.9093	7.3179
2014	113.6125	17.0390	0.8806	1.5041	6.7359	31.3870	54.1369	67.3206	53.9673	55.5239	61.6978	6.6491	0.9753	8.4607	7.1407
2015	126.6337	17.0608	0.8711	1.6371	7.1878	33.5501	50.2301	62.1082	49.6884	50.9708	57.3968	3.6508	-3.8604	7.1594	6.7881
2016	139.3876	16.9109	0.8656	1.7014	8.0111	35.3846	47.8191	56.8556	48.0808	49.3847	55.3179	14.1837	-2.1126	8.7580	6.4134
2017	142.3443	17.2305	0.8666	1.8833	8.8503	39.4415	46.4886	54.6724	45.0555	46.8058	52.4725	0.3002	0.5509	6.6167	6.4631

资料来源：依据 2004～2018 年《中国工业经济统计年鉴》《中国统计年鉴》计算得到。

表5-8　2003~2017年基础设施行业各指标数据

年份	劳动生产率（万元/人）	单位固体废物排放（吨/万元）	产业集中度	行业研发投入占比（%）	专业技术人员占比（%）	新产品产值占比（%）	出口依存度（%）	外资市场控制率（%）	外资股权控制率（%）	外资资产控制率（%）	外资投资控制率（%）	固定资产净值增长（%）	就业人数增长率（%）	销售收入增长率（%）	总资产收益率（%）
2003	61.5384	146.2202	0.8146	1.4289	5.1766	25.5266	32.5966	56.9116	45.4737	43.1611	46.7120	13.0651	3.1960	39.0332	5.6370
2004	77.9948	102.1310	0.8016	0.9535	5.7636	26.7801	39.4256	61.3254	49.7796	47.9829	53.2484	27.7550	6.8616	36.3445	5.3680
2005	85.8601	85.8141	0.8123	0.9358	5.5672	23.2472	39.1435	61.3951	50.7738	49.3181	54.3170	16.3864	9.0260	18.9354	4.8545
2006	99.8212	104.1642	0.8021	0.9575	5.9149	23.9867	41.2818	61.0097	51.7506	49.9043	56.8722	15.7787	8.4460	27.0227	5.5919
2007	116.7697	64.4058	0.8036	0.9752	6.8321	24.1027	40.6066	60.2886	51.2267	50.2775	58.1857	19.8039	7.9349	25.4425	6.6148
2008	135.7036	71.4157	0.7781	1.1033	9.2251	26.4446	39.0025	57.2477	49.9508	47.9702	55.3186	26.9581	2.5337	18.6814	6.9442
2009	140.2539	64.0851	0.7710	1.0920	8.2544	28.0906	32.5263	53.6951	47.1191	46.0658	49.8276	12.4911	7.3937	11.5930	7.5916
2010	164.4770	53.6386	0.7852	0.9721	7.7362	25.9455	31.9525	52.7110	47.4125	45.4973	51.1553	25.0402	9.8485	29.4661	9.2367
2011	161.0694	42.1684	0.7994	1.1300	8.5503	28.1843	30.7265	51.4788	42.2112	42.8607	45.2685	2.8463	18.5102	16.0024	8.7053
2012	160.3913	49.8133	0.7906	1.2193	9.3367	26.4715	30.5279	48.8219	39.9573	40.3529	43.2646	11.2833	8.9654	8.5887	8.0216
2013	135.6706	33.9085	0.7748	1.2779	7.6136	26.8963	28.1162	47.9915	40.0241	39.9006	43.5274	11.5216	33.9690	12.7594	8.2811
2014	147.6239	34.0062	0.7871	1.3248	8.1186	28.1564	26.3840	46.0669	37.8951	38.1643	40.6558	10.5692	1.3240	10.1719	8.4245
2015	160.5993	32.6087	0.7812	1.4544	8.5318	28.9614	24.8416	43.7268	35.8787	35.9469	39.3782	6.2201	-2.6903	5.2448	7.9509
2016	177.4506	30.4001	0.7838	1.4835	9.2465	31.5230	23.3289	41.4592	35.3322	35.6861	39.0551	10.3869	-1.4745	9.1641	7.7860
2017	191.5714	27.9185	0.7905	1.7288	9.8268	32.2180	21.7441	41.0200	32.8537	34.4683	38.2234	-3.0965	0.9837	2.0148	7.1502

资料来源：依据2004~2018年《中国工业经济统计年鉴》《中国统计年鉴》计算得到。

表5-9

标准化后的交通运输行业指标数据

年份	劳动生产率(万元/人)	单位固体废物排放(吨/万元)	产业集中度	行业研发投入占比(%)	专业技术人员占比(%)	新产品产值占比(%)	出口依存度(%)	外资市场控制率(%)	外资股权控制率(%)	外资资产控制率(%)	外资投资控制率(%)	固定资产净值增长(%)	就业人数增长率(%)	销售收入增长率(%)	总资产收益率(%)
2003	-1.1675	1.1620	2.5847	0.4949	-1.1395	0.2574	-0.6058	-0.2559	0.1446	-0.9629	-1.0206	-0.0813	-0.6854	1.6570	-0.3785
2004	-1.0055	0.4643	0.3931	-1.0111	-1.0595	0.5943	-0.0501	0.2591	0.8160	-0.1226	-0.0465	0.9464	-0.6797	0.2302	-0.8827
2005	-0.9207	0.2643	0.6450	-1.0916	-0.8066	-0.7201	0.6833	0.4164	0.9998	0.0667	0.4252	0.3753	0.1922	-0.3585	-1.4940
2006	-0.7248	0.7757	0.2734	-0.9139	-0.7113	0.9333	1.2931	1.2481	1.2147	0.7518	1.5805	0.7478	0.3411	0.9182	-1.0327
2007	-0.3812	-0.2310	0.1915	-0.5536	-0.4435	0.4591	1.5363	1.0926	1.1501	0.8357	1.6239	0.9593	-0.2545	1.1861	-0.3001
2008	-0.1036	-0.1415	-1.0240	-0.1952	0.2649	0.3190	2.0033	0.9346	1.1952	0.9807	1.3476	2.2078	0.0824	0.3757	-0.2344
2009	0.1614	-0.3963	-0.8035	-0.8914	-0.2140	1.9260	0.5899	0.8655	0.9313	1.1557	0.6381	0.4260	0.7014	0.4949	0.3285
2010	0.5909	-0.5474	0.4686	-1.3073	-0.2063	0.0189	0.2900	0.8300	0.7176	1.0681	0.0890	0.5693	1.1131	1.3457	1.2961
2011	0.4899	-0.6258	1.3818	-0.8251	0.1287	0.3259	0.3088	0.6289	0.3892	0.8913	0.0147	-0.3060	2.6325	-0.4519	1.2775
2012	0.5855	-0.7080	0.0593	-0.2482	0.7038	-0.9363	-0.1794	-0.3856	-0.5724	-0.0411	-0.2371	-1.0059	-0.2925	-1.2480	0.7168
2013	0.6379	-0.7619	-0.5327	0.0215	0.8428	-1.7786	-0.7085	-0.0488	-0.2703	0.1902	-0.2541	-0.2417	1.3260	-0.5561	0.8660
2014	0.8878	-0.8137	-0.1423	0.1625	1.0652	-1.1577	-0.9082	-0.1410	-0.7735	-0.0071	-0.4194	0.3146	-0.2262	-0.6022	1.1465
2015	0.4051	-0.8247	-0.7028	0.7261	1.2030	1.7716	-0.3139	-0.3286	-0.9245	-0.1875	-0.0653	-0.5884	-0.6355	-1.3633	0.7393
2016	1.4034	-0.8590	-0.1360	0.7504	1.4747	0.1217	-1.3326	-0.4636	-0.8917	-0.0958	0.0350	-0.2979	-0.7196	-0.7308	0.6391
2017	1.9582	-0.9173	0.1600	1.7237	1.5787	-0.7701	-1.7167	-0.2597	-1.7093	-0.1799	0.0499	-2.1532	-0.4207	-1.7335	0.2581

注：标准化处理后的数据单位均为1。

资料来源：由 SPSS 计算得到。

表 5 - 10　　　标准化后的电力行业指标数据

年份	劳动生产率（万元/人）	单位固体废物排放（吨/万元）	产业集中度	行业研发投入占比（%）	专业技术人员占比（%）	新产品产值占比（%）	出口依存度（%）	外资市场控制率（%）	外资股权控制率（%）	外资资产控制率（%）	外资投资控制率（%）	固定资产净值增长率（%）	就业人数增长率（%）	销售收入增长率（%）	总资产收益率（%）
2003	-1.3688	1.4866	0.7635	1.4551	-1.1065	-1.2500	1.0164	0.8192	0.8209	0.4394	0.6732	-0.2844	-0.7022	0.9365	-1.2468
2004	-1.0992	0.3893	-0.2627	-0.0553	-0.9542	0.1149	1.6756	1.3380	1.0619	0.9647	1.0672	0.8842	0.4022	2.1102	-1.0850
2005	-0.9015	-0.0670	0.5614	-1.2159	-1.2466	-0.9368	1.4161	1.1867	0.9347	0.9422	1.0563	0.4938	0.0066	0.3642	-0.8281
2006	-0.5911	-0.2776	0.2100	-1.1369	-0.7999	-1.4651	1.1169	1.1323	1.1380	1.1707	1.0819	0.0377	0.0854	1.0807	-0.4851
2007	-0.1858	-0.2589	0.2815	-1.0873	-0.5394	-1.4662	0.9621	1.0601	1.0737	1.3563	1.1250	0.6404	0.0111	1.0383	0.1939
2008	0.2780	-0.3059	-0.2813	-0.5441	0.5721	-0.4080	0.5561	0.6930	0.7917	0.9604	0.8355	2.3660	-0.2033	0.6475	0.9068
2009	0.3279	-0.3516	-0.8410	-0.4123	0.5456	0.0165	-0.3289	0.1205	0.6058	0.6849	0.4792	0.7575	0.1283	-0.6292	1.0449
2010	0.8187	-0.4343	-0.0419	-1.0019	-0.0410	-0.2268	-0.2626	0.0085	0.1359	0.3324	0.1953	1.0562	0.2232	0.9307	1.5597
2011	0.9279	-0.6122	0.6515	-0.4110	0.8556	0.2363	-0.2780	-0.2383	-0.3891	-0.1031	-0.1818	-0.1520	0.7703	0.0541	0.9581
2012	1.1098	-0.6348	0.4276	-0.1653	1.4019	0.1789	-0.6857	-0.6690	-0.5222	-0.3833	-0.5010	0.2544	-0.3400	-0.7491	0.5286
2013	0.3481	-0.6247	0.4805	-0.0773	0.3105	0.4410	-0.9970	-0.8524	-0.9001	-0.6838	-0.7758	-0.1600	3.4264	-0.4220	0.5104
2014	0.5663	-0.5663	0.6609	0.1604	0.6512	0.9601	-0.0942	-0.0214	-1.0388	-1.0185	-1.1235	-0.5649	-0.4860	-0.7421	0.4539
2015	0.7949	-0.6674	0.5956	0.5497	0.8214	0.8230	-1.1955	-1.2787	-1.3526	-1.3905	-1.4263	-0.7684	-0.8624	-1.1746	0.4310
2016	1.0548	-0.7683	0.6515	0.6003	1.0837	1.6243	-1.3233	-1.4264	-1.5014	-1.5137	-1.5765	-0.8028	-0.6816	-0.9276	0.5735
2017	1.1585	-0.7652	0.8568	1.7308	1.2856	2.0563	-1.1532	-1.7123	-1.7454	-1.8334	-1.7080	-1.9885	-0.4297	-1.6412	-0.1319

资料来源：由 SPSS 计算得到。

表 5-11

标准化后的通信行业指标数据

年份	劳动生产率（万元/人）	单位固体废物排放（吨/万元）	产业集中度	行业研发投入占比（%）	专业技术人员占比（%）	新产品产值占比（%）	出口依存度（%）	外资市场控制率（%）	外资股权控制率（%）	外资资产控制率（%）	外资投资控制率（%）	固定资产净值增长（%）	就业人数增长率（%）	销售收入增长率（%）	总资产收益率（%）
2003	-1.2520	0.8816	0.1401	0.2774	-1.1915	-0.6350	-0.5213	0.4935	-0.0576	0.1963	0.1488	0.1363	0.1787	2.3210	-1.1643
2004	-0.4614	1.0566	0.4359	-1.2654	-0.3665	-0.5056	0.7166	1.0548	0.8323	0.9524	0.9207	2.1411	0.1868	2.0870	-0.9262
2005	-0.2762	0.5854	0.6408	-1.2654	-0.8197	-1.1944	0.4859	1.0802	1.1129	1.2574	0.9660	0.1682	0.4566	0.1219	-1.3581
2006	0.1174	0.4505	0.5056	-1.2153	-0.8842	-1.2699	1.1840	0.9167	1.2677	1.1818	1.0656	-0.0092	0.1375	0.4759	-0.6585
2007	0.3057	0.1108	0.7718	-1.2803	0.0822	-1.0882	1.3574	1.0861	1.2987	1.3510	1.4190	0.4349	0.3433	0.0429	-0.2217
2008	0.8385	0.5987	0.3218	-0.7681	2.1994	-0.3093	1.3362	0.8160	1.1776	0.9731	1.1544	0.3718	-0.8855	-0.5810	-0.4737
2009	0.5942	0.7979	0.2774	-0.4557	1.0927	-0.6009	0.6252	0.4018	0.5267	0.5035	0.4060	-0.8893	-0.3177	-1.2822	-0.2512
2010	-1.2316	0.0376	0.3514	-0.7747	0.8508	-0.6809	0.7357	0.3110	0.9056	0.5684	1.0420	1.8298	-0.0240	0.6132	1.7027
2011	1.0115	-1.2627	0.5986	-0.0910	0.8354	0.2374	0.3181	0.2055	-0.1409	0.0436	-0.0326	-2.1001	0.8427	-0.2079	0.7829
2012	0.6366	1.6257	0.6007	0.1014	0.9254	0.0095	0.4712	-0.0027	-0.3210	-0.1582	-0.4713	0.2186	0.7680	-0.5568	0.8612
2013	-0.4908	-1.5213	-0.1304	0.4030	-0.8328	0.5916	-0.0013	-0.2931	-0.1872	-0.3168	-0.1948	-0.1613	2.9890	-0.4761	1.3614
2014	-0.1822	-1.1275	0.3598	0.5658	-0.6016	0.7016	-0.4058	-0.7277	-0.6778	-0.7565	-0.7568	-0.6016	-0.8124	-0.7686	1.1590
2015	0.3049	-1.1257	0.1591	1.0513	-0.2790	1.1468	-0.8978	-1.3090	-1.2274	-1.3179	-1.2429	-0.8463	-1.2303	-0.8789	0.7564
2016	0.7819	-1.1385	0.0429	1.2860	0.3086	1.5243	-1.2013	-1.8947	-1.4338	-1.5135	-1.4779	0.0135	-1.0792	-0.7434	0.3285
2017	0.8925	-1.1112	0.0640	1.9501	0.9075	2.3593	-1.3688	-2.1382	-1.8224	-1.8315	-1.7995	-1.1198	-0.8490	-0.9249	0.3853

资料来源：由 SPSS 计算得到。

表 5 - 12　标准化后的基础设施三行业指标数据

年份	劳动生产率（万元/人）	单位固体废物排放（吨/万元）	产业集中度	行业研发投入占比（%）	专业技术人员占比（%）	新产品产值占比（%）	出口依存度（%）	外资市场控制率（%）	外资股权控制率（%）	外资资产控制率（%）	外资投资控制率（%）	固定资产净值增长（%）	就业人数增长率（%）	销售收入增长率（%）	总资产收益率（%）
2003	-1.3213	1.2880	1.0756	0.7236	-1.2675	-0.6115	0.1437	0.6948	0.3150	0.1118	-0.0333	-0.0183	-0.3976	1.9642	-0.8226
2004	-0.9716	0.4578	0.6474	-1.1390	-0.9277	-0.0896	1.2324	1.3421	1.0185	1.0017	0.9282	1.7668	0.0147	1.7097	-0.9980
2005	-0.8044	0.1505	0.9998	-1.2083	-1.0414	-1.5607	1.1874	1.3523	1.1810	1.2481	1.0854	0.3853	0.2581	0.0612	-1.3328
2006	-0.5077	0.4961	0.6638	-1.1233	-0.8401	-1.2527	1.5283	1.2958	1.3406	1.3563	1.4612	0.3115	0.1929	0.8270	-0.8520
2007	-0.1474	-0.2526	0.7132	-1.0539	-0.3092	-1.2044	1.4207	1.1901	1.2550	1.4252	1.6544	0.8006	0.1354	0.6774	-0.1851
2008	0.2550	-0.1206	-0.1267	-0.5521	1.0759	-0.2293	1.1649	0.7441	1.0465	0.9994	1.2327	1.6699	-0.4721	0.0372	0.0297
2009	0.3517	-0.2586	-0.3606	-0.5963	0.5141	0.4562	0.1325	0.2231	0.5838	0.6479	0.4250	-0.0880	0.0745	-0.6340	0.4518
2010	0.8665	-0.4553	0.1072	-1.0661	0.2141	-0.4371	0.0410	0.0787	0.6318	0.5430	0.6203	1.4369	0.3506	1.0584	1.5244
2011	0.7941	-0.6713	0.5749	-0.4474	0.6853	0.4952	-0.1545	-0.1020	-0.2181	0.0564	-0.2456	-1.2600	1.3248	-0.2165	1.1779
2012	0.7797	-0.5273	0.2850	-0.0976	1.1405	-0.2181	-0.1861	-0.4917	-0.5863	-0.4064	-0.5404	-0.2348	0.2513	-0.9185	0.7322
2013	0.2543	-0.8268	-0.2354	0.1320	0.1431	-0.0412	-0.5706	-0.6134	-0.5754	-0.4899	-0.5017	-0.2058	3.0634	-0.5236	0.9014
2014	0.5083	-0.8250	0.1697	0.3158	0.4354	0.4836	-0.8468	-0.8957	-0.9233	-0.8104	-0.9241	-0.3216	-0.6081	-0.7686	0.9949
2015	0.7841	-0.8513	-0.0246	0.8235	0.6746	0.8188	-1.0927	-1.2389	-1.2527	-1.2196	-1.1121	-0.8500	-1.0596	-1.2351	0.6861
2016	1.1423	-0.8929	0.0610	0.9375	1.0883	1.8854	-1.3338	-1.5715	-1.3420	-1.2677	-1.1596	-0.3437	-0.9229	-0.8640	0.5785
2017	1.4424	-0.9396	0.2817	1.8986	1.4242	2.1748	-1.5865	-1.6359	-1.7470	-1.4925	-1.2819	-1.9821	-0.6464	-1.5409	0.1640

资料来源：由 SPSS 计算得到。

二、确定主成分

主成分分析前需要对数据进行 KMO 和巴特利特检验，以确定指标之间是否相互独立，若相互独立，则能够进行主成分分析。检验结果见表 5 - 13。

表 5 - 13　　　　　　　基础设施三行业 KMO 和巴特利特检验

函数		交通运输行业	电力行业	通信行业	基础设施
KMO 值		0.543	0.577	0.578	0.472
巴特利特检验	近似卡方	328.997	442.263	368.191	429.951
	显著度	0.000	0.000	0.000	0.000

基础设施三个分行业以及加总行业的 KMO 和巴特利特检验结果显示各指标之间相互独立，满足主成分分析的前提，可以进行后续的分析。通过 SPSS 进行主成分分析时需要对成分的数目进行选择，通常情况下要求所选择的主成分对样本总体的累计方差解释百分比要达到 85% 以上，本书通过对方差百分比以及一级指标数量的分析，同时遵循针对三个分行业以及三行业加总结果一致性的原则，选择提取前 5 个主成分，基础设施三行业以及总和的总方差分解见表 5 - 14 ～ 表 5 - 17。

表 5 - 14　　　　　　　　交通运输行业总方差分解表

成分	初始特征值			旋转载荷平方和		
	总计	方差（%）	累计（%）	总计	方差（%）	累计（%）
1	6.379	42.527	42.527	6.379	42.527	42.527
2	4.744	31.624	74.151	4.744	31.624	74.151
3	1.324	8.826	82.976	1.324	8.826	82.976
4	0.832	5.545	88.521	0.832	5.545	88.521
5	0.605	4.033	92.554	0.605	4.033	92.554

表 5 - 15 电力行业总方差分解表

成分	初始特征值			旋转载荷平方和		
	总计	方差（%）	累计（%）	总计	方差（%）	累计（%）
1	8.755	58.369	58.369	8.755	58.369	58.369
2	3.634	24.230	82.599	3.634	24.230	82.599
3	0.900	6.001	88.600	0.900	6.001	88.600
4	0.813	5.420	94.020	0.813	5.420	94.020
5	0.299	1.996	96.016	0.299	1.996	96.016

表 5 - 16 通信行业总方差分解表

成分	初始特征值			旋转载荷平方和		
	总计	方差（%）	累计（%）	总计	方差（%）	累计（%）
1	7.679	51.195	51.195	7.679	51.195	51.195
2	3.474	23.158	74.353	3.474	23.158	74.353
3	1.318	8.784	83.137	1.318	8.784	83.137
4	0.898	5.987	89.124	0.898	5.987	89.124
5	0.593	3.953	93.076	0.593	3.953	93.076

表 5 - 17 基础设施三行业总方差分解表

成分	初始特征值			旋转载荷平方和		
	总计	方差（%）	累计（%）	总计	方差（%）	累计（%）
1	8.426	56.173	56.173	8.426	56.173	56.173
2	3.833	25.554	81.727	3.833	25.554	81.727
3	0.972	6.483	88.210	0.972	6.483	88.201
4	0.634	4.228	92.438	0.634	4.228	92.438
5	0.519	3.463	95.901	0.519	3.463	95.901

三、求解因子组成成分矩阵和得分矩阵

在主成分分析的过程中，由于将多个指标降维成较少数目，可能会在降维过程中导致组成主成分难以解释或命名，因此，采用最大方差法对因子进行旋转，使得成分容易解释。各行业旋转后的成分矩阵见表 5 – 18 ~ 表 5 –21。

表 5 –18 交通运输行业旋转后的成分矩阵

指标	成分				
	1	2	3	4	5
劳动生产率	0.098	– 0.07	– 0.055	0.959	0.188
单位固体废物排放	0.074	0.059	0.05	0.92	0.115
产业集中度	– 0.417	– 0.215	– 0.358	– 0.077	– 0.733
行业研发投入占比	– 0.014	0.077	– 0.272	– 0.006	0.945
专业技术人员占比	0.289	– 0.015	0.054	– 0.042	0.938
新产品产值占比	0.005	– 0.258	– 0.094	0.041	0.901
出口依存度	0.291	0.353	0.842	0.206	0.154
外资市场控制率	0.919	– 0.095	0.311	0.15	0.119
外资股权控制率	0.775	0.53	0.151	0.162	0.241
外资资产控制率	0.899	0.245	– 0.022	0.239	0.079
外资投资控制率	0.902	0.016	0.014	0.022	– 0.267
固定资产净值增长率	0.359	0.459	0.315	– 0.132	0.606
就业人数增长率	0.360	0.518	– 0.462	0.006	– 0.467
产品销售收入增长率	– 0.036	0.937	0.2	– 0.009	0.102
总资产收益率	– 0.391	– 0.777	– 0.348	– 0.202	0.004

表 5 – 19　　　　　　　　　　　　电力行业旋转后的成分矩阵

指标	成分				
	1	2	3	4	5
劳动生产率	– 0.467	0.056	0.254	0.834	– 0.015
单位固体废物排放	0.143	– 0.237	– 0.522	0.725	0.109
产业集中度	– 0.07	0.348	0.025	0.068	0.9
行业研发投入占比	– 0.503	– 0.601	– 0.287	– 0.304	0.4
专业技术人员占比	– 0.563	0.024	0.161	– 0.028	0.766
新产品产值占比	– 0.856	0.209	– 0.085	0.105	0.402
出口依存度	0.032	– 0.378	0.893	– 0.065	0.153
外资市场控制率	0.954	– 0.261	– 0.07	– 0.046	0.092
外资股权控制率	0.959	– 0.163	– 0.177	– 0.094	0.006
外资资产控制率	0.987	0.073	– 0.097	0.006	– 0.001
外资投资控制率	0.975	– 0.126	– 0.161	– 0.025	0.019
固定资产净值增长率	0.57	0.673	– 0.084	0.022	0.362
就业人数增长率	– 0.08	0.967	0.086	0.166	0.02
产品销售收入增长率	– 0.072	0.818	0.253	0.118	– 0.182
总资产收益率	– 0.248	0.926	0.135	0.131	– 0.02

表 5 – 20　　　　　　　　　　　　通信行业旋转后的成分矩阵

指标	成分				
	1	2	3	4	5
劳动生产率	0.263	– 0.092	0.463	0.808	– 0.071
单位固体废物排放	0.078	– 0.904	– 0.226	0.590	– 0.154
产业集中度	0.387	– 0.013	– 0.066	– 0.14	0.889
行业研发投入占比	– 0.937	– 0.258	0.001	– 0.137	0.284
专业技术人员占比	0.228	0.438	– 0.218	0.023	0.758
新产品产值占比	– 0.913	0.039	0.144	– 0.096	0.204
出口依存度	0.498	0.3	0.769	0.004	0.087
外资市场控制率	0.962	– 0.117	– 0.098	0.12	0.041

续表

指标	成分				
	1	2	3	4	5
外资股权控制率	0.958	0.154	0.094	0.152	0.017
外资资产控制率	0.987	0.117	−0.016	0.086	0.029
外资投资控制率	0.948	0.146	0.056	0.21	0.022
固定资产净值增长率	0.338	0.91	−0.117	−0.071	−0.027
就业人数增长率	0.099	0.974	−0.103	−0.028	0.112
产品销售收入增长率	0.282	0.497	−0.714	−0.199	−0.018
总资产收益率	−0.463	0.665	0.376	0.112	−0.003

表 5 – 21　　　　　　　　基础设施三行业旋转后的成分矩阵

指标	成分				
	1	2	3	4	5
劳动生产率	−0.027	0.158	0.165	0.962	−0.076
单位固体废物排放	−0.134	−0.737	−0.611	0.760	0.034
产业集中度	0.424	0.294	0.08	0.09	0.811
行业研发投入占比	−0.853	−0.321	−0.225	−0.192	−0.081
专业技术人员占比	−0.069	−0.137	0.021	−0.006	0.96
新产品产值占比	−0.687	0.002	−0.027	−0.258	0.512
出口依存度	0.116	−0.184	0.955	−0.034	0.061
外资市场控制率	0.884	−0.39	0.179	−0.017	0.139
外资股权控制率	0.952	−0.185	0.074	−0.007	0.17
外资资产控制率	0.967	−0.011	0.195	0.056	0.096
外资投资控制率	0.974	−0.008	0.119	0.014	0.131
固定资产净值增长率	0.109	0.718	−0.141	−0.12	0.613
就业人数增长率	0.078	0.955	0.073	0.217	−0.027
产品销售收入增长率	0.407	0.668	0.251	0.025	−0.537
总资产收益率	−0.253	0.893	0.163	0.257	0.094

　　从旋转后的成分矩阵可以看出，不论是对于基础设施三个分行业还是三行业的总量来说，外资市场控制率、外资股权控制率、外资资产控制率和外资投资控制率对第一个成分影响的权重最大，这四个指标共同表示了产业的控制力，因此将第一个成分命名为产业控制力指标；在第二个成分中，固定资产净值增长率、就业人数增长率、产品销售收入增长率和总资产收益率这四个指标对该成分影响的权重最大，且他们分别表示了该产业的资本积累能力、吸收就业能力、市场开拓能力和盈利能力，因此将第二个成分命名为产业发展能力指标；第三个成分中只有出口依存度对其影响的权重较大，而且其余指标权重与其相差较大，因此将第三个成分命名为产业对外依存度指标；劳动生产率和单位固体废物排放对第四个成分影响的权重最大，该指标表示的是产业生存环境中的劳动要素环境指标，因此将第四个成分命名为产业生存环境指标；产业集中度表示着产业的结构竞争力，行业研发投入占比、专业技术人员占比和新产品产值占比表示着产业的技术竞争力，这四个指标对第五个成分影响的权重最大，因此将第五个成分命名为产业竞争力指标。对比本章第一节所构建的产业安全评价体系，主成分分析的结果与评价体系中的一级指标一致，验证了指标体系构建的合理性。

　　由此得出各行业的因子得分矩阵（见表 5 - 22 ~ 表 5 - 25）。

表 5 - 22　　　　　　　　　　交通运输行业因子得分矩阵

年份	成分				
	1	2	3	4	5
2003	- 0.8924	- 1.3152	- 0.2003	2.5879	0.6893
2004	0.4533	- 0.7682	- 0.6446	0.5566	0.2261
2005	1.0166	- 0.5691	- 0.8747	0.6926	- 1.5685
2006	1.3404	- 0.6212	- 0.6484	0.2842	0.3908
2007	1.3972	- 0.2385	- 0.7092	0.1119	0.2446
2008	1.7375	0.0206	- 0.4714	- 1.4981	- 0.1229
2009	0.5737	0.0167	0.8785	- 0.8030	1.8186

续表

年份	成分				
	1	2	3	4	5
2010	0.3781	-0.1353	1.9164	0.2944	0.2198
2011	0.0029	0.2554	2.1673	0.8841	0.0837
2012	-0.2560	0.8025	-0.1276	0.1087	-0.9007
2013	-0.1038	0.6015	1.2836	-0.5677	-1.7607
2014	-0.2944	0.8714	0.2658	-0.1425	-0.8538
2015	-0.6666	1.0751	-0.5002	-0.6901	2.0297
2016	-0.5946	1.2803	-0.6683	0.0852	0.5032
2017	-1.0155	1.8443	-1.2446	0.6838	-0.4085

表 5 – 23　　　　　　　　　　电力行业因子得分矩阵

年份	成分				
	1	2	3	4	5
2003	0.3174	-1.6144	1.2585	-0.7355	-1.3963
2004	1.2220	-0.9757	0.1803	0.3882	3.0786
2005	1.0456	-0.6934	0.9812	0.0486	-0.0075
2006	1.1309	-0.4466	0.9103	0.1186	-0.6217
2007	1.2760	0.1631	0.5772	-0.0810	-0.9439
2008	1.1983	1.3213	-0.9711	-0.6034	0.3137
2009	0.3617	1.1993	-1.4333	-0.0073	-0.7237
2010	0.6669	1.1754	-0.4720	0.1613	0.2756
2011	-0.0615	0.6693	0.4425	0.6262	-0.2043
2012	-0.2639	1.0687	0.0500	-0.5454	-0.5484
2013	-0.8433	0.0000	0.0909	3.5108	-0.4949
2014	-0.8310	0.3935	0.4370	-0.4141	0.3840
2015	-1.1112	0.4722	0.4630	-0.7936	-0.1197
2016	-1.2349	0.5449	0.3843	-0.6610	1.0173
2017	-1.9258	-0.1537	0.9204	-0.4506	0.5578

表 5 - 24 通信行业因子得分矩阵

年份	成分				
	1	2	3	4	5
2003	0. 0967	- 1. 9816	0. 3868	0. 5174	- 0. 6077
2004	0. 6353	- 0. 8250	0. 5700	2. 0857	- 0. 3677
2005	1. 2592	- 0. 8931	0. 2249	- 0. 6929	- 0. 3176
2006	1. 2324	- 0. 7886	0. 5988	- 0. 5085	- 0. 2571
2007	1. 2736	0. 0130	0. 5289	- 0. 1656	0. 1411
2008	1. 0813	1. 7697	- 0. 3944	0. 0361	- 1. 0115
2009	0. 8621	1. 2284	- 0. 7024	- 1. 2156	- 0. 5093
2010	0. 2192	1. 1335	0. 6364	2. 1876	0. 7138
2011	0. 2038	0. 1491	0. 8585	- 1. 7526	0. 7189
2012	0. 0132	1. 4807	- 0. 6948	0. 6296	0. 6967
2013	- 0. 4569	- 0. 3489	- 0. 0572	- 0. 2748	3. 3060
2014	- 0. 8031	- 0. 3068	0. 8044	- 0. 4591	- 0. 0313
2015	- 1. 2383	- 0. 1005	0. 7384	- 0. 5289	- 0. 6464
2016	- 1. 6088	0. 3256	0. 6509	0. 3472	- 0. 7588
2017	- 1. 8390	0. 6285	0. 4620	- 0. 4055	- 0. 7218

表 5 - 25 基础设施三行业因子得分矩阵

年份	成分				
	1	2	3	4	5
2003	- 0. 6107	- 1. 6136	- 0. 1041	2. 0950	1. 4004
2004	0. 8496	- 0. 5930	- 0. 3938	0. 6549	1. 5538
2005	1. 2176	- 0. 8048	0. 1626	0. 8738	- 1. 5328
2006	1. 2623	- 0. 6618	0. 0716	0. 6534	- 0. 7839
2007	1. 4294	0. 0079	- 0. 0737	0. 3589	- 0. 3463
2008	1. 4724	0. 8723	- 1. 1653	- 1. 1460	0. 1778
2009	0. 6557	0. 6354	- 0. 1287	- 0. 8090	- 0. 7639
2010	0. 5861	0. 9842	0. 3887	- 0. 6272	2. 2725

年份	成分				
	1	2	3	4	5
2011	− 0. 2560	0. 5535	1. 4196	0. 7053	− 0. 5309
2012	− 0. 0813	0. 7830	0. 2589	− 0. 1995	− 0. 5495
2013	− 0. 6113	0. 3086	3. 0540	− 0. 5063	0. 1398
2014	− 0. 6782	0. 6671	− 0. 3001	0. 0895	0. 2903
2015	− 0. 9324	0. 6896	− 0. 7895	0. 0831	− 0. 3729
2016	− 1. 1368	1. 0120	− 1. 0612	0. 1583	0. 5891
2017	− 1. 5856	0. 7199	− 0. 8200	0. 9814	− 1. 2349

第三节 结果与分析

依据上文的因子得分矩阵和各因子的方差贡献率，可以计算出基础设施各行业及总的综合评价值。每年的综合评价值 $P_m = W_1 Z_1 + W_2 Z_2 + W_3 Z_3 + W_4 Z_4 + W_5 Z_5$，其中，$W_1$，$W_2$，$W_3$，$W_4$，$W_5$ 为5个主成分的方差贡献率（依据表5－14～表5－17），Z_1，Z_2，Z_3，Z_4，Z_5 为因子得分（见表5－22～表5－25）。综合评价值的结果见表5－26。

表5－26 基础设施各行业的产业安全综合评价值

年份	行业			
	交通运输行业	电力行业	通信行业	基础设施行业
2003	− 0. 6418	− 0. 1981	− 0. 3685	− 0. 6251
2004	− 0. 0670	0. 5702	0. 2946	0. 3816
2005	0. 1503	0. 5036	0. 4035	0. 4727
2006	0. 3479	0. 6005	0. 4603	0. 5451
2007	0. 4722	0. 7957	0. 6972	0. 8033
2008	0. 6158	0. 9349	0. 8909	0. 9322

续表

年份	行业			
	交通运输行业	电力行业	通信行业	基础设施行业
2009	0.3556	0.4009	0.5712	0.4617
2010	0.3123	0.6599	0.5898	0.6581
2011	0.3257	0.1827	0.1378	0.1011
2012	0.1033	0.0674	0.3539	0.1438
2013	0.1569	− 0.3064	− 0.2055	− 0.0831
2014	0.1315	− 0.3783	− 0.4403	− 0.2161
2015	0.0559	− 0.5518	− 0.6496	− 0.4081
2016	0.1180	− 0.5812	− 0.7003	− 0.4217
2017	0.0629	− 1.1194	− 0.8081	− 0.7611

为了更明显地观察 2003 ~ 2017 年产业安全评价值的变化趋势，依据计算出的产业安全综合评价值画出基础设施各行业综合评价值折线图（见图 5 - 1）。

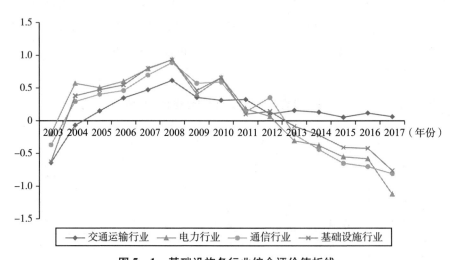

图 5 - 1　基础设施各行业综合评价值折线

资料来源：根据表 5 - 26 数据整理。

图 5 - 1 是对数据进行标准化后的结果，正负只表示该数据对全部数据均值的偏离程度，不用于衡量基础设施产业安全程度。本书着重从折线图走向即趋势来分析我国基础设施产业安全状况，由于对 2003 ~ 2017 年的相关数据进行了同样的处理，所以从趋势角度分析具有一定合理性。

从图 5 - 1 可以看出，2003 ~ 2007 年不管是从基础设施行业整体来看，还是从交通运输、通信和电力三个细分行业来看，基础设施产业安全均呈现出强劲的增长态势。这与基础设施产业是国民经济各项事业发展的基础，其产品或服务为社会生产活动提供了便利，国家高度重视基础设施产业发展息息相关。

2008 年和 2009 年受美国次贷危机引发全球性金融危机的影响，国内外经济普遍下行，我国基础设施产业及其三个细分行业的安全程度也因此有所下降。为应对金融危机负面影响，2008 年底中央政府出台 4 万亿元的经济刺激方案，其中一半以上资金投入铁路、公路、机场等重大交通基础设施建设（张学良，2012），使得 2010 年基础设施产业及三个细分行业的安全程度有了短暂的上升趋势。

2011 ~ 2017 年，无论是电力、交通运输和通信三个细分行业还是基础设施整体产业均呈现出安全度下降趋势。鉴于三个细分行业的行业特征、产业政策以及发展阶段等的不同，本书将分别探讨基础设施三个细分产业安全度下降的原因，进而对整体产业安全度下降做出解释。

对于交通运输业来说，2011 ~ 2012 年产业安全度急剧下降，2012 ~ 2017 年产业安全度趋于平稳。产业安全度急剧下降主要是交通运输业产业发展能力急剧下降导致。反映在产业安全评价指标上，就是 2010 ~ 2012 年，包括固定资产净值增长率、就业人数增长率和销售收入增长率在内的产业发展能力指标急剧下降。产业发展能力是产业安全发展的基础，其指标的下降将直接导致交通运输产业的安全状况急剧下降。2012 ~ 2017 年，产业安全度趋于平稳，高铁的发展逐渐步入正轨，同时新能源汽车快速发展起来，这些因素使民众对中国交通运输业的发展重拾信心，产业发展能力和竞争力也逐渐提升，这在一定程度上提升了产业安全，负面消息和正面激励两者相抵，使 2012～2017 年的产业安全总体上呈现出平稳的发展态势。

对于电力行业来说，2010～2017 年产业安全度一直呈现下降趋势，最主要的原因是产业发展能力变弱。从电力行业各产业安全细化指标可以看出，除了 2013 年 4 个产业发展能力量化指标出现上升外，2010～2017 年电力行业产业发展能力一直急剧下降。2013 年产业发展能力的上升离不开"一带一路"倡议的提出。但毕竟处于投资初期，电力行业"走出去"会比在中国国内投资面临更多的挑战。对国外环境、政策、文化等不甚了解使得电力行业"走出去"的负面效应明显，产业发展能力受到限制，因而影响了整个电力行业的产业安全。

对于通信行业来说，2011～2017 年产业安全度呈现下降趋势。2011 年是中国通信行业发生变革的一年。通信巨头华为与中兴的专利之战一度打到国外，在唤起公众专利保护意识的同时也引起了国外对中国通信行业诚信与实力的猜疑，影响了通信行业整体声誉。国内，中国移动飞聊、中国联通沃友与中国电信翼聊的登场让运营商们已有的业务模式出现深刻演变，中国的通信运营正在进入移动互联网时代，同时，伴随第三方支付牌照的发放，移动支付也悄然起步，但是由于支付标准不统一，未得到广泛推广。种种变革是机遇，更是挑战。在探索初期，通信行业不可避免地会发生一些"试错"成本，表现在产业安全评价指标上，就是以固定资产净值增长率为代表的产业发展能力的下降，这在一定程度上制约了我国通信行业的安全水平。此外，2013 年 6 月份，美国中央情报局前雇员爱德华·斯诺登曝出"棱镜门"事件，使得网络信息安全引起了公众的担忧，各国政府高度重视信息安全并严格控制其发展与传播，提高行业进入壁垒与审查资质，这在一定程度上阻碍了我国通信行业的发展，降低了整体行业安全水平。

对于基础设施产业整体来说，同样呈现出 2011～2017 年产业安全度下降趋势。2008 年底应对次贷危机的"四万亿计划"在 2009 年逐步实施，2010 年政策效果达到最大化，基础设施这一时期也有所发展。2012

年起中国进入经济新常态，基础设施发展也趋于缓慢，所以产业安全指数降低。另一个原因是基础设施"走出去"不确定性较大。不可否认，基础设施"走出去"有助于化解过剩产能、调整产业结构，维护产业安全。但是在投资初期，会因为国外不稳定因素较多、沿线国家营商环境差、区域内外大国牵制和战略挤压明显等危及国内产业安全（孙宇，2016）。中国与"一带一路"沿线国家基础设施建设需求大，部分跨境项目建设条件复杂、资金需求大、协调难度高，再加上"一带一路"工程涉及国内18 个省份、沿线 60 多个国家，各国的政治制度、历史文化、利益诉求各不相同，使得基础设施产业在"走出去"时面临较大挑战，产业安全水平有所下降（范祚军和何欢，2016）。

第六章 中国基础设施 FCP 对 OFDI 的影响

本章基于"一带一路"倡议下基础设施 FCP 与 OFDI 迅速发展的背景，通过理论分析、案例分析与实证分析，探究基础设施 FCP 对 OFDI 的影响。在上一章产业安全指数计算结果的基础上，通过分析基础设施 FCP 与 OFDI 之间的关系，确定基础设施 FCP、OFDI 为具体研究对象，为之后章节分析基础设施 FCP、OFDI 的产业安全效应奠定基础。

第一节 基础设施 FCP 对 OFDI 影响的理论分析

基础设施 FCP 对我国 OFDI 发展具有显著影响，具体通过以下四种途径影响我国 OFDI 的发展。

第一，中国基础设施 FCP 通过以工程换取资源的方式促进资源型 OFDI 的发展。《中国对外承包工程发展报告》（2017—2018）数据显示，2017 年中国 FCP 交通、电力、通信三大建设领域共完成营业额 902.6 亿美元，同比增长 12.7%，其中交通运输建设领域、电力工程建设领域、通信工程建设领域分别占比 50%、31%、19%，基础设施 FCP 的规模在不断扩大。我国 FCP 完成质量较高，在东道国的影响力不断增强，东道国政府积极鼓励中国 OFDI 的进入（贾琳，2008）。同时，许多资源丰富的发展中国家，诸如中东与非洲等地区，对中国基础设施 FCP 需求较大，但缺乏足够的资金，因此，这些国家有时会使用石油、天然气或者金属矿产支付中国 FCP 的费用（蔡阔等，2013）。我国国内许多公司看到这一特点，着力推进"工程换资源"的新型模式，中色股份就是其中的典型代表。中色股份（Engineering Procurement Construction，EPC）[①] 在总承包阶段识别项目风险并筛选项目，参与工程，并以工程款换取矿产资源股权，以求获得稳定的资源供给，形成以工程获取资源的产业链模式，促进资源型 OFDI 的发展。除此之外，中国基础设施 FCP 企业注重融入东道国环境，雇用东道国劳动力，缓解了东道国的就业难题。我国对外承包的泽蒙—博尔查大桥项目雇用的当地员工数量占员工总数的 1/4 左右，为当地人员提供了大量的就业机会，赢得民众的支持，为进一步开展 OFDI 奠定良好基础。

第二，通过深化 FCP 转型升级带动相关产业链 OFDI 发展。中国基础设施 FCP 转型升级不断深化，由承包商只负责施工的传统模式转向建设—经营—转让（build-operate-transfer，BOT）、政府和社会资本合作（public-private partnership，PPP）模式。BOT、PPP 模式的实施，不仅带动更多的国内资本参与项目建设，还会促使更多的企业参与到前期项目确认以及设计等工作过程中，促进我国相关产业的 OFDI。三峡集团就是其中的典型代表，其通过 BOT 模式承建巴基斯坦卡洛特水电站项目，实现融资、设计、建设、运营整个产业链条的全程参与，带动相关产业链 OFDI 的发展。中国企业在基础设施建设领域的承包项目不断发展，带动设计运营两端 OFDI 的增长，促进基建合作的价值链向设计运营两端不断延伸（邢厚媛，2013）。

第三，基础设施 FCP 通过影响大型设备出口促进我国 OFDI 发展。随着基础设施 FCP 的发展，我国大型机械设备的海外需求不断增加，原材料以及相关机械设备的出口量表现出较快的增长趋势。中华人民共和国国

---

① EPC 是指公司受业主委托，按照合同约定对工程建设项目的设计、采购、施工、试运行等实行全过程或若干阶段的承包。通常公司在总价合同条件下，对其所承包工程的质量、安全、费用和进度进行负责。

家发展和改革委员会利用外资和境外投资司数据显示，2017 年合同额在 1 亿美元以上的中国 FCP 项目超过了 400 个，FCP 项目带动装备、材料出口 153.9 亿美元，同比增长 15.7%。同时，由于我国 FCP 出口设备享受税收优惠，可以减轻企业的税收负担，增强企业获利能力，因此，FCP 的开展会促进出口增长尤其是大型机械设备等货物的出口（余国省，2012）。根据约翰逊和瓦恩（Johanson and Vahlne，1977）的企业国际化阶段理论，随着商品出口的不断增加，企业不再限于直接出口，会转向通过代理商出口，当出口发展到一定程度，会进一步开展 OFDI，设立海外销售公司，最终直接在当地建立生产公司。因此，随着基础设施 FCP 不断发展，以及企业国际化的不断发展，最终会促进我国 OFDI 的发展。

第四，通过开展基础设施 FCP 会加强我国企业对东道国经济环境、产业发展和当地需求的了解，促进市场需求型 OFDI 的发展。中国企业通过在海外开展基础设施 FCP，对东道国的经营环境、政治文化、法律法规都有了更加深入的认识；同时，与当地的律师事务所及会计师事务所也建立了良好关系，使我国企业对东道国的投资风险甄别能力更强，为开展相应 OFDI 打下了良好基础。除此之外，在开展基础设施 FCP 过程中，为适应国际承包工程市场的需求，企业会对相关市场的产业及具体业务发展状况有一个全方位的了解，并且对当地市场需求也有着较为深入的了解，同时与当地相关行业协会保持着良好沟通，为市场需求型 OFDI 提供相应信息，促进市场需求型 OFDI 的开展。基于此，本书认为基础设施 FCP 会对 OFDI 产生显著的正向影响。

第二节　基础设施 FCP 对 OFDI 影响的实证分析

一、变量选取

本节构建多元回归模型探究基础设施 FCP 对 OFDI 的影响。选取中国基础设施三大建设领域，即交通运输建设领域、电力工程建设领域以及通信工程建设领域的 FCP 作为核心解释变量，使用中国 FCP 营业额代表 FCP 的规模（覃伟芳和陈红蕾，2018）。与合同金额相比，FCP 营业额更能够体现中国在三大建设领域 FCP 的经营发展水平。以对应行业的 OFDI 作为被解释变量。除基础设施 FCP 外，还存在许多其他因素影响我国 OFDI。基于此，本书引入以下控制变量：

外商直接投资（IFDI）。外商直接投资可以用企业中的外商资本来表示。外商直接投资是影响中国 OFDI 的重要因素。外商直接投资具有技术溢出效应，会提升东道国当地企业的技术水平，提升企业 OFDI 的能力（潘文卿等，2015）。随着我国外商直接投资规模的不断扩大，其技术溢出效应不断增强，我国 OFDI 也表现出较快的增长。

行业发展水平（GDPP）。我国各行业的发展水平可以用该行业人均 GDP 表示，即行业总产值与该行业就业人数之比。经济发展水平的提高，为企业对外扩张、开展 OFDI 提供了强有力的支撑（陈丹敏和黄荣斌，2018）。经济发展会带来促进效应，促进市场开放，促进我国 OFDI 的增加（李鸿磊等）。

进口贸易额（IM）。我国对东道国进口可以用我国进口金额表示。进口贸易具有模仿效应，我国通过从东道国进口行业内高精尖产品，之后加以模仿，可以实现我国该行业技术水平的提升，具有较强的技术溢出效应（许培源和高伟生，2010）。同时，我国许多企业在全球范围内实施纵向一体化战略，通过进口原料的增加，促进外部市场内部化，推动 OFDI 的发展（李靖阳，2017）。随着我国进口规模的不断扩大，其带来的技术溢出效应与外部市场内部化效应会对我国 OFDI 产生显著的促进作用。

二、模型设定

为缓解可能存在的异方差问题，本书对变量均取对数形式，建立面板数据回归模型，模型如式（6-1）所示。

$$\ln OFDI_{it} = \beta_0 + \beta_1 \ln FCP_{it} + \beta_2 \ln IFDI_{it} + \beta_3 \ln GDPP_{it} + \beta_4 \ln IM_{it} + \varepsilon_{it}$$

$$(6-1)$$

式（6-1）中，OFDI 代表对外直接投资，FCP 代表对外承包工程，IFDI 代表外商直接投资，GDPP 代表行业发展水平，IM 代表进口贸易。i 代表行业，t 代表年份；β_0 为截距项，ε_{it} 是模型误差项，β_1、β_2、β_3、β_4 是对应的系数。

为研究基础设施 FCP 对 OFDI 的影响，本书选取交通运输设备制造业、电气机械及器材制造业和通信设备、计算机及其他电子设备制造业作为样本。同时，由于我国从 2003 年才开始正式公布 OFDI 统计数据，因此，本书数据选取时间为 2003～2017 年。其中，2003～2017 年 OFDI 分行业数据来自商务部，鉴于 2003～2011 年 OFDI 分行业数据波动较大，可靠性较低，不具有可信性，因此本章根据细分行业 OFDI 在制造业 OFDI 中所占比例的变化趋势，通过拟合趋势线构造方程倒推 2003～2011 年 OFDI 细分行业数据。选取相同年份对应行业的 FCP 面板数据，2006～2017 数据来源于《中国对外工程承包发展报告》（2007/2008～2017/2018），鉴于数据可得性，2003～2005 年 FCP 数据依据 FCP 营业额平均增长率倒推估计得出。控制变量中，由于数据获取限制，本文采用工业销售产值代替工业总产值。其中，2003～2016 年对应行业的工业销售产值与企业外商资本数据来自《中国工业经济统计年鉴》（2004—2017），由于 2017 年对应行业的工业销售产值、企业外商资本数据尚未公布，本书根据变量的变化趋势，通过拟合趋势线构造方程预测 2017 年相应数据。2003～2017 年对应行业的就业人数来自《中国劳动统计年鉴》（2004—2018）。2003～2017 年对应行业的进口贸易数据来自联合国商品贸易统计数据库。

三、结果与分析

在对模型进行回归分析之前，为消除通货膨胀因素对模型结果的影响,本章采用以 2003 年为基期的我国 GDP 平减指数对 OFDI、FCP、IF-DI、GDPP、IM 变量数据进行平减。为避免变量之间的多重共线性对模型结果产生影响,对变量之间多重共线性进行检验,检验结果如表 6 – 1 所示。由表 6 – 1 可知,模型方差膨胀因子 VIF 值均小于 10,变量间不存在严重的多重共线性。

表 6 – 1   VIF 检验结果

变量	模型 VIF 值
ln(FCP)	2.35
ln(IFDI)	3.89
ln(GDPP)	1.85
ln(IM)	3.29

同时,面板数据也具有一定的时间趋势,相同个体不同时期可能存在着一定的相关性,会导致估计结果不再准确。因此,对模型进行 Wooldridge 检验,判断模型是否存在自相关。Wooldridge 的检验结果是 F 值为 3.756、P 值为 0.1922,P 值大于 0.1,表明在 10% 的水平下接受不存在一阶自相关的原假设,说明模型不存在自相关。

为避免模型出现异方差对估计结果的准确性产生影响,对模型进行 White 检验,判断模型是否存在异方差。White 检验的结果是 Chi2 统计量的值为 30.34、P 值为 0.0069,P 值小于 0.01,说明在 1% 水平下拒绝同方差的原假设,说明模型存在异方差。

为消除异方差可能对模型结果产生的影响,本部分采用加权最小二乘法对式(6 – 1)进行估计,估计结果如表 6 – 2 所示。

如表 6 – 2 所示,我国基础设施 FCP 对 OFDI 具有显著影响,基础设施 FCP 每增长 1%,我国相应行业 OFDI 增长 0.543%。究其原因可以发现,随着我国基础设施 FCP 业务模式不断转型升级,越来越多的企业开始通过设计—采购—施工 + 融资(engineering procurement construction +

financing，EPC + F)、BOT、PPP 模式开展 FCP，深入设计、建设、运营整个产业链条的各个环节，带动相关产业链投资，促进我国 OFDI。我国在基础设施建设领域承包项目不断增加，基础设施合作价值链不断延伸（邢厚媛，2013)，促进上下游企业的 OFDI。同时，基础设施 FCP 企业能够提高东道国的就业水平，并积极承担相应的社会责任，在东道国具有良好的舆论基础。这也进一步促进了我国 OFDI 的开展。随着 FCP 的不断发展，项目建设需要的机械设备和原材料出口量表现出较快的增长态势，促进相应企业的国际化发展。随着企业出口量的不断扩大，竞争力的不断增强，企业不再满足于直接出口，会进一步在东道国直接建立销售机构，并最终过渡到直接在东道国开展 OFDI 进行生产。

表 6 – 2　　　　　　　　　　　模型估计结果

变量	估计结果
ln(FCP)	0. 543 *
ln(IFDI)	4. 090 ***
ln(IM)	2. 571 ***
ln(GDPP)	− 4. 319 ***
常数项	− 24. 118 ***
调整的 R^2	0. 796
观测值	45

注：* 、*** 分别表示在 10%、1% 的水平下显著。

从控制变量的回归结果来看，外商直接投资系数显著为正，表明外商直接投资能够显著促进我国 OFDI 的发展。外商直接投资不仅为我国经济发展带来资本，同时带来了先进的技术与管理经验，具有较强的技术溢出效应与竞争效应，有利于促进我国企业技术水平的提高，提升企业的管理能力，从而加强企业的所有权优势，促进企业开展 OFDI。同时，外商直接投资大多在该行业内具有一定的所有权优势，会同我国企业产生激烈的竞争，我国企业为了维持自身利润，保证自身发展，可能会走出国门，探求更大的市场，从而促进我国 OFDI 的发展。

除此之外，进口对我国 OFDI 具有显著的正向影响。进口贸易与我国 OFDI 是互补的关系，进口商品同样会带来技术溢出效应与竞争效应，技术溢出帮助企业提高技术水平，企业 OFDI 所有权优势在不断增强；同时进口也引起国内市场的激烈竞争，促使企业通过 OFDI 寻求海外市场，因此，进口贸易对我国 OFDI 具有显著的促进作用。

同时，根据表 6 - 2 的回归结果还可以发现，行业发展水平对我国 OFDI 具有显著的负向影响。与以往认为母国经济发展水平能够促进母国 OFDI 的研究结果有一定的出入，之所以出现这种情况，可能与交通运输设备制造业、电气机械及器材制造业以及通信设备、计算机、通信和其他电子设备制造业三大行业的行业特点和政府政策导向有关。这三大行业均属于知识密集型产业，同时受政府政策导向的影响，对这三大行业的研发投入在不断增加，根据《全国科技经费投入公报》统计数据显示，2015～2017 年，计算机、通信和其他电子设备制造业、交通运输设备制造业、电气机械及器材制造业研发投入绝对额在所有行业研发投入中位列前三，并且研发投入增速也是稳居前列。所以，受政府政策导向影响，具备知识密集型特点的这三类产业主要致力于新型技术与产品的研发，在短期总投入不变的情况下，这三大行业 OFDI 则会相应减少，从而导致行业发展水平对我国 OFDI 产生显著负向影响。

第三节　基础设施 FCP 对 OFDI 影响的案例分析

基础设施 FCP 可以通过多种方式影响我国 OFDI，为进一步了解 FCP 对 OFDI 的影响路径，下面以中电投电力工程有限公司在土耳其承包阿特拉斯 2×600 兆瓦超临界燃煤机组工程项目为例，说明基础设施 FCP 如何影响 OFDI。

一、案例描述

2008 年 1 月，在集团总部大楼里，中电投电力工程有限公司同土耳其方签署土耳其阿特拉斯 2×600 兆瓦超临界燃煤机组工程总承包合同，这是中电投电力工程有限公司实施"走出去"战略，进军海外的重要标志。然而由于金融危机的影响，业主融资出现困难，合同中止，项目一度陷入停滞状态。除此之外，土耳其的政策及法律与欧洲接轨，部分工程的设计、建设及验收标准仍采用欧洲标准，政策、标准以及观念的不一致，导致 FCP 项目建设过程中的困难远远超过预期。但中电投电力工程有限公司凭借其强大的专业化能力，突破了种种限制与困难。2014 年 12 月，土耳其阿特拉斯 2×600 兆瓦超临界燃煤机组项目实现一年双投，比合同工期分别提前了 5 个月和 8 个月，项目完成良好。因此，中电投电力工程有限公司也被项目业主称为"最好的 EPC 总承包商"。[①]

二、案例分析

随着我国经济的发展，"走出去"战略的不断推进，越来越多企业开始拓展海外项目。其中，中电投电力工程有限公司近年来"走出去"能力就在不断增强，海外承包工程项目取得丰硕成果。其中，中电投电力工程有限公司首次以设计—采购—施工（engineering procurement construction，EPC）方式承包的海外大型火电项目——土耳其阿特拉斯项目完成度良好，为我国企业 OFDI 奠定了良好的舆论基础。中电投电力工程有限公司通过制定《土耳其阿特拉斯项目质量保证手册》等多项标准，与国际工程经验较为丰富的团队合作，有针对性地开展培训，加强项目的集约

---

① 赵坤，李守亮. 忆往昔不忘初心创未来砥砺前行——中电投电力工程有限公司十五年转型发展纪实［N］. 中国电力报，2018－11－12（第五版）。

度管理，解决政策标准不一致的难题，赢得了东道国业主以及政府的高度认可与支持，为我国企业开展 OFDI 提供良好环境。同时，中电投电力工程有限公司凭借其较强的专业化能力，优良的服务意识以及良好的契约精神，不断地开拓土耳其的电力市场。2017 年 10 月，国家电力投资集团又与土耳其 EMBA 发电有限公司签订合同，连同上下游产业链的企业通过 EPC 方式总承包土耳其胡努特鲁 2×660 兆瓦燃煤电厂项目。中电投电力工程有限公司以火电、煤电项目为基础，通过 EPC 承包方式实现设计、采购、施工以及后期维修运营、专家诊断、机械设备贸易等系列配套服务，带动产业链上下游企业开拓电力服务市场，不仅为国家电力投资集团树立品牌，还带动其他企业 OFDI，为提升我国对外开放水平，提高企业国际化水平提供良好基础。

第七章　中国基础设施 OFDI 对产业安全的影响

近年来随着 OFDI 的逐渐增加，其对产业安全的影响也变得不容忽视。本章基于基础设施产业安全指数，研究 OFDI 对产业安全指数、产业安全的构成指标以及拓展指标的影响。

第一节　中国基础设施 OFDI 产业安全效应的理论分析

一、基于产业安全评价指标的理论分析

（一）基础设施 OFDI 对劳动要素环境的影响

劳动要素环境是指劳动力这一生产要素所具有的特征，通常情况下包括劳动力的投入和产出两部分，投入可以用劳动力的工资表示，而产出则用劳动生产率来衡量。

企业进行 OFDI 后，可能会产生多种作用机制，从而促进企业生产率的提高。一是资源再配置效应的作用机制，即企业通过"走出去"的方式将原本相对无效率的生产环节配置到生产效率更高的国家和地区进行生

产，从而将留于国内的资源"专业化"用于更为有效的生产环节和阶段（Bernard，2006；Crespo & Fontoura，2007），最终表现为企业在母国的生产率更高的现象；二是规模经济效应的作用机制，即企业通过"走出去"在国外设立附属分支机构，可以产生工厂层面和公司层面的规模经济，从而带来母国企业生产率的相应提高（Desai et al.，2005；Herzer，2008）；三是接近和利用高级要素的作用机制，从现行的比较优势来看，发达经济体在诸如研发资金、人力资本存量、技术存量等高级要素方面具有显著的比较优势，因而通常也是全球最新的技术以及产品创新和设计的发源地。OFDI 增加了企业接触并利用全球高级要素的机会，这无疑会提高对外投资企业的研发能力和技术水平（Barba et al.，2010）；四是学习和竞争效应，即"走出去"的企业可能面临着更为激烈的市场竞争，以及能够接触到更多的技术扩散和知识外溢渠道（Syverson，2011），从而促进企业技术进步和创新能力提升，这必然带动母国企业生产率水平的提高；五是外包机会窗口效应的作用机制，即"走出去"的企业面临着与国际上其他企业更多合作的机会，包括承接或者进行技术和研发外包，这两种形式的外包机会窗口效应最终都会作用于母国企业的劳动生产率效应上（Herzer et al.，2008）。

基于以上分析，几种作用机制均对母国企业劳动生产率提升具有积极的促进作用。而劳动生产率越高，越有利于产业安全。因此，从劳动要素环境角度来看，OFDI 能够促进产业安全。

（二）基础设施 OFDI 对资源与生态环境的影响

在资源与生态环境方面，外资的流入往往会对东道国的能源消耗和环境质量产生较大的影响。第一，关于 FDI 对能源消耗的影响。一方面，外资流入东道国带来的最直接的结果是行业生产规模的扩大，从而带动了能源消耗的增长（赵晓丽等，2007）。另一方面，由于外资的流入会带来先进的技术设备和科学的管理方式，随着外资规模的扩大，FDI 可能通过规模效应和技术效应提高能源利用效率，从而降低能源消耗（欧育辉等，

2009)。第二,关于 FDI 对环境污染的影响。一方面,FDI 的流入意味着相关产业的生产消费活动转移到东道国,因而不可避免地会排放废弃物,从而污染东道国的环境,恶化东道国的环境福利(Chichilnisky,1994)。基础设施 OFDI 往往会带来较大的固体废弃物的排放,如铁路行业的固体废弃物主要来自铁路企业工务、铁路施工建筑垃圾和被废弃的线路与设备等(蒋洪强和吴文俊,2011);信息通信行业的固体废弃物主要有基站的铅酸蓄电池及大量的退网电子和电器设备(王博,2011),长期堆放这些垃圾物不仅占用大量土地,还会释放有害或者有毒物质,严重污染空气、水资源和其他环境资源,从而对生态环境造成巨大影响。另一方面,外商直接投资会同时伴随着对东道国环境污染治理技术和管理经验的转移,外资的"示范效应"和东道国的"学习效应"也可能会改善东道国的环境质量(盛斌和吕越,2012)。

随着 FDI 对资源与生态负面作用的扩大以及社会公众对生存环境质量要求的提高,东道国政府会采取环境规制的措施,通过制定相应政策与措施对厂商等的经济活动进行调节,以达到保持环境和经济发展相协调的目标(赵红,2006)。针对 FDI 的环境规制可分成两个方面:一是能耗产业将受到节能减排的压力。由于工业行业都具有不同程度的能源消耗强度,尽管参与基础设施 OFDI 的铁路、通信和电力三个产业属于低度耗能产业(聂普焱和黄利,2013),仍不可避免受到碳排放管理等方面制约,影响其资源配置过程,使行业结构发生改变(陈帅,2016)。二是高污染产业面临的环境壁垒。FDI 对东道国环境产生的影响包括规模效应、结构效应和技术效应,外资对投资目的国的环境效应取决于这三者的综合作用(王恕立等,2017),后者在一定程度上决定了东道国采取环境规制的强度,对投资企业产生"挤出效应",进而对产出和生产效率产生负向影响(Sancho et al.,2000),环境规制越严格,企业利润降低的就越明显(Rassier & Eamhart,2010)。首先,面对更严格的环境规制,如不采取应对措施,企业将支付更高的污染治理设施运行费用和排污费等,而企业资金有限,用于产品生产的要素投入减少将对企业产品生产产生"挤出效应"。其次，即使引进更先进的治污设备以应对更为严格的环境规制，企业对污染治理的投资会挤占企业用于生产技术创新的投资，从而对企业生产技术创新产生"挤出效应"。最后，企业将更多的时间用于治理污染，用于管理和产品生产的时间将受到影响（张彩云和郭艳青，2015）。

基于以上分析，外资的流入可以促进东道国能源消耗的增加和环境质量的降低，也可能降低能源消耗和改善环境质量。而能耗水平越高和环境污染水平越严重，行业受到节能减排的压力以及国际环境壁垒的影响越大。因此，从资源与生态环境角度来看，OFDI 可能会降低产业安全，也可能会促进产业安全。

（三）基础设施 OFDI 对结构竞争力的影响

目前跨国公司对外投资对母国市场结构影响的相关文献并不多，但我们可以从其引起的对母公司竞争力的影响来间接地对这一影响做出评估（茹玉骢，2004）。

技术寻求型直接投资对母国市场结构的影响主要随国家市场规模大小和对外直接投资政策和贸易政策的差异而变化。跨国公司通过跨国的生产和销售网络使得它能够获得规模经济的好处，从而具有较强的市场竞争力。对于市场规模比较大的国家，同时采取宽松的外国直接投资政策，那么本国跨国公司的技术寻求型对外直接投资将使得母国相关行业的竞争加剧，加速产品的更新换代和技术创新的竞争，从而形成垄断竞争的市场结构，即产业市场集中度。如果它对外国直接投资的政策比较消极，而保持自由贸易政策，那么技术寻求型对外直接投资将提高母国相关产业的集中度和该产业内的垄断程度，又由于本国公司仍然面临进口产品的竞争压力，市场结构将介于垄断竞争和寡头垄断之间；而该国在贸易和投资政策上采取双紧的策略，那么市场结构将趋向于寡头垄断，但是这种市场结构不容易保持，因为国内市场竞争程度的下降不利于其产品竞争优势的保持（茹玉骢，2004）。对于一些资源寻求型的大型国有企业，尤其是那些垄断行业的大型国有企业的海外投资，通过并购形成的全球化会加剧国内市场的垄断、寡头垄断或者买方寡头垄断。这一现象在高科技行业尤其明显，因为这些行业的企业会倾向于形成战略联盟以精简研发支出，从而形成优势地位。这些战略联盟可以产生效率增强效应，因为它们能够更有效地利用关键性资源（如研发）。但是，这些企业在产业部门占据的优势地位也会导致分割市场的产生，因为这些企业妨碍竞争性外资的进入，扭曲了上下游竞争市场的竞争条件（宋立刚等，2013）。

基于以上分析，结构竞争力可以体现为产业集中度，产业集中度的提高有利于该产业国际竞争力的提升。然而，OFDI 对产业集中度的影响是不确定的，受到东道国市场规模大小和对外直接投资政策和贸易政策变化的影响。因此，从对该产业结构竞争力的影响的角度来看，OFDI 可能促进产业安全的提升，也可能带来抑制的效果。

（四）基础设施 OFDI 对技术竞争力的影响

一个产业的技术竞争力主要体现在其技术水平的高低以及技术溢出的作用效果，技术水平越高，技术溢出作用越强，则该产业技术竞争力越强。由于基础设施行业的对外直接投资主要是铁路、电力和通信三个行业，中国在该行业的技术在"一带一路"沿线国家中已经处于较高水平，因此对这些国家进行基础设施投资对技术进步的影响空间比较小，但却存在着技术从高向低的溢出和流动，这种技术由高地区向低地区流动的现象被称为技术溢出效应。同时，东道国可能向母国企业产生反向技术外溢，作为基础设施行业这类研发密集型产业的发展将使得投资国能够很好地利用这种反向外溢，而且这种外溢会直接缩小母国与东道国的技术差距。因此，采用技术溢出来表示该产业的技术竞争力，下文着重研究 OFDI 对技术溢出的影响。

技术溢出将在企业层面和国家层面分别产生影响。

在企业层面，通过以下几种机制产生影响。第一，研发费用分摊。通过海外投资，可以刺激"一带一路"沿线国家或企业分摊部分研发费用，使我国企业腾出部分资源用于核心项目的研究与开发（赵伟等，2006），能够同时促进我国与东道国相关行业的技术进步，达到双赢的效果。第二，投资收益效应。我国基础设施行业的对外直接投资能够获得一定的海外投资收益，而这些投资收益增长为我国相关行业增加研发投入提供了资金保障（程贵等，2017）。第三，研发成果反馈机制。我国在对外直接投资的同时，为了便于管理而建立子公司，通过海外子公司研发形成的新技术反馈母公司，由此对投资母国技术产生影响（赵伟等，2006）。茹玉骢（2004）从空间集聚的视角提出，在 R&D 密集度高的行业中，一旦某技术领先企业及其附属企业在某一地理空间集聚，并形成一定的区位优势，直接投资方式可以使该企业快速融入此区位网络，尽可能利用区位优势获得新技术。

在国家层面，OFDI 会产生以下两种效应。第一，垂直溢出效应。母国企业生产技术水平提高后，对中间产品提出了新的生产要求，上下游关联企业的技术吸收能力提高。同时，获得逆向技术溢出的母国企业通过技术交流、技术转让等方式向上下游企业转移先进技术，促进上下游企业生产效率提高。此外，在非完全竞争市场中，后向关联企业平均成本会因为生产规模的扩大而降低，利润空间扩大，有利于进一步的学习投资，产生良性循环（王丽和韩玉军，2017）。第二，前瞻效应。通过技术获取型 OFDI 将国外先进产业和新兴产业移植到国内，不仅有利于国内高技术产业的培育和发展，而且可以引致新兴工业、新技术、新能源产业的发展，通过产业传导机制带动国内产业的调整和优化。

（五）基础设施 OFDI 对出口贸易的影响

基础设施 OFDI 对母国出口存在出口带动和出口替代两种效应。

在出口带动效应方面，无论是对发达国家的逆向上行投资，还是对发展中国家的顺向下行投资，都是具有贸易创造效应的海外投资（张纪凤和黄萍，2013），会带动投资母公司对海外分支机构或子公司的原材料、中间产品和机器设备的出口增加，还会引发东道国企业对母国其他相关企业产品的需求增加，由此会导致母国的出口增加（张春萍，2012）。在出口替代效应方面，跨国公司通过 OFDI 将生产基地转移到国外，在东道国当地生产后就地销售，从而部分或全部替代了原来的母国进口，导致母国出口减少。另外，投资在东道国产生了技术示范和技术扩散效应，当地企业可以是学习或模仿生产该产品，从而导致从母国进口的该产品数量减少（张春萍，2012）。

基于以上分析，基础设施 OFDI 可能增加母国出口，也可能减少母国出口。然而，出口依存度增高，产业安全的不确定性就会增加。因此，从 OFDI 对出口影响的角度来说，OFDI 对产业安全的影响是不确定的。

（六）基础设施 OFDI 对资本积累能力的影响

关于 OFDI 对国内资本形成的影响，现有研究中存在替代国内投资的挤出效应和促进国内投资的挤入效应两种不同的观点。

早期的主流观点认为，在国内资本存量既定的情况下，大规模的海外直接投资实质上是资本外流的过程。一方面，资本外流会引起国内可贷资金的供给下降，资金的稀缺性增强在国内资本市场上表现为利率的上升，最终对国内的投资形成挤出效应（余官胜和杨文，2014）。另一方面，对外直接投资又是一个生产转移的过程，海外生产的出口替代效应会减少国内资本。但生产转移的效应具有多样性，作用效果取决于企业对外直接投资的动机类型，以及由此产生的效果是增加还是减少了国内的生产规模（余官胜和杨文，2014）。

与上述结论不同，OFDI 能够促进国内投资的主要原因在于资源、技术寻求动机的 OFDI 的迅速发展促进了国内投资（辛晴和邵帅，2012）。对外直接投资能够通过生产要素补缺效应、投资收益效应、边际产业转移效应和出口规模效应对国内投资产生促进作用（崔日明等，2011）。从总体上看，金融发展程度越高，OFDI 对国内投资的促进作用将会越大（余官胜和杨文，2014）。除此之外，母国与东道国的产业结构的差异性越大，OFDI 对国内出口的积极作用越大，从而更能引致国内的投资增长，促进资本积累（顾雪松等，2016）。

　　基于以上分析，OFDI 对国内资本积累的影响存在不确定性。国内资本积累能力越强，产业安全受影响的程度越小。因此，从国内资本积累能力角度来说，OFDI 对产业安全的影响是不确定的。

（七）基础设施 OFDI 对吸收就业能力的影响

　　基础设施 OFDI 通过改变国内投资、国际贸易和人力资本等经济条件，影响到母国的就业数量和结构。

　　在就业数量方面，基础设施 OFDI 对母国基础设施行业的影响为以下两个方面：一方面，随着大规模基础设施建设的高潮在不同领域逐渐过去，中国正面临着部分产业特别是相关制造业产能的过剩。在这一背景下，加大对外基础设施投资规模，充分抓住世界各国对基础设施的巨大需求，在短期内会拉动中国施工机械及劳务的输出，带动相关商品和建材出口，消化国内过剩产能，从而带动基础设施相关行业就业人口的增长。从中长期看，基础设施 OFDI 开拓了新兴国际市场，为中国逐渐升级的制造业积累更多的资金，争取更多的缓冲时间，开辟后续发展的市场空间，这也对国内基础设施行业的就业起到了积极的促进作用（金中夏，2012）。另一方面，在基础设施 OFDI 的过程中，企业为了降低运输成本可能会将部分生产环节转移到国外，替代母国出口，从而国内产出降低，减少对国内基础设施劳动力的需求，从而降低就业（刘海云和廖庆梅，2017）。

　　在就业结构方面，由于跨国公司一般会将管理职能部门集中于母公司，基础设施 OFDI 创造了许多母国非生产性就业机会，如法律、公共关系服务和工程咨询等方面的岗位。另外，中国基础设施 OFDI 的行业面临着产能过剩和亟待产业升级的两难困境，产业转移有助于释放生产要素，促进新型产业发展。因此，对外投资有助于国内就业结构优化。

　　基于以上分析，OFDI 对母国就业的影响存在不确定性。吸收就业能力越强，产业安全受影响的程度越小。因此，从吸收就业能力方面来说，OFDI 对产业安全的影响是不确定的。

（八）基础设施 OFDI 对市场开拓能力的影响

目前并没有文献明确提出 OFDI 市场效应，但是其市场寻求动因，从侧面反映了对外投资市场效应的存在，OFDI 的主要动机之一是进行市场开拓（黄凌云等，2014）。

随着中国国内竞争日益激烈，国内市场趋于饱和，众多企业放眼于国际市场，以实现更大程度的规模经济，OFDI 便是开拓国际市场的有效方式之一（綦建红和王亚运，2015）。OFDI 可以通过规模经济效应、自我选择效应两种途径促进中国企业国际市场开拓。一方面，规模经济效应有利于资源优化配置和技术进步。通过市场寻求型顺向投资，中国企业在发展中国家直接生产并在当地销售，可以绕开贸易壁垒，在广大发展中国家配置资源和生产要素，形成规模经济，扩大国际生产市场。另一方面，自我选择效应有利于企业优胜劣汰和行业生产率提高。生产率较高的企业可以占领国外市场，其中最高和次高的企业分别选择 OFDI 和出口方式进入国际市场，从而扩大其在行业中的市场份额并获得更大利润（马相东，2017）。此外，跨境并购成为企业获取全球高端要素和战略资源的重要途径。我国企业通过跨境并购获取了发达国家跨国公司的核心关键技术、领军人才、国际品牌、营销渠道等生产、市场和创新要素，从而加快了构建全球创新网络和物流营销体系，快速推动了企业自主创新、自主品牌国际化和海外市场开拓能力，有效改变了全球价值链长期位于中低端的困境，深化了与东道国的互利共赢关系（王晓红，2017）。

基于以上分析，市场开拓是企业 OFDI 的主要动机之一，OFDI 能够增强企业的市场开拓能力，扩大其在行业中的市场份额并获得更大利润，有利于我国的产业安全。

（九）基础设施 OFDI 对盈利能力的影响

OFDI 对企业盈利能力的影响表现在提高企业盈利能力和降低企业盈利能力两个方面。

　　一方面，OFDI通过提高企业技术水平、扩大市场规模和降低交易成本提高盈利能力。OFDI可通过研发费用分摊、投资收益效应、并购效应、研发资源共享、研发成果反馈机制和外围研发剥离机制促进投资企业提高R&D投入（赵伟等，2006；程贵等，2017；李国学，2017），利用逆向技术溢出提高投资企业的生产率（邹明，2008），这种生产率的调节会因投资模式、投资动机（魏凡等，2017）、母公司特征和子公司进入策略的不同（戴翔，2016）而存在异质性。企业生产率与盈利能力直接相关，如在计算机、通信及其他电子设备制造业中，上市公司的研发投入强度远高于该行业平均水平，即企业研发投入与企业盈利能力显著正相关（吴利华和黄镜蓉，2018）。在市场和交易方面，一国的对外直接投资，必然会带动投资母公司对海外分支机构或子公司的原材料、中间产品和机器设备的出口增加，另外还会引发东道国企业对母国其他相关企业产品的需求增加，从而导致母国出口增加（张春萍，2012）。除此之外，由于逆向技术溢出能够提高生产过程的技术含量，提高出口产品附加值（张海波，2014），企业利润得以提高。

　　另一方面，OFDI会使企业境外前期投入、异国投资风险、内部沟通成本提高，从而降低盈利能力。首先，企业在投资初期需要建立厂房、购买机器设备、招聘员工等，为OFDI企业增加额外负担。当新公司成立后随之而来的是因对东道国的政治、经济、文化、法律等环境不熟悉而产生的额外成本，以及汇率波动的风险、政治风险等，这些可能给企业盈利能力带来不利影响（杨平丽和曹子瑛，2017）。其次，众多分支机构带来的企业管理和协调成本过高，以及经营规模过大出现的规模不经济等也会侵蚀企业利润率，降低企业盈利能力。最后，OFDI对企业劳动生产率、全要素生产率、无形资产与总资产的比率的提升可能存在滞后效应，因而对企业利润规模和资产利润率的影响不显著（Cozza，2015）。

　　基于以上分析，OFDI对企业盈利能力的影响存在不确定性。盈利能力直接反映了行业的发展能力，盈利能力越高，越有利于产业安全。因此，从盈利能力方面来说，OFDI对产业安全的影响存在不确定性。

二、基于产业安全扩展指标的理论分析

（一）基础设施 OFDI 对产业升级的影响

母国增加基础设施 OFDI 使得本国的电力、铁路和通信行业呈现出向投资国转移的趋势。我国基础设施 OFDI 的行业主要为发展较好、技术较成熟的行业，生产能力比较旺盛。基础设施 OFDI 从短期来看能够转移过剩产能、释放生产要素，从而带动相关产业的发展，使原有的产业结构不断升级优化（王英和周蕾，2013）；此外，还可以通过规避贸易壁垒，扩大相关产品出口规模，实现规模经济并促进贸易结构的升级，从而优化我国的产业结构（马相东，2017）；从长期来看，这种对外直接投资能够通过获取海外资源及市场信息、学习先进管理经验等方式使国内产业结构加速升级（潘颖和刘辉煌，2010）。

除此之外，从价值链的视角来看，由于"一带一路"国家主要为发展中国家且多为亚洲国家，对其进行 OFDI 将更有利于提升我国在全球价值链体系中的"分工地位"（刘斌、王杰和魏倩，2015），促进产业结构优化升级（谢光亚和杜君君，2015；张远鹏和李玉杰，2014）。

（二）基础设施 OFDI 对产业空心化的影响

产业空心化可以分为规模空心化和效率空心化（吴海民，2012）。基础设施 OFDI 造成母国产业向外转移，使得电力、铁路和通信产业有出现行业性萎缩的可能性，即规模空心化。同时，转移过剩产能，能够释放出大量投入要素，这些要素如果没有被其他产业或者新兴产业有效利用，则会出现效率空心化的风险。

目前，我国基础设施 OFDI 所占比重不大，且基础设施 OFDI 属于当地生产型投资，主要为发展较好、技术较成熟的行业，如铁路、电力和通

信产业,主要承担着缓解产能过剩和经济疲软的政策目标①,不会影响母国国内相应产业的市场份额,甚至还能在短期内带动相关商品和建材出口(金中夏,2012),因此对产业发展具有积极影响,出现规模空心化的可能性不大。但是,基础设施 OFDI 规模的过快扩张会造成中国相应产业资本存量的缩减和实际利率的上升(刘海云和喻蕾,2014),同时投资惯性会导致释放出的资源难以迅速重新配置,因此不能排除出现效率空心化的可能。为了进一步确定我国基础设施 OFDI 能否引起产业空心化,下文采用实证研究的方法进行验证。

第二节 中国基础设施 OFDI 产业安全效应的实证分析

本节着眼于 OFDI 对所建立的产业安全评价体系以及各个构成评价体系指标的具体影响进行实证检验。同时,在 OFDI 对母国的影响研究中,产业升级和产业空心化没有包括在产业安全的评价指标体系中,本节还分析"一带一路"下中国基础设施 OFDI 对产业升级和产业空心化这两个拓展效应的影响。

一、基于产业安全指数的实证分析

本节首先对基础设施产业安全和 OFDI 的时间序列数据进行单位根检验,以确定序列的平稳性;其次采用格兰杰因果检验法对基础设施产业安全和 OFDI 之间的关系进行研究,以确定两者之间的因果性;最后构建最小二乘面板回归模型,以确定基础设施 OFDI 对产业安全的具体影响。

本节的研究对象为基础设施 OFDI 和产业安全指数。基础设施行业及

---

① "走出去"公共服务平台 [EB/OL]. 中华人民共和国商务部网站,2016 - 4 - 1.

其细分行业 OFDI 数据来源与处理方式同第六章第二节；产业安全指数为第五章第三节的计算结果。由于 OFDI 的金额会受到国内通货膨胀的影响，因此以 2003 年为基期，采用国内生产总值指数对 OFDI 进行调整；同时，为了消除异方差以及 OFDI 和产业安全指数的数量级差别带来的影响，对 OFDI 进行取对数处理。另外，考虑到数据的可获得性，采用 2003~2017 年的基础设施 OFDI 和产业安全指数分行业的面板数据进行建模。

（一）单位根检验

通常情况下，时间序列数据具有一定的趋势性特点，即随着时间的推移，时间序列数据本身存在着递增或递减的趋势，也就是存在着单位根。若直接采用存在单位根的数据进行回归可能会产生伪回归的现象。因此，针对时间序列数据，通常需要进行单位根检验，若数据存在单位根需要对其进行差分，直到两变量差分后不存在单位根为止。此外，格兰杰因果检验也要求序列平稳，因为只有当序列是静态的，才能使用格兰杰因果检验。在这里将 OFDI 的对数记为 lnOFDI，产业安全指数记为 P。各变量的单位根检验结果见表 7-1。

表 7-1 lnOFDI 和产业安全指数 P 的单位根检验结果

变量	ADF 统计量	临界值	P 值	检测结果
lnOFDI	-3.5701	1%：-4.8001 5%：-3.7912 10%：-3.3423	0.0707	平稳
P	-4.5632	1%：-4.8001 5%：-3.7912 10%：-3.3423	0.0146	平稳

由表 7-1 可知，OFDI 和产业安全的初始值不存在单位根，序列平稳。由于原序列平稳，所以可以进行格兰杰因果检验。

（二）格兰杰因果检验

格兰杰因果检验主要是用于检验变量之间影响的时间顺序，也即两变量的影响是否存在前后期的滞后影响。格兰杰因果检验的结果见表 7 - 2。

表 7 - 2　　　　　　lnOFDI 与产业安全指数 P 的格兰杰因果检验

原假设	F 统计量	概率 P 值
基础设施 lnOFDI 不是其产业安全的格兰杰原因	25.6999	0.0004
基础设施产业安全不是其 lnOFDI 的格兰杰原因	0.2477	0.6285

注：滞后阶数为 1。

由表 7 - 2 可知，滞后一期的 lnOFDI 是基础设施产业安全的格兰杰原因，这意味着上一期的基础设施 OFDI 会影响到当期的产业安全，而产业安全与基础设施 OFDI 间不存在滞后影响。

（三）OLS 回归

为了进一步研究基础设施 OFDI 对产业安全的具体影响，选取交通运输建设领域、电力工程建设领域以及通信工程建设领域的 OFDI 与对应的产业安全指数构建面板回归模型，进行 OLS 回归，得到式（7 - 1）。

$$P_{it} = -0.6748 + 0.0864 \ln OFDI_{it-1} \qquad (7-1)$$
$$(0.4809)\quad(0.0499)$$

其中，i 表示基础设施产业各细分行业，t 表示年份，括号内为标准误。

由式（7 - 1）可知，上一期的基础设施 OFDI 对当期产业安全的影响显著为正，上一期基础设施 OFDI 每增加 1%，当期产业安全指数上升 0.0864 个单位。结合格兰杰因果检验的结果，基础设施 OFDI 越高，产业越安全，即基础设施 OFDI 会在一定程度上促进产业安全。

以上分析研究了基础设施 OFDI 和产业安全指数的相关关系和 OFDI 对产业安全的具体影响。产业安全指数是由多指标构成的，为了进一步研究 OFDI 与各个指标之间的具体关系，本节第二部分基于评价指标进行实证分析。

二、基于评价指标的实证分析

（一）基础设施 OFDI 对劳动要素环境的影响

劳动要素环境是指劳动力这一生产要素所具有的特征，通常情况下包括有劳动力的投入和产出两部分，投入可以用劳动力的工资表示，而产出则用劳动生产率来衡量。

为验证第一节结果分析中 OFDI 对劳动生产要素环境影响的推论，以下进行实证研究，其中劳动生产率和工资的计算方法与数据来源与第五章相同，研究区间为 2003～2017 年。由于第五章中表 5-2 显示劳动生产率和工资显示出较强的相关性，因此，选取了劳动生产率作为劳动生产要素环境的替代指标。表 7-3 计算了基础设施各行业 OFDI 与劳动生产率的相关系数，用以反映两者之间统计上的相关性。

表 7-3　　　　基础设施各行业 OFDI 与劳动生产率的相关系数

相关系数	交通运输行业 OFDI	电力行业 OFDI	通信行业 OFDI	基础设施 OFDI
劳动生产率	0.739 *** (0.002)	0.606 ** (0.017)	0.313 (0.256)	0.680 *** (0.005)

注：** 、 *** 分别表示在 5% 和 1% 的水平下显著。

由表 7-3 可知，总体而言基础设施 OFDI 与劳动生产率均存在显著的正向线性相关关系。交通运输行业和电力行业的结果与总体结果基本相同，呈现出正向线性相关关系；通信行业 OFDI 与劳动生产率也呈现出正向相关的趋势，但是相关系数检验的结果显示并不显著。为进一步确定是否存在因果关系以及因果构成的方向，利用基础设施 OFDI 对劳动生产率进行格兰杰因果检验。一般情况下，格兰杰因果检验的前提要求被检验变量不存在单位根，即使存在单位根也需要达到同阶单整，但由于所选数据长度仅为 2003~2017 年共 15 年，在数据长度较短时可以不考虑其是否存在单位根的状况，因此，默认原始数据不存在单位根，可直接进行格兰杰因果检验，所用软件为 Eviews 7，检验结果见表 7-4。

表 7-4　　　　　　基础设施行业劳动生产率格兰杰因果检验结果

原假设	F 统计量	概率 P 值
交通运输行业 OFDI 不是其劳动生产率的格兰杰原因	8.0408	0.0162
交通运输行业劳动生产率不是其 OFDI 的格兰杰原因	2.8579	0.1190
电力行业 OFDI 不是其劳动生产率的格兰杰原因	0.3858	0.5472
电力行业劳动生产率不是其 OFDI 的格兰杰原因	6.5715	0.0264
通信行业 OFDI 不是其劳动生产率的格兰杰原因	0.0788	0.7814
通信行业劳动生产率不是其 OFDI 的格兰杰原因	0.5541	0.4722
基础设施产业 OFDI 不是其劳动生产率的格兰杰原因	1.1257	0.3114
基础设施行业劳动生产率不是其 OFDI 的格兰杰原因	0.7773	0.3968

注：滞后阶数为 1。

由表 7-4 可知，基础设施行业 OFDI 与劳动生产率之间不存在明显的因果关系，只有交通运输行业 OFDI 是其劳动生产率的格兰杰原因。结合表 7-3 相关分析的结果，交通运输行业 OFDI 对其劳动生产率具有正向促进作用，OFDI 越大，劳动生产率越高。

为了进一步确定基础设施行业 OFDI 对劳动生产率的影响，建立面板回归模型进行分析，得到式（7-2）。

$$\text{lp}_{it} = -3.3832 + 14.4402 \ln \text{OFDI}_{it} \qquad (7-2)$$
$$(30.0379)\ (3.0313)$$

其中，lp 表示劳动生产率。

由式（7-2）可知，基础设施 OFDI 会显著促进劳动生产率的提升，OFDI 每增加 1%，劳动生产率提高 14.4402%。因此，从对劳动要素环境的影响这一角度来看，OFDI 会从一定程度上促进产业安全。

（二）基础设施 OFDI 对资源与生态环境的影响

以下对理论推演进行验证，研究区间为 2003~2017 年，指标计算方法与数据来源与第五章相同。由于单位能耗的数据缺失较多，因此在这里只检验 OFDI 对环境质量的影响。其中环境质量用单位固体废物排放来表示，对于其中的缺失值采用平均值代替。表 7-5 和表 7-6 分别为相关系数和格兰杰因果检验的结果。

表 7-5　　　基础设施各行业 OFDI 与单位固体废物排放相关系数

相关系数	交通运输行业 OFDI	电力行业 OFDI	通信行业 OFDI	基础设施 OFDI
单位固体废物排放	-0.931 *** (0.000)	-0.622 ** (0.013)	-0.706 *** (0.003)	-0.871 *** (0.000)

注：**、***分别表示在 5% 和 1% 的水平下显著。

表 7-6　　　基础设施行业单位固体废物排放格兰杰因果检验结果

原假设	F 统计量	概率 P 值
交通运输行业 OFDI 不是其单位能耗的格兰杰原因	0.7754	0.3974
交通运输行业单位能耗不是其 OFDI 的格兰杰原因	0.3221	0.5817
电力行业 OFDI 不是其单位能耗的格兰杰原因	4.2315	0.0642
电力行业单位能耗不是其 OFDI 的格兰杰原因	3.1277	0.1047
通信行业 OFDI 不是其单位能耗的格兰杰原因	9.6289	0.0100
通信行业单位能耗不是其 OFDI 的格兰杰原因	0.0772	0.7863
基础设施产业 OFDI 不是其单位能耗的格兰杰原因	1.9244	0.1928
基础设施行业单位能耗不是其 OFDI 的格兰杰原因	0.3184	0.5839

注：滞后阶数为 1。

相关系数的检验结果显示，基础设施行业的 OFDI 与固体废物排放存在显著的负相关关系，分行业的结果差别不大，各行业的 OFDI 与其固体废物排放存在显著的负线性相关关系。相关关系确定后则需要进一步确定其是否存在因果关系，格兰杰因果检验的结果表明，基础设施各行业 OF-DI 总量与单位固体废物排放之间无明显的因果关系，但对于电力行业和通信行业来说，OFDI 是其行业单位固体废物排放的原因。表 7 - 5 和表 7 - 6 结果综合起来可以说明，OFDI 会对电力行业和通信行业的单位固体废物排放产生显著的负向影响，即 OFDI 的增长会延缓电力产业及通信行业的固体废物排放量。为了进一步确定基础设施行业 OFDI 对单位固体废物排放的具体影响，建立面板回归模型进行分析，并得到式（7 - 3）。

$$wd_{it} = 183.1807 - 12.1965 \ln OFDI_{it} \qquad (7-3)$$
$$(57.7808)\ (5.8311)$$

其中，用 wd 表示单位固体废物排放量。

由式（7 - 3）可知，基础设施行业 OFDI 会对单位固体废物排放产生显著的负向影响。OFDI 每增加 1%，单位固体废物排放量下降 12.1965 个单位。而单位固体废物排放越少，对资源与生态环境的影响就越小，产业就越安全。因此，OFDI 会对资源与生态环境产生影响，这种影响会随着 OFDI 的增加而降低，从对资源与生态环境影响的角度来看，OFDI 有利于产业安全。

（三）基础设施 OFDI 对结构竞争力的影响

结构竞争力可以体现为产业集中度，因此下文利用产业集中度作为结构竞争力的替代指标，具体研究 OFDI 与结构竞争力之间的数量关系，指标的计算方法与数据来源与第五章相同，研究区间为 2003 ~ 2017 年。表 7 - 7 显示了基础设施各行业 OFDI 与产业集中度的相关系数。

表 7 - 7　　　　基础设施各行业 OFDI 与产业集中度的相关系数

相关系数	交通运输行业 OFDI	电力行业 OFDI	通信行业 OFDI	基础设施 OFDI
产业集中度	- 0.259 (0.352)	0.339 (0.217)	- 0.541 ** (0.037)	- 0.328 (0.233)

注：** 表示在 5% 的水平下显著。

由表 7 - 7 可知，除了通信行业 OFDI 与其产业集中度存在显著的负相关关系，其他行业的线性关系都不显著，但这并不意味着基础设施 OFDI 与产业集中度之间不存在非线性关系，为了验证这一猜想，建立面板回归模型，如式（7 - 4）所示。

$$ic_{it} = 1.2935 - 0.1051\ln OFDI_{it} + 0.0051\ln OFDI_{it}^2 \qquad (7-4)$$
$$(0.2038) \quad (0.0465) \qquad (0.0026)$$

其中，ic 为产业集中度。

由式（7 - 4）可知，基础设施 OFDI 与产业集中度之间存在"U"形相关关系，即 OFDI 小于一定值时，OFDI 的增长会降低产业集中度，当 OFDI 达到一定值时，OFDI 的增长会提高产业集中度。产业集中度的提高有利于该产业国际竞争力的提升，从而促进产业安全程度的提高。所以，从对该产业结构竞争力的影响的角度来看，基础设施 OFDI 低于一定值时，会降低其产业安全程度；高于这个值时，会提高产业安全程度。

（四）基础设施 OFDI 对技术竞争力的影响

本部分对 OFDI 的逆向技术溢出效应进行检验。逆向技术溢出意味着基础设施 OFDI 会对母国基础设施行业的技术进步起到促进作用。技术进步主要体现为行业研发投入占比的增加、专业技术人员占比的增加和新产品产值占比的增加，因此下文研究 OFDI 分别对这三个指标的影响。首先用 SPSS 计算了基础设施 OFDI 分别与行业研发投入占比的增加、专业技术人员占比的增加和新产品产值占比之间的相关系数，结果见表 7 - 8。

表 7 - 8　　　　基础设施 OFDI 与技术进步的相关系数

相关系数	交通运输行业 OFDI	电力行业 OFDI	通信行业 OFDI	基础设施 OFDI
行业研发投入占比	0.777 ** (0.001)	- 0.079 (0.779)	0.803 *** (0.000)	0.766 *** (0.001)
专业技术人员占比	0.809 *** (0.000)	0.475 * (0.074)	0.083 (0.768)	0.606 ** (0.017)

相关系数	交通运输行业 OFDI	电力行业 OFDI	通信行业 OFDI	基础设施 OFDI
新产品产值 占比	-0.004 (0.989)	0.300 (0.278)	0.838 *** (0.000)	0.820 *** (0.002)

注：*、**、*** 分别表示在 10%、5% 和 1% 的水平下显著。

由表 7-8 可知，总体而言，基础设施 OFDI 与行业研发投入占比、专业技术人员占比及新产品产值占比间均存在着显著的正相关关系，分行业情况基本相同。由于相关系数只能显示两变量间的相关关系，而无法确定其因果关系，因此还需要进行格兰杰因果检验来进一步确定基础设施 OFDI 能否影响该行业的技术竞争力。格兰杰因果检验的结果由 Eviews 7 得到，结果见表 7-9。

表 7-9　　　　基础设施行业技术竞争力格兰杰因果检验的结果

原假设	F 统计量	概率 P 值
基础设施 OFDI 不是行业研发投入占比的格兰杰原因	43.6045	0.0000
行业研发投入占比不是基础设施 OFDI 的格兰杰原因	0.4428	0.5195
基础设施 OFDI 不是专业技术人员占比的格兰杰原因	4.3332	0.0615
专业技术人员占比不是基础设施 OFDI 的格兰杰原因	0.2880	0.6022
基础设施 OFDI 不是新产品产值占比的格兰杰原因	5.3386	0.0413
新产品产值占比不是基础设施 OFDI 的格兰杰原因	4.7954	0.0510

注：滞后阶数为 1。

由表 7-9 可知，基础设施 OFDI 是行业研发投入占比、专业技术人员占比及新产品产值占比的格兰杰原因，即基础设施 OFDI 会对技术进步产生影响，综合前文的相关系数，由于相关系数显著为正，因此，基础设施 OFDI 会促进母国基础设施行业的技术进步，即产生逆向技术溢出作用。

为了进一步确定 OFDI 对技术竞争力的具体影响，分行业进行回归，并得到式（7-5）、式（7-6）及式（7-7）。

$$rd_{it} = 0.4390 + 0.0726 \ln OFDI_{it-1} \qquad (7-5)$$
$$(0.2267) \quad (0.0220)$$

$$tp_{it} = 3.4706 + 0.4464 \ln OFDI_{it-1} \qquad (7-6)$$
$$(1.5708) \quad (0.1524)$$

$$np_{it} = 24.8951 + 0.2235 \ln OFDI_{it-1} \qquad (7-7)$$
$$(5.4652) \quad (0.5303)$$

其中，rd、tp、np 分别为行业研发投入占比、专业技术人员占比、新产品产值占比。

由式（7-7）可知，虽然 OFDI 对新产品产值占比的影响并不显著，但由于行业研发投入及专业技术人员在技术竞争力中占比较大，且式（7-5）及式（7-6）显示基础设施行业 OFDI 能显著促进行业研发投入及专业技术人员的增加，所以基础设施行业 OFDI 整体上会促进技术竞争力的提升。

综上所述，基础设施 OFDI 存在着技术溢出效应，它不但会对东道国相关产业的技术进步起到促进作用，同时还对母国具有逆向技术溢出的作用，这种双重作用会在东道国和母国间实现"双赢"的效果。因此，OFDI 有利于提升产业、甚至国家的技术竞争力，促进母国该产业的发展。所以，从对技术竞争力影响的角度来看，OFDI 能够提升产业安全程度。

（五）基础设施 OFDI 对出口的影响

为检验第一节结果分析中 OFDI 对出口的具体影响，本书对基础设施 OFDI 对母国出口的影响进行了实证研究。用 SPSS 分别计算基础设施三大行业 OFDI 与该行业出口依存度的相关系数。指标计算方法与资料来源同第五章，计算结果如表 7-10 所示。

由表 7-10 可知，基础设施各行业 OFDI 与其出口依存度的相关系数均显著为负，因此，可以认为基础设施各行业的出口依存度和基础设施 OFDI 之间存在显著的负向线性相关关系。具体的因果关系利用格兰杰因果检验来确定，检验结果见表 7-11。

表 7 – 10　　　　　　基础设施各行业 OFDI 与出口依存度相关系数

相关系数	交通运输行业 OFDI	电力行业 OFDI	通信行业 OFDI	基础设施 OFDI
出口依存度	– 0. 522 ** (0. 046)	– 0. 538 ** (0. 039)	– 0. 538 ** (0. 039)	– 0. 866 *** (0. 000)

注：** 、*** 分别表示在 5% 和 1% 的水平下显著。

表 7 – 11　　　　　　基础设施行业出口格兰杰因果检验结果

原假设	F 统计量	概率 P 值
交通运输行业 OFDI 不是电力行业出口的格兰杰原因	9. 3478	0. 0109
交通运输行业出口不是电力行业 OFDI 的格兰杰原因	1. 3408	0. 3097
电力行业 OFDI 不是铁路行业出口的格兰杰原因	0. 4092	0. 2602
电力行业出口不是铁路行业 OFDI 的格兰杰原因	2. 1171	0. 1736
通信行业 OFDI 不是通信行业出口的格兰杰原因	15. 1562	0. 0025
通信行业出口不是通信行业 OFDI 的格兰杰原因	0. 4569	0. 5130
基础设施产业 OFDI 不是基础设施出口的格兰杰原因	14. 6690	0. 0028
基础设施出口不是基础设施产业 OFDI 的格兰杰原因	1. 8862	0. 1970

注：滞后阶数为 1。

由表 7 – 11 可知，基础设施产业整体 OFDI 是其出口的格兰杰原因，结合表 7 – 10 的相关系数可知，基础设施行业 OFDI 能够降低基础设施行业的出口，可能是因为 OFDI 对出口的替代效应大于带动效应。为了进一步确定基础设施 OFDI 对出口的具体影响，选择基础设施细分行业数据进行回归分析，并得到式（7 – 8）。

$$ed_{it} = 50. 1090 - 1. 9972 \ln OFDI_{it-1} \qquad (7 - 8)$$
$$(4. 1338)\ (0. 4013)$$

其中，ed 表示出口依存度。

从式（7 – 8）可知，基础设施行业 OFDI 能显著降低出口依存度，OFDI 每增加 1%，出口依存度下降 1. 9972 个单位。出口依存度越低，产业安全的不确定性也会越低，所以，从出口的角度来看，OFDI 的增加会通过降低出口依存度而促进产业安全。

(六) 基础设施 OFDI 对资本积累能力的影响

资本积累能力体现为固定资产净值的积累速度，因此可以用固定资产净值增长率来表示，以下研究 OFDI 对资本积累能力的具体影响，研究区间为 2003~2017 年，指标计算方法与资料来源与本书第五章相同。表 7-12 为基础设施各行业 OFDI 与固定资产净值增长率相关系数，相关性检验的结果表明，交通运输行业 OFDI 和基础设施三行业总的 OFDI 与固定资产净值增长率之间呈现出显著负的线性相关关系，而电力和通信行业 OFDI 与固定资产净值增长率之间的负向线性相关系数不显著。接下来就其是否存在因果关系进行检验，检验结果见表 7-13。

表 7-12　　基础设施各行业 OFDI 与固定资产净值增长率相关系数

相关系数	交通运输行业 OFDI	电力行业 OFDI	通信行业 OFDI	基础设施 OFDI
固定资产净值增长率	-0.648 *** (0.009)	-0.137 (0.627)	-0.307 (0.265)	-0.599 ** (0.018)

注：** 、*** 分别表示在 5% 和 1% 的水平下显著。

表 7-13　　　基础设施行业资本积累能力格兰杰因果检验结果

原假设	F 统计量	概率 P 值
交通运输行业 OFDI 不是其资本积累能力的格兰杰原因	6.7904	0.0244
交通运输行业资本积累能力不是其 OFDI 的格兰杰原因	0.0088	0.9271
电力行业 OFDI 不是其资本积累能力的格兰杰原因	2.4644	0.1448
电力行业资本积累能力不是其 OFDI 的格兰杰原因	0.0002	0.9897
通信行业 OFDI 不是其资本积累能力的格兰杰原因	1.9841	0.1866
通信行业资本积累能力不是其 OFDI 的格兰杰原因	0.7745	0.3976
基础设施 OFDI 不是其资本积累能力的格兰杰原因	8.6986	0.0132
基础设施资本积累能力不是其 OFDI 的格兰杰原因	0.6925	0.4230

注：滞后阶数为 1。

由表 7 - 13 可知，对于基础设施行业来说，资本积累能力是其 OFDI
的原因，虽然各行业中仅交通运输行业的结果显著，电力行业和通信行业
的结果并不显著，但总体上看，OFDI 会影响固定资产净值增长率。结合
表 7 - 12 的结果，基础设施行业 OFDI 越高，固定资产增长率越低，产业
安全受影响的程度越大。为了进一步确定影响的大小，分行业进行面板回
归，得到式（7 - 9）。

$$ca_{it} = 28.1195 - 1.3843 \ln OFDI_{it-1} \qquad (7-9)$$
$$(9.8249) \quad (0.9534)$$

其中，ca 表示固定资产净值增长率。

由式（7 - 9）可知，虽然基础设施 OFDI 会导致固定资产净值增长率
的降低，但这种影响并不显著，可能是因为 OFDI 还未达到能够发挥替代
效应的规模。因此，从资本积累的角度来看，OFDI 对产业安全没有产生
显著影响。

（七）基础设施 OFDI 对吸收就业能力的影响

为了验证基础设施 OFDI 对母国就业数量的影响，首先计算了基础设
施 OFDI 和基础设施行业就业人数之间的相关系数，SPSS 的计算结果见表
7 - 14。由表 7 - 14 可知，基础设施 OFDI 和基础设施行业就业人数之间不
存在显著的线性相关性，可能是因为两者之间存在更高阶的相关。

表 7 - 14　基础设施各行业 OFDI 与基础设施行业就业人数增长率相关系数

相关系数	交通运输行业 OFDI	电力行业 OFDI	通信行业 OFDI	基础设施 OFDI
就业人数增长率	- 0.332 (0.226)	0.079 (0.781)	- 0.486 (0.066)	- 0.397 (0.143)

进一步对基础设施 OFDI 和就业人数增长率的因果关系进行检验，检
验结果如表 7 - 15 所示。

表 7 – 15　　　　基础设施行业就业人数增长率格兰杰因果检验结果

原假设	F 统计量	概率 P 值
交通运输行业 OFDI 不是其就业人数增长率的格兰杰原因	0. 0435	0. 8387
交通运输行业就业人数增长率不是其 OFDI 的格兰杰原因	0. 0958	0. 7627
电力行业 OFDI 不是其就业人数增长率的格兰杰原因	0. 5926	0. 4576
电力行业就业人数增长率不是其 OFDI 的格兰杰原因	0. 1327	0. 7226
通信行业 OFDI 不是其就业人数增长率的格兰杰原因	0. 3394	0. 5719
通信行业就业人数增长率不是其 OFDI 的格兰杰原因	1. 0532	0. 3268
基础设施 OFDI 不是其就业人数增长率的格兰杰原因	0. 1251	0. 7303
基础设施就业人数增长率不是其 OFDI 的格兰杰原因	0. 6271	0. 4452

注：滞后阶数为 1。

由表 7 – 15 可知，基础设施行业及分行业 OFDI 都不是其各自就业人数增长率的格兰杰原因。面板回归结果如式（7 – 10）所示。

$$re_{it} = 16.1433 - 0.8703\ln OFDI_{it} \qquad (7-10)$$
$$(8.2111)\ (0.8286)$$

其中，re 表示就业人数增长率。

由式（7 – 10）可知，基础设施行业 OFDI 对就业人数增长率的影响并不显著，可能是因为 OFDI 对吸收就业的影响存在较大时滞性，需要经过中长期的发展，才能为中国逐渐升级的制造业积累更多的资金，争取更多的缓冲时间，开辟后续发展的市场空间，从而对基础设施行业的就业起到积极的促进作用。所以，从短期来看，基础设施行业 OFDI 对其产业安全没有产生显著的影响。

（八）基础设施 OFDI 对市场开拓能力的影响

以下针对 OFDI 对产业市场开拓能力的影响进行实证检验，市场开拓能力用产品销售收入增长率来表示。研究年份与各指标的计算方法与第五章相同。

　　表 7 - 16 显示了基础设施各行业 OFDI 与产品销售收入增长率的相关系数，由表 7 - 15 可知，基础设施行业 OFDI 与产品销售收入增长率之间呈现出负的线性相关关系，这意味着两者具有反向的变化趋势。其中，交通运输行业与基础设施行业整体情况基本相同，电力行业和通信行业的 OFDI 与其产品销售收入间不存在显著的线性相关关系。为进一步确定两者间的因果关系，对 OFDI 的产品销售收入增长率作格兰杰因果检验，检验结果见表 7 - 17。

表 7 - 16　　　　基础设施各行业 OFDI 与产品销售收入增长率相关系数

相关系数	交通运输行业 OFDI	电力行业 OFDI	通信行业 OFDI	基础设施 OFDI
产品销售收入增长率	- 0. 686 *** (0. 005)	- 0. 423 (0. 116)	- 0. 438 (0. 103)	- 0. 664 *** (0. 007)

注：*** 表示在 1% 的水平下显著。

表 7 - 17　　　　基础设施产品销售收入增长率格兰杰因果检验结果

原假设	F 统计量	概率 P 值
交通运输行业 OFDI 不是其产品销售收入增长率的格兰杰原因	2. 9704	0. 1128
交通运输行业产品销售收入增长率不是其 OFDI 的格兰杰原因	0. 0118	0. 9156
电力行业 OFDI 不是其产品销售收入增长率的格兰杰原因	1. 4602	0. 2522
电力行业产品销售收入增长率不是其 OFDI 的格兰杰原因	0. 0581	0. 8139
通信行业 OFDI 不是其产品销售收入增长率的格兰杰原因	3. 4668	0. 0895
通信行业产品销售收入增长率不是其 OFDI 的格兰杰原因	0. 2192	0. 6488
基础设施 OFDI 不是其产品销售收入增长率的格兰杰原因	11. 3787	0. 0062
基础设施产品销售收入增长率不是其 OFDI 的格兰杰原因	0. 0659	0. 8021

注：滞后阶数为 1。

　　由表 7 - 17 可知，基础设施行业 OFDI 及通信行业 OFDI 是其销售收入增长率的格兰杰原因。结合表 7 - 16 的相关系数，基础设施行业 OFDI 的增加会降低其产品销售收入增长率。进一步进行面板回归，回归结果如

式 (7-11) 所示。

$$sr_{it} = 35.4349 - 1.8208\ln OFDI_{it-1} \qquad (7-11)$$
$$(10.4303) \quad (1.0121)$$

其中，sr 表示产品销售收入增长率。

由式 (7-11) 可知，基础设施 OFDI 会显著降低其产品销售收入增长率，OFDI 每增加 1%，产品销售收入增长率下降 1.8208%。产品销售收入增长率越低，市场开拓能力越弱，产业安全程度越低。可能是因为目前通过 OFDI 开拓国际市场，并以此提高行业产品销售收入的链条还不够完善，中国企业的 OFDI 数量还无法达到规模经济，也没有改变全球价值链低端锁定的困境。因此，总的来说，从行业的市场开拓能力来看，OFDI 会削弱产业安全程度。

(九) 基础设施 OFDI 对盈利能力的影响

上文已经将总资产收益率作为对盈利能力的测算指标，为了验证 OFDI 对盈利能力的影响，下文将着重分析 OFDI 对总资产收益率影响的具体大小及方向，研究区间、指标计算方法与资料来源与第五章相同。基础设施各行业 OFDI 与总资产收益率的相关系数检验结果如表 7-18 所示。

表 7-18　　　　基础设施各行业 OFDI 与总资产收益率相关系数

相关系数	交通运输行业 OFDI	电力行业 OFDI	通信行业 OFDI	基础设施 OFDI
总资产收益率	0.361 (0.186)	0.494 (0.061)	0.284 (0.305)	0.326 (0.236)

由表 7-18 可知，总体而言，OFDI 与总资产收益率并不存在显著的线性相关关系，但这并不意味着两者之间不存在非线性相关关系，可能存在更高阶的相关。为了验证两者之间的关系，图 7-1 显示了基础设施 OFDI 对基础设施行业总资产收益率的影响。可以看出，2003～2010 年，基础设施 OFDI 的波动上升使得基础设施行业总资产收益率持续增长；

2010～2017 年，基础设施 OFDI 的增长带来了基础设施总资产收益率的下降。因此，可以认为基础设施 OFDI 和基础设施行业总资产收益率之间存在一定程度的相关性，且基础设施 OFDI 会对基础设施行业总资产收益率产生影响。

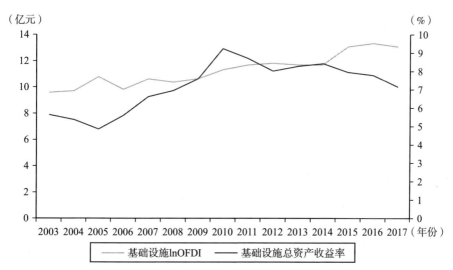

图 7 - 1 基础设施 lnOFDI 对基础设施行业总资产收益率的影响

资料来源：基础设施 OFDI 资料来源同第六章，基础设施行业总资产收益率资料来源及处理方式同第五章。

选取基础设施分行业的 OFDI 和总资产收益率数据，建立面板回归模型，得到式（7 - 12）。

$$\text{roe}_{it} = -12.9583 + 3.7230 \ln\text{OFDI}_{it} - 0.1669 \ln\text{OFDI}_{it}^2 \quad (7-12)$$
$$(5.6983) \quad (1.1476) \quad (0.0567)$$

其中，roe 表示总资产收益率。

由式（7 - 12）可知，各系数均在 1% 的显著性水平下显著，基础设施 OFDI 与总资产收益率之间呈倒 "U" 形关系。随着 OFDI 的增加，母国基础设施行业的总资产收益率先增加后下降，这一结果与图 7 - 1 的趋势刚好吻合。因此，基础设施 OFDI 对母国存在提高企业盈利能力和降低企业盈利能力两种相反的效应，但最终对母国基础设施行业的总资产收益率呈现出先增后降的影响。当总资产收益率升高时，该产业的盈利能力逐渐增强，但随着 OFDI 的进一步升高，产业盈利能力达到一定量级，总资产收益率逐渐下降。因此，从盈利能力的角度来看，OFDI 对产业安全的影响也呈现出先增强后减弱的趋势。

三、基于扩展指标的实证分析

（一）基础设施 OFDI 对产业升级的影响

截至目前，产业升级的度量方法并未得到统一，主要可以分为基于价值链的度量、基于构建指标体系的度量以及基于单一指标的度量。基于价值链的度量使用的指标有中间品出口的国内增加值率（刘斌等，2016）、中间品单价（林桂军和何武，2015）、上游度（刘斌等，2015）、GVC 地位指数（又称 GS 指数）（王岚和李宏艳，2015），以及价值链控制力指数（魏龙和王磊，2017）等。基于构建指标体系的度量多是通过建立三级指标体系来进行（如刘川，2015；王玉燕和林汉川，2015）。单一的产业升级指标包括产业的增加值率（苏杭等，2017）、产业的附加值（冯志军等，2016）、新产品产值（或销售额）与总产值（或销售额）之比（戴翔和张雨，2013）、Kaplinsky 升级指数（林桂军和何武，2015）、技术复杂度（周茂等，2016；白雪洁和卫婧婧，2017），以及 TFP 增长率（孙早和席建成，2015）等。

由于本章研究的是基础设施产业升级，即该产业本身产品、技术和管理经验的高度化，因此使用 R&D 经费支出、新产品开发项目数和有效发明专利数三个变量代表基础设施行业的产业升级。用 SPSS 分别计算基础设施三个行业 OFDI 分别与该行业 R&D 经费支出、新产品开发项目数和有效发明专利数，以及基础设施三行业 OFDI 总量与其 R&D 经费支出总量、新产品开发项目数总量和有效发明专利数总量的相关系数。OFDI 资料来源同第六章第二节，其余资料来源于《中国科技统计年鉴》（2012—

2018），计算结果见表 7 - 19。

表 7 - 19　　　　　基础设施各行业 OFDI 与产业升级指标相关系数

相关系数	交通运输行业 OFDI	电力行业 OFDI	通信行业 OFDI	基础设施 OFDI
科研经费支出	0. 882 *** (0. 009)	− 0. 657 (0. 109)	0. 867 ** (0. 012)	0. 855 ** (0. 014)
新产品开发项目	0. 427 (0. 34)	− 0. 734 * (0. 06)	0. 09 (0. 847)	0. 348 (0. 444)
有效专利数	0. 875 ** (0. 011)	− 0. 586 (0. 167)	0. 87 ** (0. 011)	0. 863 ** (0. 012)

注：*、**、*** 分别表示在 10%、5% 和 1% 的水平下显著。

　　表 7 - 19 中，基础设施分行业及总量 OFDI 与科研经费支出、有效专利数的相关系数基本上显著为正，而与新产品开发项目之间的相关系数在三个行业间有正有负，且多数不显著。科研经费支出与有效专利数相比，显著性更强，因此可利用科研经费支出作为产业升级的替代变量，认为基础设施 OFDI 与产业升级之间存在正的线性相关关系。但是，相关系数只能表示相关关系，具体的因果关系需利用计量经济学中的格兰杰因果检验来确定。由于数据可得性的限制，所选数据长度为 2011 ~ 2017 年共 7 年，且在数据长度较短时可以不考虑其是否存在单位根的状况，因此默认原始数据不存在单位根，可直接进行格兰杰因果检验，所用软件为 Eviews 7，检验结果见表 7 - 20。

表 7 - 20　　　　　　　产业升级格兰杰因果检验结果

原假设	F 统计量	概率 P 值
交通运输行业 OFDI 不是产业升级的格兰杰原因	0. 0686	0. 8103
产业升级不是交通运输行业 OFDI 的格兰杰原因	2. 7343	0. 1968
电力行业 OFDI 不是产业升级的格兰杰原因	1. 9637	0. 2557

原假设	F 统计量	概率 P 值
产业升级不是电力行业 OFDI 的格兰杰原因	0.9716	0.3970
通信行业 OFDI 不是产业升级的格兰杰原因	0.7855	0.4407
产业升级不是通信行业 OFDI 的格兰杰原因	2.1037	0.2428
基础设施行业 OFDI 不是产业升级的格兰杰原因	0.5442	0.5142
产业升级不是基础设施行业 OFDI 的格兰杰原因	2.3276	0.2245

注：滞后阶数为 1。

由表 7 - 20 可知，基础设施三个分行业以及总体 OFDI 与产业升级之间的因果关系均不显著，即基础设施的 OFDI 不是产业升级的格兰杰原因，不会对产业升级产生影响。为了进一步确定基础设施行业 OFDI 与产业升级的关系，建立面板回归模型进行分析，得到式（7 - 13）。

$$iu_{it} = 13.9717 + 0.2056 \ln OFDI_{it} \qquad (7 - 13)$$
$$(0.6613) \quad (0.0597)$$

式（7 - 13）中，iu 表示产业升级，用科研经费支出的对数衡量。

由式（7 - 13）可知，基础设施 OFDI 对产业升级的影响显著为正，基础设施 OFDI 每增加 1%，产业升级指数上升 0.2056 个单位。结果说明基础设施 OFDI 会在一定程度上促进国内产业升级。所以，在促进产业升级过程中要注重发挥 OFDI 的作用，转移过剩产能、释放生产要素，尤其关注并积极开展技术获取型直接投资，及时将先进技术、知识和管理经验传递回母国，促进母国产业升级。

（二）基础设施 OFDI 对产业空心化的影响

关于产业空心化的具体衡量指标，部分研究使用国内制造业生产、投资、就业、出口的变动作为代理变量（Ramstetter，2002；Minoru，2006；Levinson，2013）；也有研究依据产业空心化的具体表现和定义，选取一系列的指标来进行衡量：马淑琴和张晋（2012）结合产业空心化的概念，根据对外直接投资时产业转移所释放出来的劳动力和资源是否促进新产业发展和技术进步为原则，选取产业高加工化系数、区位熵、技术密集型集约化程度、劳动生产率、资本生产率、产业产值比例、产业投资比例和产业就业比例等指标度量产业空心化程度；石柳和张捷（2013）利用规模空心化、效率空心化、就业增长率、就业结构、增长率和出口结构六个指标来度量产业空心化。

由上文分析可知，基础设施 OFDI 对产业空心化的影响主要集中在对规模和效率空心化的影响，因此需要两种指标来分别衡量这两种空心化。对于规模空心化，采用基础设施三个行业的销售产值与规模以上工业总销售产值的比值作为替代变量，并以上一年的比重为 100，计算出 2003～2017 年规模空心化的环比指数（见表 7-21）。该指数越低，则规模空心化越严重（石柳和张捷，2013）。OFDI 资料来源同第六章第二节，其余资料来源于《中国工业经济统计年鉴》（2004—2017），又由于 2018 年《中国工业经济统计年鉴》未公布，故采用拟合多项式方程的方法对 2017 年销售产值进行预测。

表 7-21　　交通运输、通信、电力三行业规模空心化环比指数

年份	交通运输行业	通信行业	电力行业	基础设施
2003	100.00	100.00	100.00	100.00
2004	86.72	100.83	99.06	95.48
2005	92.33	99.19	96.97	96.14
2006	101.45	104.12	97.38	100.17
2007	104.07	102.89	93.09	98.70
2008	99.50	101.83	89.53	95.77
2009	114.53	101.35	93.89	102.42
2010	104.63	101.14	97.14	100.86
2011	94.47	98.62	95.50	96.00
2012	96.71	98.34	101.04	98.73
2013	101.66	101.18	100.60	101.14
2014	105.25	101.66	101.63	102.90

续表

年份	交通运输行业	通信行业	电力行业	基础设施
2015	104.94	102.83	106.01	104.73
2016	107.08	102.19	103.26	104.33
2017	106.36	93.63	92.08	97.76

资料来源：作者根据相关数据计算得到。

对于效率空心化，采取三个基础设施行业的工业技术效率指标的变化来表示，技术效率下降越明显，则效率空心化程度越严重。本书借鉴刘海云和喻蕾（2014）的方法，以 C - D 生产函数为基础，采用 Malmquist - DEA 方法对技术效率进行测算。其中，三个行业销售产值为产出指标，三个行业固定资产净值年平均余额为资本存量指标，三个行业企业从业人员年平均人数代替劳动力投入指标。OFDI 资料来源与上文一致，销售产值、固定资产净值资料来源于国家统计局和《中国工业经济统计年鉴》（2004—2017），从业人员人数资料来源于《中国劳动统计年鉴》（2004—2018），2017 年销售产值资料来源同第六章第二节。将数据利用 DEAP 2.1 软件运算，得到 2003～2017 年三行业技术效率值，在此基础上，以上一年数据为 100，得出 2003～2017 年效率空心化环比指数（见表 7 - 22）。

表 7 - 22　　　　交通运输、通信、电力三行业效率空心化环比指数

年份	交通运输行业	通信行业	电力行业	基础设施
2003	100.00	100.00	100.00	100.00
2004	102.14	117.75	100.50	105.90
2005	99.30	105.25	104.35	103.20
2006	107.56	115.35	107.75	108.91
2007	110.29	110.53	100.11	105.33
2008	94.81	93.58	105.41	93.88
2009	106.72	91.32	95.70	98.62
2010	113.76	104.93	109.53	107.62

年份	交通运输行业	通信行业	电力行业	基础设施
2011	103.35	106.71	100.00	108.03
2012	101.37	98.22	95.00	97.60
2013	102.58	96.69	99.68	101.57
2014	97.72	100.99	102.11	99.67
2015	97.92	98.03	103.41	99.67
2016	104.13	102.79	95.70	101.33
2017	120.19	108.46	101.88	109.53

资料来源：作者根据 DEAP 2.1 软件输出结果整理、计算得到。

为研究基础设施 OFDI 与产业空心化之间的关系，利用 SPSS 计算基础设施行业 OFDI 分别与规模空心化和效率空心化间的相关系数，计算结果见表 7 - 23。

表 7 - 23　　　基础设施各行业 OFDI 与产业空心化指标相关系数

相关系数	交通运输行业 OFDI	电力行业 OFDI	通信行业 OFDI	基础设施 OFDI
规模空心化	0.383 (0.159)	-0.175 (0.532)	0.395 (0.145)	0.494 * (0.061)
效率空心化	0.237 (0.395)	-0.213 (0.446)	-0.227 (0.416)	0.044 (0.875)

注：* 表示在 10% 的水平下显著。

由表 7 - 23 可知，对于规模空心化，基础设施三个分行业 OFDI 的相关系数检验结果均不显著，但是基础设施总的 OFDI 通过显著性检验，且系数为正，说明基础设施总体的 OFDI 越高，规模空心化环比指数越高，规模空心化程度越轻，即基础设施 OFDI 可以降低基础设施产业规模空心化程度；对于效率空心化，基础设施三行业各自的 OFDI 及其总量均未通过显著性检验，因此，基础设施 OFDI 与效率空心化基本上不相关。

　　为了检验基础设施 OFDI 与产业空心化间的因果关系，利用 Eviews 7 进行格兰杰因果检验的结果见表 7 – 24 和表 7 – 25。

表 7 – 24　　　　　　　　规模空心化格兰杰因果检验结果

原假设	F 统计量	概率 P 值
交通运输行业 OFDI 不是规模空心化的格兰杰原因	0.7897	0.3932
规模空心化不是交通运输行业 OFDI 的格兰杰原因	0.5822	0.4615
电力行业 OFDI 不是规模空心化的格兰杰原因	1.2890	0.2804
规模空心化不是电力行业 OFDI 的格兰杰原因	0.0142	0.9073
通信行业 OFDI 不是规模空心化的格兰杰原因	3.3917	0.0926
规模空心化不是通信行业 OFDI 的格兰杰原因	2.7218	0.1272
基础设施 OFDI 不是规模空心化的格兰杰原因	0.0143	0.9071
规模空心化不是基础设施 OFDI 的格兰杰原因	3.1174	0.1052

注：滞后阶数为1。

　　由表 7 – 24 可知，基础设施总体 OFDI、交通运输行业 OFDI 和电力行业 OFDI 与规模空心化之间均没有因果关系，但是通信行业 OFDI 与规模空心化在 10% 水平上存在显著因果关系，说明通信行业 OFDI 是规模空心化的格兰杰原因，即通信行业 OFDI 对规模空心化有一定的影响。为了进一步确定基础设施行业 OFDI 对规模空心化的影响，建立面板回归模型进行分析，得到式（7 – 14）。

$$sc_{it} = 88.8023 + 1.1578 \ln OFDI_{it-1} \qquad (7-14)$$
$$(3.9415) \quad (0.4031)$$

　　式（7 – 14）中，sc 表示规模空心化。

　　由式（7 – 14）可知，上一期的基础设施 OFDI 对当期产业规模空心化的影响显著为正，上一期基础设施 OFDI 每增加 1%，当期产业规模空心化指数上升 1.1578 个单位。结果说明基础设施 OFDI 可以改善基础设施产业规模空心化状况。在基础设施 OFDI 过程中，母国产业向外转移并未使电力、铁路和通信产业出现行业性萎缩现象；相反，却促进了国内行业的发展。因此，在避免产业规模空心化过程中要注重发挥 OFDI 的作用。

表 7 - 25　　　　　　　　效率空心化格兰杰因果检验结果

原假设	F 统计量	概率 P 值
交通运输行业 OFDI 不是效率空心化的格兰杰原因	3.0337	0.1094
效率空心化不是交通运输行业 OFDI 的格兰杰原因	1.1868	0.2993
电力行业 OFDI 不是效率空心化的格兰杰原因	0.2578	0.6217
效率空心化不是电力行业 OFDI 的格兰杰原因	0.1227	0.7328
通信行业 OFDI 不是效率空心化的格兰杰原因	1.4487	0.2540
效率空心化不是通信行业 OFDI 的格兰杰原因	0.5373	0.4789
基础设施 OFDI 不是效率空心化的格兰杰原因	0.5110	0.4896
效率空心化不是基础设施 OFDI 的格兰杰原因	0.2671	0.6155

注：滞后阶数为 1。

由表 7 - 25 可知，基础设施 OFDI 与效率空心化之间均没有因果关系。而且，进一步建立面板回归模型分析时也未能通过显著性检验。因此，基础设施 OFDI 不会引起基础设施效率空心化。这是因为我国进行基础设施 OFDI 的行业为铁路、电力和通信这三个在我国较成熟的行业，且我国对"一带一路"沿线国家进行基础设施 OFDI 的原因是以消化过剩产能为主，释放出大量的投入要素可以被其他产业或新兴产业有效利用，因此，这种 OFDI 不会造成产业效率空心化的现象。

第八章 中国基础设施 FCP 对产业安全的影响

本章理论分析部分从 FCP 对产业安全各构成指标的影响入手，分别分析了 FCP 对产业安全的直接影响，以及通过 OFDI 产生的间接影响。在理论分析的基础上进行了实证检验。

第一节 基础设施 FCP 对产业安全影响的理论分析

FCP 通过对外直接投资、国际贸易、转移过剩产能、技术进步、产业结构升级、就业效应几个途径，在企业、产业和国家层面对母国产生影响。本节基于产业生存环境、产业国际竞争力、产业控制力、产业对外依存度、产业发展能力五方面的指标分析基础设施制造业 FCP 对母国产业安全的影响。

一、基础设施 FCP 对产业生存环境指标的影响

（一）基础设施 FCP 对劳动要素环境的影响

根据产业生存环境指标的划分，劳动要素环境包括劳动力素质和劳动力成本两方面。劳动力素质可以用劳动生产率来衡量，劳动力成本可以用

工资来表示。

在生产率方面，基础设施 FCP 通过多种作用机制促进企业生产率的提高。一是外包机会窗口效应的作用机制，即参与对外承包工程的企业面临着与国际上其他企业更多合作的机会，最终都会作用于母国企业的劳动生产率效应上（Herzer et al.，2008）；二是学习和竞争效应的作用机制，中国在国外承揽实施的项目不仅仅限于初期的土建工程，而几乎涉及国民经济发展的各个行业，承揽高技术含量、高附加值行业的工程项目能够取得较好的经济收益，也有利于推动中国的技术进步和创新能力提升（马萱峰，2001），提高企业生产率；三是接近和利用高级要素的作用机制，通过开展基础设施 FCP 会加强我国企业对东道国经济环境、产业发展和当地需求的了解，尤其是在发达国家的投资，为企业带来接触并利用全球高级要素的机会，这无疑会提高对外投资企业的研发能力和技术水平（Barba et al.，2009）；四是规模经济效应的作用机制，即企业因对外承包工程在国外设立附属分支机构，可以产生工厂层面和公司层面的规模经济，从而带来母国企业生产率的相应提高（Desai et al.，2005；Herzer，2008）；五是资源再配置效应的作用机制，即通过提高我国劳动力资源的流动率，推动农业劳动力向非农产业的转移，进而促进劳动力素质结构升级，使母国的生产环节更有效率（张二震和任志成，2005）。

中国基础设施 FCP 转型升级不断深化，由承包商只负责施工的传统模式转向 BOT、PPP 等模式。作为新的公共服务供给方式，BOT 和 PPP 模式促进公共部门与私人部门互相取长补短，对资源进行优化配置，是改进项目设计和提高管理效率的手段（吴声功，2001；姚媛媛，2011），如 BOT模式下，为提高项目的投资收益，项目公司需要通过高效管理以及先进技术应用，不断提高项目的建设效率，以尽早转入运营开始获取收益（鞠锦慧，2019）。因此，基础设施 FCP 有利于促进劳动生产率的提高。

深化 FCP 转型升级不仅带动更多的国内资本参与项目建设，还会促使更多的企业参与到前期项目确认以及设计等工作过程中，带动相关产业链OFDI 发展。OFDI 对劳动要素环境也有影响，与 FCP 作用原理相似，OF-

DI 也通过外包机会窗口效应、学习和竞争效应、接近和利用高级要素、规模经济效应和资源再配置效应几种渠道，促进劳动生产率进一步提高。

基于以上分析，FCP 对母国企业劳动生产率提升具有积极的促进作用，劳动生产率越高，越有利于产业安全，因此，从劳动要素环境角度来看，FCP 能够促进产业安全。

（二）基础设施 FCP 对资源与生态环境的影响

FCP 加剧东道国环境污染的理论基础建立于"污染避难所"假说。该假说认为国际投资合作的实质是面临较高环境污染治理成本的国家将污染产业转移至环境规制强度较低的国家（Aliyu，2005）。与之相对立的是"污染光环"效应：跨国投资合作的基础是要具备一定国际竞争优势，即"优势落差"的存在是引发跨国投资合作的主要原因（Porter & Linde，1992；盛斌和吕越，2012）。跨国公司在母国面临着严格的环境标准，以及政府、社会、居民对环境的严格要求，因此跨国公司具备了先进的污染处理技术，在对外投资时能提升东道国整体的技术水平，进而实现资源投入和要素投入的节约，提升环境质量（殷琪和张金玲，2015；李金凯等，2017）。

交通运输、电力和通信是我国 FCP 的优势行业，这些行业中有能力"走出去"从事产能合作的企业，通常有着较强的清洁生产能力。现阶段，我国"走出去"企业都是国内竞争机制下经过优胜劣汰而胜出的企业，其技术工艺领先，能够很好地适应环境规制政策，将控制污染物排放的成本尽快地内部消化，且多数都有每年发布社会责任承担报告的惯例，有自觉承担环境责任的常态机制，也有治污、控污、降耗、减排的技术与管理基础。它们之所以能"走出去"，绝非依靠通过环境负外部性而节约的生产成本，而是承担国内环境责任而倒逼形成的创新能力（张雨微等，2016）。

此外，基于以下几点，中国基础设施 FCP 不存在"污染避难所"效应：第一，国际产能合作是由工程项目带动的全面合作，有着较广泛的产业链覆盖面，因此，环境成本在其总成本中的占比要比同行业的一般企业低得多。当前的产能合作正处于大企业率先"走出去"阶段，而大型企业集团的成本和收益来源都更为多元化，其海外合作项目会将更多的资金用于技术研发、人才招聘、品牌维护以及财务核算、风险评估等中介服务，生产过程的环境成本对其来说影响权重没那么大，没必要为了节约成本而放松控污努力。第二，应对气候变化和污染物扩散的全球治理框架正在逐步成型，即便是后进国家的政府，也同样面临着承担世界责任的压力。目前各国都在加快环境立法，规制力度将快速加大。如果"走出去"企业控污起点过低，将来便无法适应东道国新的环境标准。第三，现阶段"走出去"企业需要与东道国共同开发第三方市场，尤其是向发达国家的出口市场。如果生产过程不符合发达国家的绿色标准，将会遭遇绿色贸易壁垒。因此，即使对外合作项目的东道国并非发达国家，也同样受发达国家较严厉的环境规制要求的约束。否则，低于市场准入门槛的产品，无论在哪个国家生产出来，都只能是无效供给。因此，FCP 企业没有寻求"污染避难所"的动机（张雨微等，2016）。

OFDI 对资源与生态环境也有影响，体现在规模效应、技术效应和结构效应三方面。在规模效应方面，外资流入东道国带来的最直接的结果是行业生产规模的扩大，从而提高了能源消耗（赵晓丽等，2007）。由于基础设施 OFDI 往往会带来较大的固体废物的排放，因此扩大规模意味着进一步增加环境污染，从而可能带来环境规制。技术效应方面，企业 OFDI 可以提高母国的技术水平，较高的技术水平能够带来清洁的生产方式，降低环境污染物的排放（余官胜，2017）；结构效应较为复杂，取决于国际分工产生的产业结构变迁。对于经济发展程度较高的国家或地区，由于劳动成本较高，企业从事 OFDI 往往出于成本节约动机将生产转移至东道国，属于用 OFDI 替代出口的纵向动机类型。这类被替代的产品多是污染密集型的低端产品，因此，从产业结构上看，高经济发展程度国家企业 OFDI 对环境污染影响的结构效应是负向的，减少了污染物的排放。不同的是，低经济发展程度国家企业从事 OFDI 的动机往往是开拓市场的横向动机，属于进一步扩大出口规模的出口互补类型，因此，这类动机企业 OFDI 并未减少母国低端出口品的生产，反而会进一步增加相关中间投入品的生产，因而企业 OFDI 对环境污染影响的结构效应是正向的，增加了污染排放量（余官胜，2017）。由于对外承包工程能够带动相关产业链 OFDI 发展，尤其是资源型 OFDI 和市场型 OFDI 的发展，无法判断结构效应对母国资源和生态环境的准确影响。

基于以上分析，尽管进行基础设施 FCP 的企业大多有能力规避环境污染问题，但相应带来的 OFDI 对母国资源和生态环境产生不确定影响。从资源与生态环境角度来看，FCP 可能会降低产业安全，也可能会促进产业安全。

二、基础设施 FCP 对产业国际竞争力指标的影响

（一）基础设施 FCP 对结构竞争力的影响

结构竞争力体现于产业集中度。产业集中度是指特定产业的生产经营集中程度，是反映该产业市场结构的关键变量。一般来说，集中度高即表明该产业中少数企业拥有较大的经济支配能力或者具备了一定程度的垄断市场能力（吴海华等，2013）。如果产业集中度高，即使总体上产业的市场份额没有变或略有下降，产业的国际竞争力状况也可以提高。

近些年来，国际承包工程的发包方越来越注重承包商提供更广泛的服务能力，以往对工程某个环节的单一承包方式被越来越多的综合承包所取代，管理—采购—施工（EPC）合同成为时尚。此外，由于政府投资的工程总体在减少，国际金融机构资助的项目也仅仅维持在数百亿美元的水平上，私人投资成为国际建筑市场的主要资金来源，对于大型公共工程项目，建设—经营—转让（BOT）、建设—拥有—经营—转让（BOOT）、私人建设—政府租赁—私人经营（PPP）等新的国际工程承包方式也因资金和收益方面的特征，越来越吸引发包人和承包人的兴趣，成为国际工程承

包中一种新的方式。而且，这类项目占目前国际市场相当大的比重，国际承包方式的这种多样化趋势，使国际承包商在市场中的竞争地位不断提高，进一步巩固其垄断地位（王瑾等，2007）。

此外，基础设施制造业为资本密集型和技术密集型产业，其发展需要大量资金投入作为支撑，并且基础设施制造业对技术的要求性很高，这就决定了经济发展落后地区和外来投资少的地区在发展基础设施制造业集群时处于劣势（赵丽洲等，2009）。基础设施行业对外承包工程主要在铁路、电力和通信三个行业，中国在该行业的技术在"一带一路"沿线国家中已经处于较高水平，并且能够胜任跨国承包大型建筑工程的企业需要在规模、技术、技术人员流动管理等方面具备领先优势。因此，对外承包工程的项目公司按照其国际分工体系，将东道国投资和产品系统化布点，形成自成一体的分工体系，打破东道国原有的产业链，因而有利于产业集中度的提高（郭春丽，2009）。

FCP 能够带动技术寻求型和资源寻求型 OFDI 的发展，OFDI 对结构竞争力也有影响。

技术寻求型直接投资对母国市场结构的影响主要随国家市场规模大小、对 OFDI 政策和贸易政策的差异而变化。如果本国公司有能力加速产品的更新换代和技术创新的竞争，甚至形成垄断竞争的市场结构，那么产业市场集中度会提高；如果东道国的投资条件不利于产业发展和技术创新，那么东道国市场竞争程度会下降，将不利于其产品竞争优势的保持（茹玉骢，2004）。

资源寻求型 OFDI 的承包商多为大型国有企业，尤其是那些垄断行业的大型国有企业的海外投资，会通过并购形成的全球化加剧国内市场的垄断、寡头垄断或者买方寡头垄断。这一现象在技术含量较高的通信及电力行业尤其明显。但是，这种垄断地位也会妨碍竞争性外资的进入，导致分割市场的产生，扭曲了上下游竞争市场的竞争条件（宋立刚等，2013）。

基于以上分析，FCP 对产业集中度的影响是不确定的，受到东道国市场规模大小和对外直接投资政策和贸易政策变化的影响。因此，从对该产业结构竞争力的影响的角度来看，FCP 可能促进产业安全的提升，也可能带来抑制的效果。

（二）基础设施 FCP 对技术竞争力的影响

"一带一路"经济区在高速发展中，承包规模和形式也越来越多，但同时市场竞争也非常激烈。通过和发达国家的承包商竞争或者合作，我国的企业能够学习到更多的工程新技术，也加强了和沿线国家的沟通和交流，对于我国企业的发展提供了新的方向和新的想法（朱立，2018）。基础设施企业进行对外承包工程给母国带来的逆向技术溢出效应从企业产业和国家层面产生影响。

企业层面上，对外承包工程可以通过承揽高技术含量、高附加值行业的工程项目推动技术进步（马萱峰，2001），提高母公司的技术竞争力。具体来说，先进技术可以通过人员往来、技术交流等渠道溢出（Rodriguez，1996），对外承包工程公司的海外分支机构可以通过吸纳东道国人才等研发要素，进而获得最新的技术，然后通过企业内部渠道将其所掌握的研发成果、信息技术逆向转移至母国的其他企业，即通过逆向技术溢出提高了母国公司的生产率（覃伟芳和陈红蕾，2018）。

产业层面上，基础设施行业的 OFDI 主要是铁路、电力和通信三个行业，中国在该行业的技术在"一带一路"沿线国家中已经处于较高水平，对外承包工程将导致技术从高到低的溢出和流动，有利于促进东道国产业升级（曾剑宇等，2017）。东道国技术水平的提高有助于在产业内形成良好竞争机制，产生溢出效应：一是示范效应，对外承包工程企业对行业内其他企业技术研发活动的带动、示范，促使行业内其他企业技术水平提高（王丽和韩玉军，2017）；二是竞争效应，技术领先企业在行业内的竞争优势较大、产品的市场竞争力较强，使行业内其他企业竞争压力增大，并通过吸收转化和促进研发提高技术水平（王丽和韩玉军，2017）。

国家层面上，FCP 通过垂直溢出效应促进技术竞争力提高。对外承包工程对中间产品提出了新的生产要求，对上下游关联企业产生了一定的影响。同时，获得逆向技术溢出的母国企业通过技术交流、技术转让等方式向上下游企业转移先进技术，促进上下游企业生产效率提高（王丽和韩玉军，2017）。

OFDI 与 FCP 都对技术竞争力产生积极影响，并且随着 FCP 带动更多 OFDI 到东道国，加强了技术竞争力的提高。OFDI 的更多影响体现在以下几方面。一是创新引致效应，为了满足当地生产和生活需要，对外投资企业需要根据东道国市场特征和需求差异对企业自有技术或跨国并购所获得技术进行改进或优化，如果东道国需求具有超前性，则促进母国厂商的研发和创新走在世界前列（李国学，2017）。二是平台效应，企业可以从与当地企业、科研机构、劳动力市场、中介服务机构和政府等机构的各种联系与合作中获得先进技术、管理经验和前沿信息（赵佳颖和富元斋，2009）。三是培训效应或人员流动效应，母国企业技术研发人员在行业内流动，将原公司的技术与管理经验带到新企业，进而促进新企业技术水平的提高，使得逆向技术溢出效应在行业内进行传递（王丽和韩玉军，2017）。

基于以上分析，FCP 和 OFDI 均对母国技术竞争力提升具有积极的促进作用。技术竞争力越高，越有利于产业安全。因此，从技术竞争力角度来看，OFDI 能够促进产业安全。

三、基础设施 FCP 对出口贸易的影响

作为货物贸易、技术贸易、服务贸易的综合载体，对外承包工程包含着货物、资金、技术、劳务等多种因素的运行，通过引致需求贸易、克服贸易成本以及逆向技术溢出的渠道，对母国的出口贸易规模和出口结构产生影响。

一方面，对外承包工程对出口产生带动效应。对外在引致需求方面，一是对外承包工程直接增加了工程物资的出口，特别是增加了电子通信类、制造及加工类产品的出口，有效地改进了中国贸易出口结构（许晓

娟，2013）。二是对外承包工程企业通过建设东道国的资源开发工程，使这些国家有了资源开发能力，提高了经济发展水平和国民支付能力，进而增加国外产品的进口。在贸易成本方面，对外承包工程公司在国外承建当地的工程，完善了东道国的交通基础设施，可以大大减少贸易运输成本，同时也降低了海关壁垒（余国省，2012），缩减了分销及信息成本，从而增加了企业出口贸易（覃伟芳和陈红蕾，2018）。在逆向技术溢出方面，对外承包工程可以产生示范效应、上下游供应商关联效应并且实现科技人员的流动，促进了逆向技术溢出，提高了国内企业的生产率水平，促进了国内产业结构的调整，优化了出口贸易结构以及增加出口规模（杨忻等，2005）。

另一方面，对外承包工程也会对出口产生替代效应。如对外承包工程加速了东道国外商直接投资和本土化发展，造成对货物及技术出口的替代。由于劳务属地化和技术模仿，对外承包工程产生了技术溢出，促进了东道国相关产业链技术进步，强化了替代效应（吕荣杰等，2018）。

对外承包工程会促进更多 OFDI 的发生，OFDI 对母国出口也有影响。OFDI 项目的建设，一方面会产生贸易创造效应，带动投资母公司对海外分支机构或子公司的原材料、中间产品和机器设备的出口以及东道国企业对母国其他相关企业产品的需求增加（张春萍，2012）；另一方面，OFDI 会导致贸易替代效应，由于跨国公司通过 OFDI 将生产基地转移到国外，东道国当地的生产销售部分或全部替代了原来的母国进口，导致母国出口规模降低。另外，OFDI 企业在东道国产生的技术溢出效应使当地企业可以学习或模仿生产该产品，导致从母国进口的该产品数量减少，出口贸易结构降低（张春萍，2012）。

基于以上分析，基础设施 FCP 可能增加母国出口，也可能减少母国出口，取决于替代效应和带动效应的关系。值得注意的是，即使出口依存度增高，产业安全也会面临不确定性。因此，从 OFDI 对出口影响的角度来说，OFDI 对产业安全的影响是不确定的。

四、基础设施 FCP 对产业发展能力指标的影响

(一) 基础设施 FCP 对资本积累能力的影响

对外承包工程最根本的目的在于获取最大限度的利润（或收益），包括企业生产利润、劳务费、租佣金、利息租、专利费等，这些收益将按照母公司的总体经营战略，被用于企业的发展上，从而发挥资本积累的作用。此外，OFDI 可以用合资经营等方式积极利用国外资金进行投资，从而可以用比国内更少的资本投入，在国外建立与国内同等规模甚至更大规模的企业。这就是 OFDI 本身对国内资本积累的替代作用，或称为对外投资的间接资本积累作用（孙才仁，1987）。然而，由于对外承包工程的经营周期长，不确定因素多，风险大，很多承包项目只能靠加强计划管理获得微薄利润，稍有不慎，就会出现亏损（方国平，1988）。因此，FCP 对资本积累的影响不确定。

同时，OFDI 对资本积累能力也有影响。现有研究中存在替代国内投资的挤出效应和促进国内投资的挤入效应两种不同的观点。挤出效应观点认为大规模的海外直接投资带来了国内资本外流，最终对国内的投资形成挤出（余官胜和杨文，2014），同时 OFDI 又是一个生产转移的过程，海外生产的出口替代效应会减少国内资本（余官胜和杨文，2014）。由于生产转移的效应具有多样性，作用效果要取决于企业 OFDI 的动机类型，以及由此产生的效果是增加还是减少了国内的生产规模。挤入观点认为 OFDI 能够通过生产要素补缺效应、投资收益效应、边际产业转移效应和出口规模效应对国内投资产生促进作用（崔日明等，2011）。从总体上看，金融发展程度越高，OFDI 对国内投资的促进作用将会越大（余官胜和杨文，2014）。除此之外，母国与东道国的产业结构的差异性越大，OFDI 对国内出口的积极作用越大，从而更能引致国内的投资增长，促进资本积累（顾雪松等，2016）。

基于以上分析，FCP 对国内资本积累的影响存在不确定性。国内资本积累能力越强，产业安全受影响的程度越小。因此，从国内资本积累能力角度来说，FCP 对产业安全的影响是不确定的。

（二）基础设施 FCP 对吸收就业能力的影响

基础设施 FCP 通过带动出口、国际贸易和人力资本等经济条件，影响到母国的就业数量和结构。

在就业数量方面，一方面基础设施 FCP 通过带动国外子公司对母国资本设备、中间产品或辅助产品的需求，影响相关产品出口，为母国的就业创造更多的机会（罗丽英和黄娜，2008）；另一方面，借助外派劳务增加就业机会。外派劳务是对外承包工程业务下的一个有机组成部分，随着承包工程业务规模不断扩大，工程项下外派劳务也不断增多。基础设施 FCP 通过以上途径开辟了新的就业渠道，对促进我国劳动力资源的流动与市场化配置、提高我国劳动力素质和工资水平起到了积极的作用（王祖强，2007）。

基础设施 FCP 对就业数量的影响还间接通过 OFDI 得以实现。一是可通过以工程换取资源的方式促进资源型 OFDI 的发展。根据李磊等（2016）论证，非采矿业的资源寻求型 OFDI 是为了寻求中间产品，并降低获取中间产品的成本，其一般将获取的资源运输到国内做进一步加工，因此，获得的资源越多，相应国内加工处理的生产规模越大，对劳动力的需求也就越多；二是在基础设施 OFDI 的过程中，企业为了降低运输成本可能会将部分生产环节转移到国外，替代母国出口，从而国内产出降低，减少对国内基础设施劳动力的需求，从而降低就业（刘海云和廖庆梅，2017）；三是通过开展基础设施 FCP，我国企业加强了对东道国经济环境、产业发展和当地需求的了解，促进市场需求型 OFDI 的发展，为本国争取到更多就业机会。

就业结构方面。作为国际产能合作的重要方式，中国基础设施 FCP 通过产业转移能够有效缓解国内的产能过剩问题，使生产资源在国内外两个市场得到合理配置，释放生产要素，促进经济结构的战略性调整，优化国内就业结构（郑超，2004）。此外，基础设施 FCP 带动了 OFDI 增长。由于跨国公司一般会将管理职能部门集中于母公司，基础设施 OFDI 创造了许多母国非生产性就业机会，如法律、公共关系服务和工程咨询等方面的岗位。

基于以上分析，FCP 对母国就业的影响存在不确定性。吸收就业能力越强，产业安全受影响的程度越小。因此，从吸收就业能力方面来说，FCP 对产业安全的影响是不确定的。

（三）基础设施 FCP 对市场开拓能力的影响

"一带一路"沿线国家有大量的航路港口、通信、发电、市政等工程项目需要建设，尤其是以网络安全、大数据、3D 打印等为代表的新技术对网络、通信等基础设施提出了更高更严的要求。由于基础设施状况不同，特别是铁路、港口、航空和通信的差异，在相当大程度上制约了经济合作的广度和深度，必须优先发展基础设施互相联通，这为中国工程承包企业"走出去"提供了广阔的空间（卜小龙，2016）。

国际市场欢迎更具有融资性质的国际工程承包企业。在这一市场需求的带动下，也为了在市场竞争中占据有利地位，我国一些国际承包工程企业已开始向投资带动承包转型（宫云虹，2017），运用投资、并购等手段，实现市场拓展与产业链延伸（易书林，2015）。"一带一路"倡议所带来的融资支持则为工程承包企业转型创造了条件。亚洲基础设施投资银行以及金砖国家开发银行、丝路基金等金融机构的运营，将极大缓解对外承包工程企业的投融资需求，使中国 FCP 企业更多的项目竞标成功，占据更多市场份额（宫云虹，2017）。

FCP 承包商面临的挑战在于以下两方面：一是市场竞争日趋激烈。亚洲、中东和非洲是中国工程承包商的传统海外市场，由于容量接近极限，很难继续扩大。此外，在经济增长缓慢的背景下，一部分"一带一路"沿线国家还实行贸易保护，限制中国企业参加工程竞标。二是国际市场不安全因素与风险不断增加。"一带一路"沿线主要是发展中国家，许多国家在不同程度上伴随着不稳定因素，包括安全风险和政治风险等，一些东道国政府对外来资本承包高铁、港口等基础设施态度也比较谨慎（卜小龙，2016）。

同时，OFDI 对市场开拓能力也有影响。OFDI 是开拓国际市场的有效方式之一（綦建红和王亚运，2015），可以通过规模经济效应和自我选择效应两种途径促进中国企业国际市场开拓。一方面，FCP 带动市场寻求型OFDI 进入东道国。通过市场寻求型顺向投资，中国企业在发展中国家直接生产并在当地销售，可以绕开贸易壁垒，在广大发展中国家配置资源和生产要素，形成规模经济，扩大国际生产市场。另一方面，自我选择效应有利于企业优胜劣汰和行业生产率提高。生产率最高和次高的企业分别选择 OFDI 和出口方式进入国际市场，从而扩大其在行业中的市场份额并获得更大利润（马相东，2017）。此外，跨境并购成为企业获取全球高端要素和战略资源的重要途径，有效改变了全球价值链长期位于中低端的困境，快速推动了企业自主创新、自主品牌国际化和海外市场开拓能力（王晓红，2017）。

基于以上分析，FCP 对市场开拓能力的影响是不确定的，尽管 OFDI 能够增强企业的市场开拓能力，扩大其在行业中的市场份额。因此，从市场开拓能力方面来说，FCP 对产业安全的影响是不确定的。

（四）基础设施 FCP 对盈利能力的影响

FCP 工程是一种复杂综合的市场载体，承载了货物、技术和服务贸易等不同行业领域的物流和交易，必然会带动其他相关行业如原材料、机械设备、运输航空、金融保险等的发展，成为带动经济增长的重要方式（卜小龙，2016）。然而，FCP 对盈利能力的影响并不是确定的，原因在于两点：一是前期投入成本较高，国际市场不安全因素与风险不断增加，增加了收益的不确定性（卜小龙，2016）；二是我国工程承包企业之间缺乏合作，相互压价、恶性竞争现象比较严重（杜红梅和安龙送，2008）。低价竞标是我国 FCP 企业以价格优势拓展海外业务、提高企业营业额及合同数量的重要手段。它要求企业通过加强内部成本控制，从技术创新、采贮运销及服务环节降低成本，以成本领先保持长期的竞争优势，来达到提高市场占有率和利润率的经营目标。但是，低价竞标，特别是恶性低价竞标将直接压缩我国企业承包国际工程业务的利润，极大地影响了企业盈利能力，甚至出现亏损乃至项目中止，并且严重影响了工程质量及我国企业的整体形象（刘小溪，2015）。

同时，OFDI 对盈利能力也有影响，OFDI 对企业盈利能力产生双重影响。

一方面，OFDI 通过提高企业技术水平、扩大市场规模和降低交易成本提高盈利能力。OFDI 可以通过逆向技术溢出提高投资企业的生产率（邹明，2008），企业生产率与盈利能力直接相关（吴利华和黄镜蓉，2018）。在市场和交易方面，一国的 OFDI，必然会带动投资母公司对海外分支机构或子公司的出口增加，另外还会引发东道国企业对母国其他相关企业产品的需求增加，因此，会导致母国的出口增加（张春萍，2012）。除此之外，由于逆向技术溢出能够提高生产过程的技术含量，提高出口产品附加值（张海波，2014），因此，有助于提高企业利润。另一方面，OFDI 会使企业海外前期投入、异国投资风险、内部沟通成本提高，从而降低盈利能力。首先，企业在投资初期需要建立厂房、购买机器设备、招聘员工等使得 OFDI 企业增加额外负担。其次，"一带一路"沿线的许多国家在不同程度上伴随着不稳定因素，投资风险大，以及新公司成立之后不可避免会因环境不熟悉而产生额外成本，这些可能给企业盈利能力带来不利影响（杨平丽和曹子瑛，2017）。最后，如前所述，协调成本、规模不经济、滞后效应等也会对企业当期盈利产生消极影响。

基于以上分析，FCP 对企业盈利能力的影响存在不确定性。盈利能力直接反映了行业的发展能力，盈利能力越高，越有利于产业安全。因此，从盈利能力方面来说，FCP 对产业安全的影响存在不确定性。

第二节 基础设施FCP对产业
安全影响的实证分析

　　根据本章第一节研究可以发现，基础设施FCP可以通过影响产业生存环境、产业国际竞争力、产业控制力、产业对外依存度、产业发展能力等多方面因素，最终对产业安全产生影响，同时，OFDI在FCP对产业安全影响中具有重要作用。基于第六章分析可知，基础设施FCP能够显著促进我国OFDI的发展。那么基础设施FCP对产业安全是否存在直接，或以OFDI为中介的间接效应呢？基于以上分析，本节旨在通过面板数据回归探究基础设施FCP对产业安全的作用路径，量化基础设施FCP对我国产业安全的影响。

一、模型设定与数据来源

　　基于以上分析，基础设施FCP可能通过以下两条路径来提升产业安全：一是基础设施FCP直接影响产业安全，二是基础设施FCP通过影响OFDI进一步影响产业安全。为验证FCP影响产业安全的这两条路径是否存在，选取交通运输建设领域、电力工程建设领域以及通信工程建设领域的FCP以及对应行业的OFDI、产业安全指数构建中介效应模型进行分析。

　　第一步，以基础设施FCP为解释变量，产业安全指数为被解释变量，检验基础设施FCP对产业安全的影响；第二步，以基础设施FCP为解释变量，OFDI为被解释变量，检验基础设施FCP对OFDI的影响；第三步，以基础设施FCP、OFDI同时作为解释变量，产业安全指数作为被解释变量，检验基础设施FCP、OFDI二者对产业安全的影响是否显著，探究OFDI是否存在中介效应以及中介效应是否完全。依据上述思路，本书设定中介效应模型，如式（8-1）、式（8-2）和式（8-3）所示。

$$
\begin{cases}
P_{it} = \gamma_0 + \gamma_1 FCP_{it} + \varepsilon_{it} & (8-1) \\
OFDI_{it} = \alpha_0 + \alpha_1 FCP_{it} + \varepsilon_{it} & (8-2) \\
P_{it} = \beta_0 + \beta_1 FCP_{it} + \beta_2 OFDI_{it} + \varepsilon_{it} & (8-3)
\end{cases}
$$

式（8-1）、式（8-2）和式（8-3）中，P 为基础设施产业安全指数，OFDI 为基础设施产业对外直接投资，FCP 为基础设施产业对外承包工程，γ_0、α_0、β_0 为截距项，γ_1、α_1、β_1、β_2 为回归系数，ε 为误差项，i，t 分别表示基础设施产业各细分行业与年份。

式（8-1）、式（8-2）和式（8-3）中，2003～2017 年我国交通运输建设领域、电力工程建设领域以及通信工程建设领域 FCP 完成营业额以及对应行业的 OFDI 数据来源及处理方式同第六章第三节。产业安全指数为第五章第三节的计算结果。由于 FCP 金额与 OFDI 金额会受到通货膨胀因素的影响，本章以 2003 年为基期，采用 GDP 平减指数对基础设施 FCP 与 OFDI 数据进行调整，以剔除通货膨胀因素对模型结果的干扰。FCP 与 OFDI 单位均为亿美元。

二、结果与分析

首先观察基础设施 FCP 对产业安全的影响，对式（8-1）进行回归，回归结果如表 8-1 所示。

表 8-1　　　　　　　　　FCP 对产业安全的影响

变量	模型
FCP	0.0061 ***
常数项	-0.4575 ***
调整的 R^2	0.7635
观测值	45

注：*** 表示在 1% 的水平下显著。

由表 8-1 可知，基础设施 FCP 对基础设施产业安全具有显著的正向影响，基础设施 FCP 每增加 1 亿美元，产业安全指数增加 0.0061，通过开展基础设施 FCP，能够显著提升我国产业安全水平。当前世界正处于产业大变革时代，我国面临潜在的产业安全威胁，当前我国基础设施产业效率仍然偏低，产业结构不够合理，出现产能过剩的现象。我国企业通过积极开展基础设施 FCP，实现学习效应与资源再配置效应，改善劳动要素环境。同时，通过开展基础设施 FCP 可以化解我国的过剩产能，同时实现技术的逆向溢出，提升产能利用率，调整产业结构，推动基础设施产业实现技术改造与产业升级，使基础设施产业在国际竞争中占据优势地位。除此之外，基础设施 FCP 还能促进我国的出口贸易，改善贸易结构，提升企业生产率水平，有利于产业发展，维护我国产业安全。

为进一步探究 OFDI 是否在基础设施 FCP 对产业安全影响中发挥着中介作用，继续考察基础设施 FCP 对 OFDI 的影响。由本书第六章第二节回归结果可知，我国基础设施 FCP 对 OFDI 具有显著的正向影响；同时第六章为了消除异方差对基础设施 FCP 与 OFDI 进行了对数处理，这里为了保持中介效应模型变量前后一致性，FCP 与 OFDI 未取对数。对式（8-2）进行回归，结果见表 8-2。

表 8-2　　　　　　　　　FCP 对 OFDI 的影响

变量	模型
FCP	0.0672*
常数项	-1.0563
调整的 R^2	0.5384
观测值	45

注：* 表示在10%的水平下显著。

由表 8-2 可知，未取对数时 FCP 对 OFDI 仍然具有显著的正向影响，从而进一步说明基础设施 FCP 对 OFDI 具有显著正向影响。

在此基础上，进一步检验 OFDI 的中介效应，同时将基础设施 FCP 与 OFDI 引入模型作为解释变量，考察基础设施 FCP 及 OFDI 二者对产业安全指数影响的显著程度。若基础设施 FCP 对产业安全既存在直接效应，又存在通过 OFDI 进而影响产业安全的间接效应，那么 β_1、β_2 均应通过显著性检验，并且 β_1 的值小于 γ_1 的值，在控制基础设施 FCP 对产业安全影响的前提下，调整后的间接效应即为 $\gamma_1\beta_2$。如果基础设施 FCP 对产业安全的影响仅仅体现在 OFDI 的间接效应上，那么 β_1 不显著而 β_2 显著，此时 OFDI 是完全中介变量。为探究 FCP 通过 OFDI 的间接影响，对式（8-3）进行回归，结果见表 8-3。

表 8-3   OFDI 的间接效应检验结果

变量	模型
FCP	0.0043 ***
OFDI	0.0268 ***
常数项	-0.4293 ***
调整的 R^2	0.8498
观测值	45

注：*** 表示在 1% 的水平下显著。

由表 8-3 可知，基础设施 FCP 与 OFDI 对产业安全指数的影响系数均通过显著性检验，并且系数为正，同时基础设施 FCP 对产业安全影响的系数值为 0.0043，与表 8-1 中基础设施 FCP 对产业安全影响的系数值相比下降较多，表明基础设施 FCP 不仅对产业安全存在直接影响，还可以通过 OFDI 间接影响基础设施产业安全，也进一步验证了 OFDI 中介效应的存在。同时，根据回归结果可知，OFDI 不具有完全的中介效应，基础设施 FCP 通过 OFDI 提升产业安全的中介效应值为 0.0002（$\gamma_1\beta_2$），即基础设施 FCP 每增加 1 亿美元，就能通过促进 OFDI 进而使产业安全指数增加 0.0002。

基础设施 FCP 能够促进 OFDI 增长，进而促进产业安全水平提升的原因在于，基础设施 FCP 能够促进 OFDI，进而通过 OFDI 能够促进产业升级，提升我国的产业发展水平与产业安全水平。具体来看，基础设施 FCP

可以通过垂直溢出效应促进技术竞争力的提高，从而对中间产品有了新的生产要求，进而影响产业链上下游企业的出口以及 OFDI；同时，FCP 企业通过技术交流等方式可以向产业链上下游的企业传播先进技术，提升产业链上下游 OFDI 企业的生产效率，从而有利于维护产业安全。除此之外，基础设施 FCP 促进企业 OFDI，企业可以通过 OFDI 获取所需要的优质资源，提升自身的经济效益，并且会由此产生产业关联效应，促进我国国内相关产业的发展，提升产业发展水平与竞争力。同时，具有市场寻求特点的 OFDI 可以通过在海外设立生产基地，扩大出口规模，转移国内的过剩产能，由此产生产业转移效应，促进国内相关产业的发展，从而提升产业安全水平。除此之外，通过开展 OFDI，有利于吸引与借鉴国外的先进技术，并通过不断学习，实现企业自主创新，从而增强基础产业的持续发展能力，实现产业结构的优化，增强产业的国际竞争力，维护我国产业安全。

综上所述，开展基础设施 FCP 不仅能够通过化解过剩产能直接对我国产业安全产生积极影响，而且可以通过促进 OFDI 发展从而间接提升产业安全水平。

第九章 结 论

本书在已有产业安全评级体系的基础上，依据基础设施产业的特点和数据可获得性对产业安全评价体系予以改进，构建了基础设施产业安全评价体系，并利用 2003～2017 年数据计算了基础设施三个细分行业——交通运输行业、电力行业和通信行业以及整个基础设施行业的产业安全指数；以计算所得的产业安全指数为基础，分别研究了基础设施 FCP 对产业安全的直接影响和基础设施 FCP 通过影响 OFDI 对产业安全的间接影响。主要结论如下。

第一，基础设施产业安全指数呈现倒"U"形，可能与始于 2008 年底的"四万亿计划"及始于 2012 年的经济新常态等宏观环境有关，也可能是"走出去"政策的不确定性所致。

第二，我国基础设施 FCP 能够显著促进 OFDI 的发展，外商直接投资与进口贸易也会通过技术溢出效应、竞争效应促进我国企业 OFDI 的开展。但由于政府政策导向及基础设施制造业行业特点的影响，行业发展水平对我国 OFDI 表现出显著的负向影响。我国应充分利用当前资源，积极发展基础设施 FCP，促进我国 OFDI 的发展，推动基础设施价值链向两端延伸。

第三，基础设施 OFDI 能够促进基础设施产业安全。OFDI 对基础设施产业安全指数的影响是正向；对产业安全指标中的劳动要素环境、资源与生态环境、技术竞争力、出口贸易有显著的正向影响，对资本积累能力和吸收就业能力没有显著影响，对市场开拓能力有负向影响，与结构竞争力呈"U"形关系，与盈利能力呈现倒"U"形关系。除此之外，基础设施 OFDI 在一定程度上促进国内产业升级，但不会造成产业空心化。

第四，基础设施 FCP 能够促进基础设施产业安全。一方面，FCP 通过化解过剩产能促进产业升级，增强产业竞争力进而提升产业安全水平。另一方面，基础设施 FCP 能够显著促进 OFDI，进而通过 OFDI 产生产业关联效应与产业转移效应，同时通过 OFDI 能够借鉴学习国外的先进技术、加强企业自主创新能力、提高产业竞争力，提升我国基础设施产业安全水平。

本书存在的问题和需要改进之处如下。

第一，能够找到基础设施 OFDI 及 FCP 的相关数据只有 2003 ~ 2017 年共 15 个年份，又界定基础设施包括三大领域，数据较少，限制了研究方法的选择和使用，可能影响结果的准确性。在今后的研究中，将寻找更多年份的数据，使用更科学的方法，使结果更加准确。

第二，由于 2011 年 11 月 1 日起实施国民经济行业分类和代码表（GB/T 4754 – 2011），2012 年及以后的数据和 2011 年及以前的数据口径有所不同，导致 2012 年及以后与 2011 年及以前数据的可比性变弱，由此可能导致结果的可靠性有所降低。今后将根据产业统计口径的变化，调整数据，使之高度可比。

参 考 文 献

[1] 白洁. 对外直接投资的逆向技术溢出效应——对中国全要素生产率影响的经验检验 [J]. 世界经济研究, 2009 (8): 65-69, 89.

[2] 白澎. 中国产业安全的实证研究 [J]. 山西财经大学学报, 2010, 32 (8): 65-76.

[3] 白雪洁, 卫婧婧. 异地并购、地区间资源流动与产业升级——基于中国数据的实证研究 [J]. 当代财经, 2017 (1): 100-109, 135-136.

[4] 卜伟, 谢敏华, 蔡慧芬. 基于产业控制力分析的我国装备制造业产业安全问题研究 [J]. 中央财经大学学报, 2011 (3): 62-66, 91.

[5] 卜伟, 易倩. OFDI 对我国产业升级的影响研究 [J]. 宏观经济研究, 2015 (10): 54-61.

[6] 卜伟. 战略产业外资控制对自主创新的影响. 光明日报 (理论版) [N]. 2011 年 6 月 10 日 (13).

[7] 卜小龙. "一带一路" 背景下工程承包业走出去的思考 [J]. 宏观经济管理, 2016 (2): 57-60.

[8] 蔡阔, 邵燕敏, 何菊香, 汪寿阳. 对外承包工程对中国对外直接投资的影响——基于分国别面板数据的实证研究 [J]. 管理评论, 2013, 25 (9): 21-28.

[9] 曹萍, 张剑, 熊焰. 高技术产业安全影响因素的实证研究 [J]. 管理评论, 2017, 29 (12): 50-61.

[10] 曹萍, 张剑, 熊焰. 基于产业竞争力的软件产业安全评价 [J]. 科技管理研究, 2017, 37 (2): 176-181.

[11] 陈碧琼, 刘会. 中国 OFDI 反向产业结构调整关联效应研究 [J]. 软科学, 2014, 28 (12): 38-41, 54.

[12] 陈丹敏, 黄荣斌. 金砖国家 OFDI 母国决定因素分析 [J]. 合作经济与科技, 2018 (22): 52-56.

[13] 陈菲琼, 虞旭丹. 企业对外直接投资对自主创新的反馈机制研究: 以万向集团 OFDI 为例 [J]. 财贸经济, 2009 (3): 101-106, 137.

[14] 陈昊洁, 韩丽娜. 我国高端装备制造业产业安全问题研究 [J]. 经济纵横, 2017 (2): 79-82.

[15] 陈洪涛, 潘素昆. 外商直接投资对中国产业安全的影响研究——基于溢出效应视角 [J]. 中国管理科学, 2012, 20 (S1): 300-303.

[16] 陈建军, 郑广建. 集聚视角下高速铁路与城市发展 [J]. 江淮论坛, 2014 (2): 37-44.

[17] 陈建奇. 对外直接投资推动产业结构升级: 赶超经济体的经验 [J]. 当代经济科学, 2014, 36 (6): 71-77, 124.

[18] 陈景华. 服务业国际转移的经济增长效应——基于 1993-2006 年中国数据的协整分析 [J]. 国际贸易问题, 2009 (4): 61-67.

[19] 陈立敏, 侯再平. 融入技术附加值的国际竞争力评价方法——基于电子通信设备产业的实证分析 [J]. 中国工业经济, 2012 (3): 134-146.

[20] 陈立敏, 杨振, 侯再平. 出口带动还是出口代替?——中国企业对外直接投资的边际产业战略检验 [J]. 财贸经济, 2010 (2): 78-85.

[21] 陈帅. 环境规制与高耗能行业结构升级研究综述 [J]. 环境保护, 2016, 44 (22): 56-58.

[22] 程贵, 王琪, 胡海峰. 我国对中亚国家直接投资的母国产业升级效应研究 [J]. 经济纵横, 2017 (6): 68-74.

[23] 崔日明, 张婷玉, 张志明. 中国对外直接投资对国内投资影响的实证研究 [J]. 广东社会科学, 2011 (1): 27-34.

[24] 戴翔. 对外直接投资对国内就业影响的实证分析——以新加坡为

例［J］. 世界经济研究，2006（4）：70 – 76.

［25］戴翔，张雨. 开放条件下我国本土企业升级能力的影响因素研究——基于昆山制造业企业问卷的分析［J］. 经济学（季刊），2013，12（4）：1387 – 1412.

［26］戴翔. "走出去"促进我国本土企业生产率提升了吗？［J］. 世界经济研究，2016（2）：78 – 89，136 – 137.

［27］邓明. 中国城市交通基础设施与就业密度的关系——内生关系与空间溢出效应［J］. 经济管理，2014，36（1）：163 – 174.

［28］邓涛涛，王丹丹，程少勇. 高速铁路对城市服务业集聚的影响［J］. 财经研究，2017，43（7）：119 – 132.

［29］董银果，梁根，尚慧琴. 加入 WTO 以来中国农业产业安全分析［J］. 西北农林科技大学学报（社会科学版），2015，15（2）：62 – 68.

［30］杜红亮，任昱仰. 战略高技术产业发展规律研究［J］. 科技进步与对策，2012，29（7）：64 – 67.

［31］杜红梅，安龙送. 我国国际工程承包业务发展的困境及对策［J］. 对外经贸实务，2008（1）：69 – 72.

［32］范祚军，何欢. "一带一路"国家基础设施互联互通"切入"策略［J］. 世界经济与政治论坛，2016（6）：129 – 142.

［33］方国平. 兑率、利润与效益［J］. 国际经济合作，1988（5）：43.

［34］方慧，吕静，段国蕊. 中国承接服务业国际转移产业结构升级效应的实证研究［J］. 世界经济研究，2012（6）：58 – 63，88 – 89.

［35］方慧，赵胜立. 跨国并购还是绿地投资？——对"一带一路"国家 OFDI 模式的考察［J］. 山东社会科学，2017（11）：119 – 125.

［36］冯彩，蔡则祥. 对外直接投资的母国经济增长效应——基于中国省级面板数据的考察［J］. 经济经纬，2012（6）：46 – 51.

［37］冯志军，康鑫，陈伟. 知识产权管理、产业升级与绿色经济增长——以产业转型升级期的广东为例［J］. 中国科技论坛，2016（01）：118 – 112.

[38] 付海燕. OFDI 对中国国际收支影响的机理与实际测算 [J]. 统计研究, 2014, 31 (12): 47-53.

[39] 付海燕. 对外直接投资逆向技术溢出效应研究——基于发展中国家和地区的实证检验 [J]. 世界经济研究, 2014 (9): 56-61, 67, 88-89.

[40] 高丽峰, 李文芳, 于雅倩. 美国对外直接投资与产业升级的关系研究 [J]. 经济经纬, 2013 (6): 72-76.

[41] 高翔, 龙小宁, 杨广亮. 交通基础设施与服务业发展——来自县级高速公路和第二次经济普查企业数据的证据 [J]. 管理世界, 2015 (8): 81-96.

[42] 宫云虹. "一带一路"为国际工程承包企业带来的机遇与挑战 [J]. 建筑技术开发, 2017, 44 (5): 149-150.

[43] 巩前胜, 仲伟周. 我国装备制造业的集聚水平与区域分布特征 [J]. 改革, 2012 (5): 83-87.

[44] 顾国达, 尹靖华. 非传统安全视角下中国粮食贸易安全水平的测度 [J]. 浙江大学学报 (人文社会科学版), 2014, 44 (6): 35-49.

[45] 顾雪松, 韩立岩, 周伊敏. 产业结构差异与对外直接投资的出口效应——"中国—东道国"视角的理论与实证 [J]. 经济研究, 2016, 51 (4): 102-115.

[46] 郭春丽. 我国制造业集中度的变化趋势、影响因素与有序整合 [J]. 改革, 2009 (8): 119-124.

[47] 郭韬, 朱建新. 我国 31 个省市高新技术产业发展聚类分析 [J]. 商业研究, 2006 (13): 150-152, 171.

[48] 何京. 对外承包劳务: 再上层楼任重道远 [J]. 国际经济合作, 2000 (3): 4-7.

[49] 何维达等. 中国若干重要产业安全的评价与估算 [M]. 北京: 知识产权出版社, 2007: 15-19.

[50] 何维达, 何昌. 当前中国三大产业安全的初步估算 [J]. 中国工

业经济, 2002 (2): 25 - 31.

[51] 何维达, 何丹, 朱丽萌. 加入世界贸易组织后我国农业产业安全估算及对策 [J]. 经济与管理研究, 2007 (2): 50 - 56.

[52] 何维达, 贾立杰, 吴玉萍. 基于 DEA 模型的中国纺织产业安全评价与分析 [J]. 统计与决策, 2008 (13): 77 - 79.

[53] 何维达, 梁智昊, 张川. 入世十年来我国物流产业安全评价与对策研究 [J]. 华东经济管理, 2013, 27 (5): 73 - 76.

[54] 何维达, 潘玉璋, 李冬梅. 产业安全理论评价与展望 [J]. 科技进步与对策, 2007 (4): 92 - 97.

[55] 何维达, 宋胜洲. 开放市场下的产业安全与政府规制 [M]. 江西人民出版社, 2003: 71 - 73.

[56] 何维达, 张远德, 吴玉萍. 中国纺织工业发展预测及安全度估算 [J]. 山西财经大学学报, 2007 (5): 50 - 55.

[57] 胡兵, 乔晶. 中国对外直接投资的贸易效应——基于动态面板模型系统 GMM 方法 [J]. 经济管理, 2013, 35 (4): 11 - 19.

[58] 胡海林. 我国对外承包工程行业 "走出去" 战略转型对策研究 [J]. 红旗文稿, 2013 (12): 18 - 20.

[59] 胡立君, 薛福根, 王宇. 后工业化阶段的产业空心化机理及治理——以日本和美国为例 [J]. 中国工业经济, 2013 (8): 122 - 134.

[60] 胡立法, 唐海燕. 外商直接投资、对外直接投资与国际收支——基于国际收支平衡的我国对外直接投资 [J]. 财贸研究, 2006 (2): 92 - 99.

[61] 胡晓鹏. 全球化陷阱: 中国现代服务业外资排斥效应研究 [J]. 国际贸易问题, 2012 (11): 94 - 106.

[62] 黄河, Starostin Nikita. 中国企业海外投资的政治风险及其管控——以 "一带一路" 沿线国家为例 [J]. 深圳大学学报 (人文社会科学版), 2016, 33 (1): 93 - 100.

[63] 黄凌云, 罗琴, 刘夏明. 我国跨国公司 OFDI 的市场效应——基于不同所有制企业的分析 [J]. 国际贸易问题, 2014 (12): 125 - 135.

[64] 季凯文，周吉，钟静婧．开放型经济的空间关联特征及其溢出效应分析——基于长江经济带省际面板数据 [J]．调研世界，2017（7）：38－44．

[65] 贾琳．对外承包工程的"内外联动"作用 [J]．国际经济合作，2008（6）：52－54．

[66] 贾妮莎，韩永辉．外商直接投资、对外直接投资与产业结构升级——基于非参数面板模型的分析 [J]．经济问题探索，2018（2）：142－152．

[67] 贾妮莎，韩永辉，邹建华．中国双向 FDI 的产业结构升级效应：理论机制与实证检验 [J]．国际贸易问题，2014（11）：109－120．

[68] 贾妮莎，申晨．中国对外直接投资的制造业产业升级效应研究 [J]．国际贸易问题，2016（8）：143－153．

[69] 马建会．加入 WTO 后影响我国产业安全的八大因素 [J]．亚太经济，2002（4）：61－63，52．

[70] 姜昊求．OFDI 产业结构效应中的产业空心化探析——以美国、日本为例 [J]．现代管理科学，2016（11）：39－41．

[71] 姜红，曾锵．零售业开放的经济安全评价预警指标体系构建 [J]．国际贸易问题，2009（6）：105－112．

[72] 姜亚鹏，王飞．中国对外直接投资母国就业效应的区域差异分析 [J]．上海经济研究，2012（7）：43－53．

[73] 姜玉梅，姜亚鹏．外向型直接投资反哺效应与中国企业国际化——金融危机下的理论与经验分析 [J]．国际贸易问题，2010（5）：94－103．

[74] 蒋冠宏，蒋殿春，蒋昕桐．我国技术研发型外向 FDI 的"生产率效应"——来自工业企业的证据 [J]．管理世界，2013（9）：44－54．

[75] 蒋冠宏．我国企业对外直接投资的"就业效应" [J]．统计研究，2016，33（8）：55－62．

[76] 蒋姮．"一带一路"地缘政治风险的评估与管理 [J]．国际贸易，

2015 (8): 21 - 24.

[77] 蒋洪强, 吴文俊. "十二五" 铁路交通环保不容忽视 [J]. 环境保护, 2011 (19): 36 - 39.

[78] 蒋志敏, 李孟刚. 产业空心化新论 [J]. 财经界, 2006 (10): 75 - 78.

[79] 解毅. 我国通信设备制造业技术竞争力研究 [D]. 北京邮电大学, 2015.

[80] 金茂. 对外承包工程和劳务合作有新机遇 [J]. 瞭望新闻周刊, 2000 (45): 35.

[81] 金中夏. 中国的 "马歇尔计划" ——探讨中国对外基础设施投资战略 [J]. 国际经济评论, 2012 (6): 57 - 64, 5.

[82] 经济安全论坛组. 中国国家经济安全态势——观察与研究报告 [M]. 北京: 经济科学出版社, 2002: 68 - 72.

[83] 景玉琴. 产业安全评价指标体系研究 [J]. 经济学家, 2006 (2): 70 - 76.

[84] 景玉琴. 关于产业安全问题的经济思想钩沉 [J]. 江汉论坛, 2005 (10): 13 - 17.

[85] 鞠锦慧. 浅议 BOT 融资模式的应用 [J]. 中国集体经济, 2019 (14): 82 - 83.

[86] 冷艳丽, 杜思正. 双向直接投资的经济增长效应分析——来自中国数据的实证检验 [J]. 国际商务: 对外经济贸易大学学报, 2017 (1): 88 - 98.

[87] 黎娜, 李爱军, 王晓梅. 基于 DEA 模型的我国农业产业安全度评估 [J]. 统计与决策, 2017 (18): 69 - 71.

[88] 李昶, 李善民, Philip Chang, 史欣向. 跨国并购能促进经济增长吗? ——FDI 进入模式、内源投资与东道国经济增长的关系研究 [J]. 管理评论, 2015, 27 (4): 3 - 12.

[89] 李东阳. 对外直接投资与国内产业空心化 [J]. 财经问题研究,

2000 (1): 56 – 59.

[90] 李冬梅, 何维达. 基于三角可调模糊数的粮食产业安全评价指标权重的两次收敛模型 [J]. 商业经济与管理, 2008 (2): 44 – 50.

[91] 李飞, 汪旭晖. 零售业开放度对国家经济安全影响的测评研究 [J]. 国际贸易, 2006 (8): 29 – 32.

[92] 李逢春. 对外直接投资的母国产业升级效应——来自中国省际面板的实证研究 [J]. 国际贸易问题, 2012 (6): 124 – 134.

[93] 李国学. 对外直接投资促进国家创新能力提升的机制与途径 [J]. 国际经济合作, 2017 (4): 14 – 19.

[94] 李宏兵, 郭界秀, 翟瑞瑞. 中国企业对外直接投资影响了劳动力市场的就业极化吗? [J]. 财经研究, 2017, 43 (6): 28 – 39.

[95] 李鸿磊, 包龙飞, 张品一. 中国 OFDI 增长的母国经济动因: 理论机制与实证分析 [J]. 现代经济探讨, 2018 (4): 17 – 25.

[96] 李金凯, 程立燕, 张同斌. 外商直接投资是否具有"污染光环"效应? [J]. 中国人口·资源与环境, 2017, 27 (10): 74 – 83.

[97] 李靖阳. 中国对外直接投资的影响因素研究——基于 2006 ~ 2015 年东道国面板数据的实证研究 [J]. 时代金融, 2017 (23): 201 – 202.

[98] 李磊, 白道欢, 冼国明. 对外直接投资如何影响了母国就业?——基于中国微观企业数据的研究 [J]. 经济研究, 2016 (8): 144 – 158.

[99] 李孟刚. 产业安全理论研究 [J]. 管理现代化, 2006 (3): 49 – 52.

[100] 李孟刚. 产业安全评价 [M]. 北京: 北京交通大学出版社, 2015: 23 – 46, 67, 72, 79.

[101] 李如友, 黄常州. 中国交通基础设施对区域旅游发展的影响研究——基于门槛回归模型的证据 [J]. 旅游科学, 2015, 29 (2): 1 – 13, 27.

[102] 李巍. 不同类型对外投资的经济及金融风险分析 [J]. 世界经济研究, 2010 (2): 68 – 73.

［103］李武健．"一带一路"战略中我国海外投资法律风险研究［J］. 江西社会科学，2017，37（5）：25-31.

［104］李向东，岳良运．我国高新技术产业安全物元评价及其对策［J］．科技进步与对策，2010，27（1）：72-77.

［105］李泳，王爱玲．中国重点行业安全评价指标体系研究［J］．财经研究，2006（10）：48-59，70.

［106］罗丽英，黄娜．我国对外直接投资对国内就业影响的实证分析［J］．上海经济研究，2008（8）：86-91.

［107］梁超．基础设施规模、市场潜力和经济集聚——基于新经济地理学的视角［J］．国际商务（对外经济贸易大学学报），2013（4）：75-82.

［108］林桂军，何武．中国装备制造业在全球价值链的地位及升级趋势［J］．国际贸易问题，2015（4）：3-15.

［109］凌晨，刘军，郑义．交通基础设施、FDI与中国产业集聚的实证分析［J］．统计与决策，2013（8）：88-92.

［110］刘斌，王杰，魏倩．对外直接投资与价值链参与：分工地位与升级模式［J］．数量经济技术经济研究，2015，32（12）：39-56.

［111］刘斌，魏倩，吕越，祝坤福．制造业服务化与价值链升级［J］．经济研究，2016，51（3）：151-162.

［112］刘川．基于全球价值链的区域制造业升级评价研究：机制、能力与绩效［J］．当代财经，2015（5）：97-105.

［113］刘海云，廖庆梅．中国对外直接投资对国内制造业就业的贡献［J］．世界经济研究，2017（3）：56-67，135.

［114］刘海云，聂飞．中国OFDI动机及其对外产业转移效应——基于贸易结构视角的实证研究［J］．国际贸易问题，2015（10）：73-86.

［115］刘莉雪．我国物流产业安全指数设计与实证［J］．河南大学学报（社会科学版），2016，56（3）：46-52.

［116］刘名俭，邹丽君．基于TTCI的中国旅游产业国际竞争力评价［J］．经济地理，2011，31（3）：518-522.

[117] 刘鹏. 中国制造业企业 OFDI 会造成国内 "产业空心化" 吗？——基于异质性企业投资动机的视角 [J]. 财经论丛, 2017 (10): 3 - 10.

[118] 刘小溪. 国际工程中我国企业低价竞标的原因与对策 [J]. 价格理论与实践, 2015 (6): 97 - 99.

[119] 刘云, 桂秉修, 安源, 程旖婕. 高铁设备商竞争力比较及中国高铁 "走出去" 对策 [J]. 科研管理, 2016, 37 (S1): 346 - 355.

[120] 刘志伟, 高利, 陈刚. 中国的对外直接投资对其国际收支影响的实证研究 [J]. 国际贸易问题, 2006 (12): 83 - 87.

[121] 刘志雄. 铁路运输瓶颈对中国大豆国际竞争力的影响 [J]. 国际经贸探索, 2008 (8): 8 - 11, 16.

[122] 刘忠广. "走出去": 解决产能过剩问题的一种途径——以河南省为例 [J]. 对外经贸实务, 2011 (3): 36 - 38.

[123] 吕荣杰, 张冰冰, 张义明. 我国对外承包工程与出口贸易关系研究——基于 VAR 模型的脉冲响应与方差分解 [J]. 国际商务 (对外经济贸易大学学报), 2018 (4): 46 - 57.

[124] 吕新业, 王济民, 吕向东. 我国食物安全的短期预测与预警研究 [J]. 农业经济问题, 2006 (5): 49 - 55, 80.

[125] 吕星赢, 周建, 凌雁. "一带一路" 背景下中国海外基础设施建设投融资模式探究 [J]. 现代管理科学, 2017 (7): 21 - 23.

[126] 马文军, 卜伟, 易倩. 产业安全研究——理论、方法与实证 [M]. 北京: 中国社会科学出版社, 2018.

[127] 毛其淋, 许家云. 中国对外直接投资促进抑或抑制了企业出口？ [J]. 数量经济技术经济研究, 2014, 31 (9): 3 - 21.

[128] 毛其淋, 许家云. 中国企业对外直接投资如何影响了员工收入？ [J]. 产业经济研究, 2014 (6): 50 - 59.

[129] 毛其淋, 许家云. 中国企业对外直接投资是否促进了企业创新 [J]. 世界经济, 2014, 37 (8): 98 - 125.

[130] 孟萍莉, 董相町. 生产性服务业 FDI、OFDI 对制造业结构升级的影响——基于灰色关联理论的实证分析 [J]. 经济与管理, 2017, 31 (3): 74 - 79.

[131] 孟庆强. 中国对"一带一路"沿线国家直接投资动机的实证研究 [J]. 工业经济论坛, 2016, 3 (2): 136 - 144.

[132] 欧育辉, 刘轶芳, 尤佳. 基于面板数据模型的能耗与固定资产投资关系的实证研究 [J]. 管理学报, 2009, 6 (1): 51 - 56.

[133] 潘素昆, 袁然. 不同投资动机 OFDI 促进产业升级的理论与实证研究 [J]. 经济学家, 2014 (9): 69 - 76.

[134] 潘文卿, 陈晓, 陈涛涛, 顾凌骏. 吸引外资影响对外投资吗?——基于全球层面数据的研究 [J]. 经济学报, 2015, 2 (3): 18 - 40.

[135] 潘雄锋, 闫窈博, 王冠. 对外直接投资、技术创新与经济增长的传导路径研究 [J]. 统计研究, 2016, 33 (8): 30 - 36.

[136] 潘颖, 刘辉煌. 中国对外直接投资与产业结构升级关系的实证研究 [J]. 统计与决策, 2010 (2): 102 - 104.

[137] 戚建梅, 王明益. 对外直接投资扩大母国企业间工资差距了吗——基于我国微观数据的经验证据 [J]. 国际贸易问题, 2017 (1): 116 - 126.

[138] 綦建红, 王亚运. 我国出口企业转向 OFDI 的多维影响因素——基于微观数据的检验 [J]. 中国经济问题, 2015 (2): 86 - 97.

[139] 綦建红, 魏庆广. OFDI 影响国内资本形成的地区差异及其门槛效应 [J]. 世界经济研究, 2009 (10): 53 - 58, 88 - 89.

[140] 綦良群. 高新技术产业及其产业化系统的特征分析 [J]. 工业技术经济, 2005 (2): 70 - 72.

[141] 綦良群, 王成东, 蔡渊渊. 中国装备制造业 R&D 效率评价及其影响因素研究 [J]. 研究与发展管理, 2014, 26 (1): 111 - 118.

[142] 邱立成, 刘灿雷, 盛丹. 中国企业对外直接投资与母公司经营绩效——基于成本加成率的考察 [J]. 世界经济文汇, 2016 (5): 60 - 75.

[143] 任惠丹. ABB 在华投资分析及对我电力设备制造业启示 [D]. 首都经济贸易大学, 2014.

[144] 茹玉骢. 技术寻求型对外直接投资及其对母国经济的影响 [J]. 经济评论, 2004 (2): 109 – 112, 123.

[145] 桑百川, 杨立卓, 郑伟. 中国对外直接投资扩张背景下的产业空心化倾向防范——基于英、美、日三国的经验分析 [J]. 国际贸易, 2016 (2): 8 – 12.

[146] 邵军, 吴晓怡. 宽带基础设施影响文化产品出口的实证研究 [J]. 国际经贸探索, 2013, 29 (10): 38 – 47.

[147] 盛斌, 吕越. 外国直接投资对中国环境的影响——来自工业行业面板数据的实证研究 [J]. 中国社会科学, 2012 (5): 54 – 75, 205 – 206.

[148] 盛丹, 包群, 王永进. 基础设施对中国企业出口行为的影响: "集约边际"还是"扩展边际" [J]. 世界经济, 2011, 34 (1): 17 – 36.

[149] 施洁, 史学贵. 基础设施、工业效率与空间溢出——环渤海、长三角与珠三角区域的比较 [J]. 经济问题探索, 2013 (5): 115 – 123.

[150] 石柳, 张捷. 广东省对外直接投资与产业"空心化"的相关性研究——基于灰色关联度的分析 [J]. 国际商务 (对外经济贸易大学学报), 2013 (2): 52 – 64.

[151] 史晓红, 李金霞. 基于 DEA 方法的装备制造业产业安全综合评价 [J]. 统计与决策, 2016 (4): 60 – 62.

[152] 史欣向, 李善民, 王满四, 李昶. "新常态"下的产业安全评价体系重构与实证研究——以中国高技术产业为例 [J]. 中国软科学, 2015 (7): 111 – 126.

[153] 司增绰. 基础设施经济属性的多角度考察 [J]. 辽宁工程技术大学学报 (社会科学版), 2008 (6): 589 – 592.

[154] 宋立刚, 杨继东, 张永生, 苟琴. 中国国有企业对外直接投资与体制改革 [J]. 国际经济评论, 2013 (1): 75 – 86, 6.

[155] 宋维佳，王军徽. ODI 对母国制造业产业升级影响机理分析 [J]. 宏观经济研究，2012（11）：39－45，91.

[156] 宋向党. 系统化视角下的农业产业安全问题探讨 [J]. 河北经贸大学学报，2016，37（5）：121－125.

[157] 苏杭，郑磊，牟逸飞. 要素禀赋与中国制造业产业升级——基于 WIOD 和中国工业企业数据库的分析 [J]. 管理世界，2017（4）：70－79.

[158] 孙才仁. 对外直接投资在日本经济中的地位和作用 [J]. 世界经济研究，1987（6）：47－50.

[159] 孙才志，邹玮. 环渤海地区海洋产业安全评价及时空分异分析 [J]. 社会科学辑刊，2016（3）：171－179.

[160] 孙瑞华，刘广生. 产业安全评价指标体系的构建研究 [J]. 科技进步与对策，2006（5）：138－140.

[161] 孙瑞华. 贸易自由化条件下影响我国产业安全的环境因素分析 [J]. 经济体制改革，2005（6）：16－20.

[162] 孙韬，赵树宽，乔壮. 我国装备制造业转型升级发展对策研究 [J]. 工业技术经济，2011，30（5）：38－41.

[163] 孙晓华，刘小玲，徐帅. 交通基础设施与服务业的集聚效应——来自省市两级的多层线性分析 [J]. 管理评论，2017，29（6）：214－224.

[164] 孙宇. "一带一路" 战略与我国产业安全：机理、因素与路径 [J]. 国际贸易，2016（8）：25－28.

[165] 孙早，席建成. 中国式产业政策的实施效果：产业升级还是短期经济增长 [J]. 中国工业经济，2015（7）：52－67.

[166] 覃伟芳，陈红蕾. 对外承包工程 "走出去" 与工业企业出口扩张 [J]. 国际商务（对外经济贸易大学学报），2018（2）：53－62.

[167] 谭飞燕，张力，李孟刚. 低碳经济视角下我国产业安全指标体系构建 [J]. 统计与决策，2016（16）：57－60.

[168] 谭克虎. 试论基础产业的属性及其分类 [J]. 生产力研究, 2005 (9): 162 - 164.

[169] 谭蓉娟, 翟青. 珠江三角洲装备制造业产业安全测度——基于自主创新视角的实证研究 [J]. 国际经贸探索, 2011, 27 (3): 33 - 39.

[170] 谭延明, 陈丽珍. 我国对外直接投资对国内产业结构影响研究 [J]. 特区经济, 2011 (12): 271 - 273.

[171] 唐鹏琪. 实施"一带一路"战略的政治与经济风险——以中国在斯里兰卡的投资为例 [J]. 南亚研究季刊, 2015 (2): 102 - 106.

[172] 帖鹏飞. 我国交通运输业国际竞争力的比较研究 [J]. 郑州铁路职业技术学院学报, 2014, 26 (3): 49 - 50, 53.

[173] 汪来喜. 基础设施对地区出口优势影响的实证研究——基于省际面板数据分析 [J]. 经济问题探索, 2015 (12): 106 - 111.

[174] 汪琦. 对外直接投资对投资国的产业结构调整效应及其传导机制 [J]. 国际贸易问题, 2004 (5): 73 - 77.

[175] 王彬燕, 王士君, 田俊峰, 程利莎, 浩飞龙. 中国高技术产业及其细分行业发展时空演变特征 [J]. 经济地理, 2017, 37 (9): 135 - 142.

[176] 王博. 我国信息通信产业低碳化发展模式研究 [J]. 求是学刊, 2011, 38 (2): 69 - 73.

[177] 王长义. 山东省对外直接投资的产业空心化效应研究 [J]. 山东财经大学学报, 2016, 28 (04): 10 - 17 + 34.

[178] 王英. 对外直接投资与母国产业空心化探讨 [J]. 对外经贸实务, 2008 (4): 79 - 81.

[179] 王刚, 龚六堂. 浅析高速铁路建设投资的产业经济效应 [J]. 宏观经济研究, 2013 (6): 67 - 71.

[180] 王瑾, 王要武, 王浩然. 中国建筑企业国际化市场营销策略研究 [J]. 土木工程学报, 2007 (10): 105 - 109.

[181] 王晶晶. 服务业 FDI 对东道国全要素生产率的溢出效应——基

于 OECD 国家面板数据的门限回归分析 [J]. 国际经贸探索, 2014, 30 (9): 33-48.

[182] 王俊. 对外资进入后我国零售业发展安全问题的探讨 [J]. 世界经济研究, 2006 (6): 34-38.

[183] 王岚, 李宏艳. 中国制造业融入全球价值链路径研究——嵌入位置和增值能力的视角 [J]. 中国工业经济, 2015 (02): 76-88.

[184] 王丽, 韩玉军. OFDI 逆向技术溢出与母国产业结构优化之间的关系研究 [J]. 国际商务 (对外经济贸易大学学报), 2017 (5): 53-64.

[185] 王卿祎, 周大鹏. 隐性知识对出口竞争力的重要作用——中国电力设备出口竞争力研究 [J]. 世界经济研究, 2010 (11): 3-8, 87.

[186] 王荣, 王英. ODI 与长三角装备制造业产业空心化——基于动态面板的系统 GMM 分析 [J]. 社会科学家, 2015 (7): 86-90.

[187] 王恕立, 王许亮, 滕泽伟. 中国双向 FDI 的生产率效应研究——基于资源环境约束的视角 [J]. 国际商务 (对外经济贸易大学学报), 2017 (5): 65-78.

[188] 王水平. 基于产业控制力视角的中国零售业安全评估 [J]. 财贸研究, 2010, 21 (6): 32-38.

[189] 王晓红. 构建新时期我国企业对外直接投资的新体制和新格局 [J]. 国际贸易, 2017 (3): 8-14, 62.

[190] 王亦众. 基础设施投融资模式浅议 [J]. 合作经济与科技, 2016 (9): 56-57.

[191] 王永进, 盛丹, 施炳展, 李坤望. 基础设施如何提升了出口技术复杂度? [J]. 经济研究, 2010, 45 (7): 103-115.

[192] 王玉燕, 林汉川. 全球价值链嵌入能提升工业转型升级效果吗——基于中国工业面板数据的实证检验 [J]. 国际贸易问题, 2015 (11): 51-61.

[193] 王志乐. 外资并购与国家经济安全 [J]. 中国外资, 2007 (6): 10-13.

[194] 王英, 周蕾. 我国对外直接投资的产业结构升级效应——基于省际面板数据的实证研究 [J]. 中国地质大学学报 (社会科学版), 2013, 13 (6): 119 - 124.

[195] 魏凡, 黄远浙, 钟昌标. 对外直接投资速度与母公司绩效: 基于吸收能力视角分析 [J]. 世界经济研究, 2017 (12): 94 - 103, 134.

[196] 魏龙, 王磊. 全球价值链体系下中国制造业转型升级分析 [J]. 数量经济技术经济研究, 2017, 34 (6): 71 - 86.

[197] 吴海华, 方宪法, 王德成. 我国农业装备产业集中度分析 [J]. 农机化研究, 2013, 35 (4): 25 - 28.

[198] 吴海民. 资产价格波动、通货膨胀与产业 "空心化" ——基于我国沿海地区民营工业面板数据的实证研究 [J]. 中国工业经济, 2012 (1): 46 - 56.

[199] 吴利华, 黄镜蓉. 研发投入、广告支出与企业盈利能力 [J]. 华东经济管理, 2018, 32 (3): 141 - 147.

[200] 吴英娜, 伍雪梅. 开放条件下中国零售流通产业安全评价分析 [J]. 宏观经济研究, 2011 (11): 70 - 75.

[201] 吴声功. BOT 方式的运用与中国对外承包工程 [J]. 经济师, 2001 (12): 84 - 85.

[202] 项本武. 对外直接投资的贸易效应研究——基于中国经验的实证分析 [J]. 中南财经政法大学学报, 2006 (3): 9 - 15, 142.

[203] 肖黎明. 对外直接投资与母国经济增长: 以中国为例 [J]. 财经科学, 2009 (8): 111 - 117.

[204] 谢春凌. 国际投机资本对产业安全的影响 [J]. 财经问题研究, 2015 (11): 27 - 31.

[205] 谢光亚, 杜君君. 中国 OFDI 与国内产业结构优化升级关联度分析——基于行业选择与国别选择的灰色关联分析 [J]. 湖南大学学报 (社会科学版), 2015, 29 (5): 71 - 77.

[206] 辛晴, 邵帅. OFDI 对国内资本形成的影响——基于中国省际面

板数据的经验分析 [J]. 东岳论丛，2012，33 (10)：135 - 139.

[207] 邢厚媛. 实现对外工程承包转型升级的思考 [J]. 国际经济合作，2011 (3)：12 - 16.

[208] 邢厚媛. 新机遇蕴含新挑战新思路扩大新优势——国际承包工程市场分析和中国应对策略研究 [J]. 国际经济合作，2013 (3)：4 - 10.

[209] 邢厚媛. 以承包工程带动国产机电产品出口 [J]. 国际贸易，1996 (3)：32 - 34.

[210] 熊华平. 中国建筑业对外经济合作的理性思考 [J]. 国际经济合作，2005 (9)：18 - 20.

[211] 徐塱，欧国立. 交通基础设施对区域间制造业分工的影响——基于制造业细分行业数据的实证研究 [J]. 经济问题探索，2016 (8)：28 - 35.

[212] 许芳. 对外开放条件下产业安全研究的生态学思路 [J]. 海南大学学报 (人文社会科学版)，2007 (6)：643 - 647.

[213] 许培源，高伟生. 国际贸易的技术溢出：经验研究综述 [J]. 国际经贸探索，2010，26 (5)：9 - 14.

[214] 许晓娟，张芳. "走出去" 为何能拉动出口 [J]. 科学决策，2013 (4)：17 - 31.

[215] 马萱峰. 对外承包工程：发展我国对外经贸合作的新亮点 [J]. 国际商务 (对外经济贸易大学学报)，2001 (6)：12 - 15.

[216] 严兵，张禹，李雪飞. 中国企业对外直接投资的生产率效应——基于江苏省企业数据的检验 [J]. 南开经济研究，2016 (4)：85 - 98.

[217] 杨公朴，王玉，朱舟，王蔷，李太勇. 中国汽车产业安全性研究 [J]. 财经研究，2000 (1)：22 - 27.

[218] 杨国亮. 新时期产业安全评价指标体系构建研究 [J]. 马克思主义研究，2010 (6)：63 - 71.

[219] 杨建清，周志林. 我国对外直接投资对国内产业升级影响的实证分析 [J]. 经济地理，2013，33 (4)：120 - 124.

[220] 杨英，刘彩霞. "一带一路" 背景下对外直接投资与中国产业

升级的关系 [J]. 华南师范大学学报（社会科学版），2015（5）：93 – 101，191.

[221] 杨平丽，曹子瑛. 对外直接投资对企业利润率的影响——来自中国工业企业的证据 [J]. 中南财经政法大学学报，2017（1）：132 – 139，160.

[222] 杨清可，段学军，张伟，叶磊. 中国高新技术产业发展水平格局演变及影响因素分析 [J]. 长江流域资源与环境，2014，23（12）：1649 – 1658.

[223] 杨天福. 对外承包工程企业外汇风险管理——基于合同生命周期的研究 [J]. 国际经济合作，2015（11）：78 – 83.

[224] 杨忻，刘芳，张国清. 对外承包工程对中国经济的影响及政策研究 [J]. 国际贸易，2005（6）：17 – 18，40.

[225] 姚海棠，方晓丽. 金砖五国服务部门竞争力及影响因素实证分析 [J]. 国际贸易问题，2013（2）：100 – 110.

[226] 姚媛媛. 我国对外承包工程采用 PPP 模式的问题分析 [J]. 法制与社会，2011（16）：103 – 104.

[227] 姚战琪. "一带一路"沿线国家 OFDI 的逆向技术溢出对我国产业结构优化的影响 [J]. 经济纵横，2017（5）：44 – 52.

[228] 叶娇，赵云鹏. 对外直接投资与逆向技术溢出——基于企业微观特征的分析 [J]. 国际贸易问题，2016（1）：134 – 144.

[229] 叶莉，陈修谦. 基于旅游竞争力评价的中国与东盟国家旅游贸易互动分析 [J]. 经济地理，2013，33（12）：177 – 181.

[230] 易书林. 中国对外承包工程的发展现状及路径选择 [J]. 对外经贸实务，2015（8）：33 – 36.

[231] 殷琪，张金玲. "污染光环"假说研究综述 [J]. 甘肃科技纵横，2015，44（5）：14 – 15，29.

[232] 余官胜. 企业对外直接投资能否降低母国环境污染——基于跨国面板数据门槛效应的实证研究 [J]. 国际商务：对外经济贸易大学学报，2017（1）：131 – 139.

[233] 余官胜，杨文．我国企业对外直接投资是促进还是挤出国内投资——影响机理与实证检验 [J]．国际商务（对外经济贸易大学学报），2014（6）：88 - 96.

[234] 余国省．浅谈对外承包工程的设备物资出口 [J]．云南科技管理，2012，25（5）：152 - 154.

[235] 俞佳根．浙江省对外直接投资与产业结构升级实证研究——基于 2002 - 2012 年面板数据 [J]．财经论丛，2014（8）：10 - 15.

[236] 喻春娇，唐威．基础设施建设对中国区域对外贸易的影响分析 [J]．湖北大学学报（哲学社会科学版），2013，（2）：78 - 81.

[237] 袁东，李霖洁，余淼杰．外向型对外直接投资与母公司生产率——对母公司特征和子公司进入策略的考察 [J]．南开经济研究，2015（3）：38 - 58.

[238] 曾剑宇，何凡，蒋骄亮．我国对外承包工程推动东道国产业结构升级了吗——基于跨国面板数据的实证研究 [J]．国际经贸探索，2017，33（8）：38 - 56.

[239] 詹向阳．谨防产业空心化潜在威胁转化为现实风险 [J]．中国金融，2012（20）：25 - 27.

[240] 张宝友，朱卫平，孟丽君，钮亮．物流产业 FDI 风险的形成机理、测度与产业政策 [J]．山西财经大学学报，2012，34（8）：79 - 87.

[241] 张碧琼．国际资本扩张与经济安全 [J]．中国经贸导刊，2003（6）：30 - 31.

[242] 张彬斌，陆万军．公路交通性能与服务业发展机会——基于国道主干线贯通中国西部的研究 [J]．财贸经济，2016（5）：131 - 145.

[243] 张彩云，郭艳青．污染产业转移能够实现经济和环境双赢吗？——基于环境规制视角的研究 [J]．财经研究，2015，41（10）：96 - 108.

[244] 张春萍．中国对外直接投资的产业升级效应研究 [J]．当代经济研究，2013（3）：43 - 46.

［245］张春萍. 中国对外直接投资的贸易效应研究［J］. 数量经济技术经济研究，2012，29（6）：74 - 85.

［246］张春萍. 中国对外直接投资对进出口贸易的影响［J］. 学术交流，2012（7）：85 - 88.

［247］张二震，任志成. FDI 与中国就业结构的演进［J］. 经济理论与经济管理，2005（5）：5 - 10.

［248］张福军. 加快转变经济发展方式与维护我国产业安全［J］. 甘肃社会科学，2015（3）：206 - 210.

［249］张海波. 对外直接投资对母国出口贸易品技术含量的影响——基于跨国动态面板数据模型的实证研究［J］. 国际贸易问题，2014（2）：115 - 123.

［250］张海波，彭新敏. ODI 对我国的就业效应——基于动态面板数据模型的实证研究［J］. 财贸经济，2013（2）：101 - 111.

［251］张纪凤，黄萍. 替代出口还是促进出口——我国对外直接投资对出口的影响研究［J］. 国际贸易问题，2013（3）：95 - 103.

［252］张纪凤，宣昌勇. 新常态下江苏对外直接投资促进产业升级研究［J］. 江苏社会科学，2015（5）：259 - 265.

［253］张杰，张坚. 对外直接投资对我国国际收支的影响［J］. 对外经贸实务，2010（1）：85 - 86.

［254］张静远. 信息时代下我国进出口之间的联动关系［J］. 电子测试，2013（20）：111 - 112.

［255］张立超，刘怡君. 面向产业安全的产业物理学研究：概念辨析、问题论域与理论基础［J］. 管理评论，2016，28（6）：169 - 179.

［256］张凌霄，王明益. 企业对外投资动机与母国出口产品质量升级［J］. 山东社会科学，2016（9）：116 - 121.

［257］张敏丽，贾蓓. 金融危机后中国产业空心化发展的新动向及其原因探析［J］. 河北学刊，2014，34（2）：103 - 106.

［258］张敏，朱雪燕. "一带一路"背景下我国企业对外投资法律风

险的防范 [J]. 西安财经学院学报, 2017, 30 (1): 117 - 123.

[259] 张娜, 邱奇. 对外投资提速如何避免产业空心化 [J]. 红旗文稿, 2015 (18): 23 - 25.

[260] 张锐连, 施国庆. "一带一路" 倡议下海外投资社会风险管控研究 [J]. 理论月刊, 2017 (2): 135 - 143.

[261] 张新民, 黄晓蓓, 郑建明. 外资并购与我国产业安全: 综述及研究展望 [J]. 国际贸易问题, 2012 (4): 163 - 176.

[262] 张旭华. "走出去" 能否促进经济增长和贸易创造——基于福建经验的实证研究 [J]. 学术评论, 2012 (2): 102 - 106.

[263] 张学良. 中国交通基础设施促进了区域经济增长吗——兼论交通基础设施的空间溢出效应 [J]. 中国社会科学, 2012 (3): 60 - 77, 206.

[264] 张雨微, 刘航, 赵景峰. 基于创新补偿差异的环境规制对出口优势的效应分析 [J]. 中国科技论坛, 2015 (8): 156 - 160.

[265] 张远鹏, 李玉杰. 对外直接投资对中国产业升级的影响研究 [J]. 世界经济与政治论坛, 2014 (6): 1 - 15, 29.

[266] 张志, 周浩. 交通基础设施的溢出效应及其产业差异——基于空间计量的比较分析 [J]. 财经研究, 2012, 38 (3): 124 - 134.

[267] 赵红. 美国环境规制的影响分析与借鉴 [J]. 经济纵横, 2006 (1): 55 - 57.

[268] 赵佳颖, 富元斋. 中国企业技术获取型 FDI 逆向溢出效应机理分析 [J]. 山东经济, 2009, 25 (5): 64 - 69.

[269] 赵丽洲, 丁长青, 雷志柱. 我国装备制造业集聚化程度及其影响因素的实证研究 [J]. 广西社会科学, 2009 (11): 26 - 30.

[270] 赵明亮, 杨蕙馨. "一带一路" 战略下中国钢铁业过剩产能化解: 贸易基础、投资机会与实现机制 [J]. 华东师范大学学报 (哲学社会科学版), 2015, 47 (4): 84 - 92, 169 - 170.

[271] 赵睿, 贾儒楠. 浅议 "一带一路" 战略中的国别风险管控——基于国别经济风险评估模型的研究 [J]. 上海金融, 2017 (3): 91 - 95.

[272] 赵世洪. 国民产业安全若干理论问题研究 [J]. 中央财经大学学报, 1998 (5): 1-5.

[273] 赵伟, 古广东, 何元庆. 外向 FDI 与中国技术进步: 机理分析与尝试性实证 [J]. 管理世界, 2006 (7): 53-60.

[274] 赵伟, 江东.ODI 与中国产业升级: 机理分析与尝试性实证 [J]. 浙江大学学报 (人文社会科学版), 2010, 40 (3): 116-125.

[275] 赵晓丽, 胡军峰, 史雪飞. 外商直接投资行业分布对中国能源消费影响的实证分析 [J]. 财贸经济, 2007 (3): 117-120, 129.

[276] 赵雅玲, 齐欣. 中国对外直接投资效应促进策略研究——基于全球 FDI 政策变化 [J]. 经济问题探索, 2013 (6): 86-91.

[277] 郑超. 对外承包工程: "走出去" 成绩卓著再进取力求突破 [J]. 国际经济合作, 2004 (1): 4-8.

[278] 郑志国, 刘明珍. 从中国 GNP 与 GDP 差额看经济开放结构 [J]. 中国工业经济, 2004 (3): 14-21.

[279] 周海波, 胡汉辉, 谢呈阳. 交通基础设施、产业布局与地区收入——基于中国省级面板数据的空间计量分析 [J]. 经济问题探索, 2017 (2): 1-11.

[280] 周灏. 中国产业安全的逻辑和路径研究——基于反倾销与产业升级的协同演化 [J]. 社会科学, 2018 (1): 29-36.

[281] 周茂, 陆毅, 符大海. 贸易自由化与中国产业升级: 事实与机制 [J]. 世界经济, 2016, 39 (10): 78-102.

[282] 周文通, 陆军, 孙铁山. 轨道交通对北京产业发展的空间影响 [J]. 城市问题, 2017 (3): 35-42.

[283] 周学仁, 张越. 产能过剩与对外承包工程的产能输出作用研究 [J]. 科技促进发展, 2015 (5): 631-637.

[284] 朱坚真, 刘汉斌. 我国海洋经济安全监测指标体系研究 [J]. 太平洋学报, 2013, 21 (1): 86-93.

[285] 朱建民, 魏大鹏. 我国产业安全评价指标体系的再构建与实证

研究［J］. 科研管理，2013，34（7）：146－153.

［286］朱建民. 一些国家维护产业安全的做法及启示［J］. 经济纵横，2013（4）：116－120.

［287］朱立. "一带一路"对我国企业拓展境外工程承包业务带来的发展机遇研究［J］. 财经界（学术版），2018（15）：36－37.

［288］朱丽萌. 中国农产品进出口与农业产业安全预警分析［J］. 财经科学，2007（6）：111－116.

［289］庄惠明，郑剑山. 中国服务业 FDI 的效应研究：基于技术溢出与竞争排斥视角［J］. 管理评论，2015，27（2）：26－34.

［290］邹明. 我国对外直接投资对国内全要素生产率的影响［J］. 北京工业大学学报（社会科学版），2008，8（6）：30－35.

［291］Ahmad F, Draz M U, Yang S C. A novel study on OFDI and home country exports：implications for the ASEAN region［J］. Journal of Chinese Economic & Foreign Trade Studies, 2016, 9（2）：131－145.

［292］Aliyu M A. Foreign Direct Investment and the Environment：Pollution Haven Hypothesis Revisited［J］. 2005.

［293］Alsadiq A. Outward Foreign Direct Investment and Domestic Investment：The Case of Developing Countries［J］. IMF working paper, 2013.

［294］Baldwin, John R, Beckstead, Desmond, Brown, W. Mark. Hollowing－Out, Trimming－Down or Scaling－Up：an Analysis of Head Offices in Canada, 1999 to 2002［J］. Economic Analysis Research Paper, 2009.

［295］Barba Navaretti, G, D Castellani, Didier, A. How does investing in cheap labor countries affect performance at home：Evidence from Italy and France Oxfors Economic Papers, 2009.

［296］Bernard A, Jensen B, Schott P. Trade Cost, Firms and Productivity. Journal of Monetary Econommics, 2006, 53（5）：917－937.

［297］Bougheasas, Panicos O D, Edgar L W. Infrastructure, Transport Costs and Trade［J］. Journal of International Economics, 1999, 47（1）：169－189.

［298］Chatman D G, Noland R B. Transit Service, Physical Agglomeration and Productivity in US Metropolitan Areas ［J］. Urban Studies, 2014, 51 (5): 917 –937.

［299］Chen Y, Hsu W, Wang C. Effects of outward FDI on home-country export competitiveness: The role of location and industry heterogeneity ［J］. Journal of Chinese Economic & Foreign Trade Studies, 2012, 5 (1): 56 –73.

［300］Chow P C Y. The effect of outward foreign direct investment on home country's export: A case study on Taiwan, 1989 – 2006 ［J］. Journal of International Trade & Economic Development, 2012, 21 (5): 725 –754.

［301］Cozza, C, Rabellotti, R, Sanfilippo, M. The Impact of outward FDI on the Performance of Chinese Multinationals ［J］. China Economic Review, 2015, (36): 42 –57.

［302］Crespo N, Fontoura M P. Determinants factors of FDI Spillovers-what do we really know? World development, 2007, 35 (3) : 410 –425.

［303］Cuyvers L, Dumont M, Rayp G, et al. Home Employment Effects of EU Firms' Activities in Central and Eastern European Countries ［J］. Open Economies Review, 2005, 16 (2): 153 –174.

［304］Desai, Foley, Hines. Foreign Direct Investment and Domestic Economic Activity. NBER Working Paper, No. 11717, 2005.

［305］Desai M A, Foley C F, Hines J R. Foreign Direct Investment and the Domestic Capital Stock ［J］. American Economic Review, 2005, 95 (2): 33 –38.

［306］Driffield N, Love J H, Taylor K. Productivity and labour demand effects of inward and outward foreign direct investment on UK industry ［J］. Manchester School, 2009, 77 (2): 171 –203.

［307］Falzoni A M, Grasseni M. Home Country Effects of Investing Abroad: Evidence from Quantile Regressions ［J］. Kites Working Papers, 2005 (170).

［308］G Chichilnisky. North – South trade and the global environment ［J］.

American Economic Review, 1994, 84 (4): 851 – 874.

[309] Harhoff D, Mueller E, Reenen J V. What are the Channels for Technology Sourcing? Panel Data Evidence from German Companies [J]. Journal of Economics & Management Strategy, 2014, 23 (1): 204 – 224.

[310] Herzer, D. , M. Schrooten. Outward FDI and Domestic Investment in Two Industrialized Countries. Economic Letters, 2008, 99: 139 – 143.

[311] Herzer D. The Long – run Relationship between Outward Foreign Direct Investment and Total Factor Productivity: Evidence for Developing Countries [J]. Journal of Development Studies, 2011, 47 (5): 767 – 785.

[312] Holl A. Transport Infrastructure, Agglomeration Economies, and Firm Birth: Empirical Evidence from Portugal [J]. Journal of Regional Science, 2004, 44 (4): 693 – 712.

[313] Huang K H, Yu H K, Lai W. Innovation and diffusion of high-tech products, services, and systems [J]. Journal of Business Research, 2015, 68 (11): 2223 – 2226.

[314] Hulten C R, Bennathan E, Srinivasan S. Infrastructure, Externalities, and Economic Development: A Study of the Indian Manufacturing Industry [J]. World Bank Economic Review, 2006, 20 (2): 291 – 308.

[315] Johanson J. and J. – E. Vahlne. The Internationalization Process of the Firms – A Model of Knowledge Development and Increasing Market Commitment [J]. Journal of International Business Studies, 1977, 8 (2): 23 – 32.

[316] Lee D, Huh H. Economic Impact of Korea's Outward FDIs into Developed and Developing Economies across Industries [J]. Journal of Korea Trade, 2009, 13 (2): 75 – 88.

[317] Levinson M. "Hollowing Out" in U. S. Manufacturing: Analysis and Issues for Congress [J]. Congressional Research Service Reports, 2013 (4): 1 – 17.

[318] Lipsey R E. Home and Host Country Effects of FDI: proceedings of

the NBER Working Paper [C]. National Bureau of Economic Research, 2002.

[319] Liu B. A Brief Discussion on Legal Guarantee of Industry Security in Foreign Capital Merger and Acquisition [J]. Asian Social Science, 2011, 7 (2): 172 – 175.

[320] Markusen J R. The Boundaries of Multinational Enterprises and the Theory of International Trade [J]. The Journal of Economic Perspectives, 1995, 9 (2): 169 – 189.

[321] Mccawley P M. Aid Versus Trade: Some Considerations [J]. Australian Economic Review, 2006, 39 (1): 89 – 95.

[322] Meliciani V, Savona M. The Determinants of Regional Specialisation in Business Services: Agglomeration Economies, Vertical Linkages and Innovation [J]. Journal of Economic Geography, 2015, 15 (2): 387 – 416.

[323] Minoru I. Hollowing-out of the Japanese manufacturing industry and regional employment development [J]. Working Paper, Japan Institute for Labor Policy and Training, 2006.

[324] Navaretti G B, Castellani D., Disdier A C. How Does Investing in Cheap Labour Countries Affect Performance at Home? France and Italy [J]. Development Working Papers, 2006, 62 (215): 234 – 260 (27).

[325] Porter M E, Linde C V D. Toward a New Conception of the Environment – Competitiveness Relationship [J]. Journal of Economic Perspectives, 1995, 9 (4): 97 – 118.

[326] Ramstetter E D. Is Japanese manufacturing really hollowing out? [Z]. Working Paper, 2002 (24).

[327] Rassier D G, Earnhart D. The Effect of clean water regulation on profitability: testing the porter hypothesis [J]. Land Economics, 2010, 86 (2): 329 – 344.

[328] Rodriguez C A. Multinationals, Linkages, and Economic Development [J]. The American Economic Review, 1996, 86 (4): 852 – 873.

[329] Sancho F H, Tadeo A P, Martinez E. Efficiency and environmental regulation: an application to Spanish wooden goods and furnishings industry [J]. Environmental and Resource Economics, 2000, 15 (4): 365 – 378.

[330] Sharma C, Sehgal S. Impact of infrastructure on output, productivity and efficiency [J]. Indian Growth & Development Review, 2010, 3 (2): 5 – 6.

[331] Stevens G V G, Lipsey R E. Interactions between domestic and foreign investment [J] . Social Science Electronic Publishing, 2004, 11 (1): 40 – 62.

[332] Syverson C. What Determines Productivity? [J]. Journal of Economic Literature, 2011, 49 (2): 326 – 365.